JN071310

令和２年７月～９月　第120集

# 裁決事例集

一般財団法人 大蔵財務協会

# はじめに

現在、国税不服審判所における審査請求事件の裁決については、法令の解釈、運用上先例となり、他の参考となる重要な判断を含んだもの、また、事実認定に関し他の参考となる判断を含んだもの等が公表されています。

本書は、国税不服審判所より公表された裁決を、多くの税理士、公認会計士、弁護士、行政法学者等の方々の便に資するため四半期ごとに取りまとめて「裁決事例集」として発行しているものです。

今版は、「裁決事例集（第120集）」として、令和２年７月から令和２年９月分までの間に公表された裁決を収録しておりますが、今後公表される裁決についても逐次刊行していく予定です。

本書が、日頃の税務上の取扱いの判断の参考となり税務事務の一助となれば幸いです。

なお、収録されている裁決が、その後の国税に関する処分の取消訴訟において、その処分の全部又は一部が取り消されている場合がありますので、本書のご利用に際してはご注意ください。

令和３年４月

目　　　次

## 〈令和２年７月分～９月分〉

# 一　国税通則法関係

〈令和２年７月～９月分〉

## 事例１（担保）

**滞納法人の代表者である請求人の実印が押なつされた納税保証書は、請求人の同意もなく従業員によって作成、提出されたものであって、無効であるとの請求人の主張に対し、請求人に納税保証をする意思が認められるとした事例**（納付告知処分・棄却・令和２年７月１日裁決）

**《ポイント》**

本事例は、納税保証書の真正な成立について、請求人から、いわゆる二段の推定における請求人の意思に基づくことの反証がされたところ、納税保証書の作成時の請求人の実印の保管状況等や、滞納法人の従業員に請求人の実印を冒用すべき理由があるか、納税保証書提出後に請求人が徴収職員に自らが保証人であることを自認する言動をしていたかを認定した上で、関係人の答述の信用性を評価し、判断したものである。

《要旨》

滞納法人の代表者である請求人は、請求人が滞納国税（本件滞納国税）を納税保証する旨が記載された納税保証書（本件保証書）について、滞納法人の従業員が請求人の印章を無断で使用してこれを作成したものであり、請求人が当該従業員やその他の第三者にこの作成を指示したことがなく、請求人の同意なく提出されたものであることから、当該納税保証は無効であり、これを前提とする納付告知処分は違法である旨主張する。

しかしながら、私文書中の印影が本人又は代理人の印章によって顕出された事実が確定された場合には、反証がない限り、当該印影は本人又は代理人の意思に基づいて成立したものと推定されるところ、請求人にこれを覆すべき反証はなく、また、本件保証書の提出後、請求人自身が保証人であることを自認する言動を繰り返していたことからすれば、請求人は本件滞納国税について納税保証をしたと認められる。

《参照条文等》

国税通則法第50条第６号、第46条第５項、第52条第１項、２項（平成26年法律第10号による改正前のもの）

国税通則法施行令第16条第３項（平成20年政令第219号による改正前のもの）

国税通則法基本通達第54条関係１、６

国税徴収法第151条第１項、第152条（平成26年法律第10号による改正前のもの）

民事訴訟法第228条第４項

《参考判決・裁決》

最高裁昭和39年５月12日第三小法廷判決（民集18巻４号597頁）

（令和２年７月１日裁決）

《裁決書（抄）》

1　事　実

(1)　事案の概要

本件は、原処分庁が、審査請求人（以下「請求人」という。）は納税者Ｄ社の滞納国税に係る保証人であるとして、同社の滞納国税を徴収するため、請求人に対して納付通知書による告知処分をしたところ、請求人が、同社の滞納国税について納税保証をしたことはなく、納税保証書は請求人の同意もなく作成、提出されたものであって、無効な納税保証を前提としてなされた原処分は違法であるとして、その全部の取消しを求めた事案である。

(2)　関係法令

イ　国税通則法（以下「通則法」という。）第46条（平成26年法律第10号による改正前のもの。以下同じ。）《納税の猶予の要件等》第５項本文は、税務署長（通則法第43条《国税の徴収の所轄庁》第３項の規定により国税局長が国税の徴収を行う場合には、国税局長。以下「税務署長等」という。）は、納税の猶予をする場合には、その猶予に係る金額に相当する担保を徴さなければならない旨規定し、国税徴収法（平成26年法律第10号による改正前のもの。以下「徴収法」という。）第152条《換価の猶予に係る分割納付、通知等》は、徴収法第151条《換価の猶予の要件等》第１項の規定による換価の猶予について通則法第46条第５項を準用する旨規定している。

ロ　通則法第50条《担保の種類》第６号は、国税に関する法律の規定により提供される担保の種類の一つとして、「税務署長等が確実と認める保証人の保証」を規定しており、国税通則法施行令（平成20年政令第219号による改正前のもの。）第16条《担保の提供手続》第３項は、通則法第50条第６号に掲げる担保を提供しようとする者は、保証人の保証を証する書面を税務署長等に提出しなければならない旨規定している。

ハ　通則法第52条《担保の処分》第１項は、税務署長等は、担保の提供されている国税がその納期限（滞納処分に関する猶予に係る期限を含む。）までに完納されないときは、保証人にその国税を納付させる旨を、同条第２項は、税務署長等は、同条第１項の規定により保証人に同項の国税を納付させる場合には、政令で定めるところにより、その者に対し、納付させる金額、納付の期限、納付場所その他必要な事項を記載した納付通知書による告知をしなければならない旨をそれぞれ規定している。

ニ　民事訴訟法（以下「民訴法」という。）第228条《文書の成立》第４項は、私文書は、本人又はその代理人の署名又は押印があるときは、真正に成立したものと推定する旨規定している。

(3)　基礎事実及び審査請求に至る経緯

当審判所の調査及び審理の結果によれば、以下の事実が認められる。

イ　納税者Ｄ社（以下「本件滞納法人」という。）は、建築設計及び都市計画設計の受託等を事業目的として昭和58年12月○日に設立された法人であり、請求人は、本件滞納法人の代表取締役である。

ロ　本件滞納法人の徴収の所轄庁であったＥ税務署長は、平成４年５月26日、本件滞納法人に対して、平成４年３月31日に納税告知をした昭和62年６月分から平成２年12月分及び平成３年６月分の源泉所得税が、納期限である平成４年４月30日までに完納されなかったため、通則法第37条《督促》第１項の規定に基づき、その納付を督促した。

ハ　本件滞納法人の従業員であったＦ（以下「Ｆ氏」という。）及び本件滞納法人の関与税理士事務所の事務員であったＧは、平成４年６月22日、Ｈ税務署を訪れ、Ｅ税務署長が上記ロで納税の告知をした源泉所得税について、同年７月から毎月200,000円の分納の申立てをした。

Ｈ税務署の徴収職員は、同日、Ｆ氏及びＧに対し、担保の提供を指示した。

ニ　Ｅ税務署長は、平成４年７月８日、別表１記載の本件滞納法人の滞納国税について、請求人が当該滞納国税を納税保証する旨が記載され、請求人の氏名の記載とともに実印が押印された納税保証書（以下「本件保証書」という。）及び平成４年５月25日付で発行された請求人の印鑑登録証明書をＦ氏から受領した。

ホ　Ｅ税務署長は、上記ニのとおり本件保証書の提出があったことから、平成４年７月31日付で、本件滞納法人に対し、徴収法第151条第１項第１号の規定に基づき、別表１記載の本件保証書に係る滞納国税につき、猶予期間を同年７月１日から平成５年６月30日までの12か月間とする換価の猶予を決議した。

なお、当該換価の猶予に係る決議書には、換価の猶予の要件である担保を記載する欄に「代表者の納税保証」と記載されている。

ヘ　本件滞納法人は、平成21年５月22日、ｄ県ｅ市ｆ町○－○に本店移転し、これに伴い新たな徴収の所轄庁はＪ税務署長となった。

なお、Ｊ税務署長は、平成21年６月26日及び平成22年６月23日、通則法第43条第４項の規定に基づき、本件滞納法人の滞納に係る源泉所得税についてＥ税務署長から徴収の引継ぎを受けている。

ト　原処分庁は、平成29年９月27日、通則法第43条第３項の規定に基づき、本件滞納法人の滞納国税につき、Ｊ税務署長から徴収の引継ぎを受けた。

チ　原処分庁は、別表２記載の本件滞納法人の滞納国税（以下「本件滞納国税」という。）が納期限までに完納されなかったため、請求人に対して、通則法第52条第２項の規定に基づき、平成31年３月15日付の納付通知書により、納付の期限を同年４月15日などとする納付告知処分（以下「本件納付告知処分」という。）をした。

リ　請求人は、令和元年５月15日、本件納付告知処分を不服として再調査の請求をしたところ、再調査審理庁は、同年６月19日付で棄却の再調査決定をした。

ヌ　請求人は、令和元年７月９日、再調査決定を経た後の本件納付告知処分に不服があるとして、審査請求をした。

2　争　点

請求人は、本件滞納国税について納税保証をしたか否か。具体的には、本件保証書は真正に成立していたか否か。

3　争点についての主張

| 原処分庁 | 請求人 |
|---|---|
| 本件保証書は、以下のとおり、真正に成立したものであるから、請求人は本件滞納国税について納税保証をした。<br>本件保証書の印影は、作成名義人である請求人の印鑑登録証明書のそれと同一のものであり、請求人の印章によって顕出されているから、請求人の意思に基づいて押印 | 本件保証書は、以下のとおり、Ｆ氏が請求人に無断で作成したものであるから、真正に成立しておらず、請求人は本件滞納国税について納税保証をしていない。<br>(1)　請求人の実印及び印鑑登録証明書は、請求人個人が別件で不動産の購入書類を作成するため、本件滞納法人の事務所内 |

されたものと推定され、その結果、本件保証書は、真正に成立したものと推定される。

請求人の主張は、F氏が請求人に無断で本件保証書を作成したとするものであるが、客観的裏付けがなく、本件保証書の成立の真正に係る推定を覆す反証があるとはいえないし、請求人が、本件保証書が提出された後に徴収職員との納付相談において、請求人自身が保証人であることを自認する言動を繰り返していることからしても、請求人に納税保証の意思があることは明らかである。

また、H税務署の徴収職員から請求人に対して、保証の意思確認をしていないのは、請求人の保証意思が明らかであると認められるためであり、保証の意思が明らかな場合には上記意思確認をしない取扱いとしている。

の机の引き出しに保管していた。そして、当該引き出しの鍵はF氏が管理していたから、F氏は請求人の実印及び印鑑登録証明書を請求人に逐一確認することなく自由に使用することが可能であった。

(2) 本件保証書が作成された当時、F氏は本件滞納法人において業務を懈怠することなどがあったところ、本件保証書もF氏によって請求人の意思を確認することなく、請求人に無断で提出されたものである。また、F氏は、問題行動を頻発させて退社した、およそ誠実な従業員とはいえない者であるので、本件保証書を請求人の意思を確認せず、無断で提出したとしても不自然ではない。

(3) 本件保証書に記入された請求人の氏名の筆跡は、F氏のものであるが、個人保証に係る書類であれば、請求人が自署して作成するはずであり、請求人はF氏に本件保証書の作成を指示したこともない。また、その他の第三者にもその作成を指示したことはない。

(4) H税務署の徴収職員は、請求人に対し、国税通則法基本通達（昭和45年6月24日付徴管2－43ほか9課共同。以下「通則法基本通達」という。）第54条関係6《保証等の意思の確認》に定める本来行うべき保証の意思確認をしておらず、

| | また、通則法基本通達第54条関係1《担保提供書等の提出》に定める担保提供書の提出も、請求人から受けていないが、請求人に保証の意思があったのであれば、これらの手続がされているはずである。<br>(5) 原処分庁は、本件保証書の提出後に、請求人が、自身が保証人であることを自認する言動を繰り返している旨主張するが、そのような事実はない。<br>なお、原処分庁が上記請求人の言動を示す証拠として提出した調査報告書は、記載内容等が請求人の従業員が当時作成していたメモ等と齟齬し、信用性を欠くものである。 |
|---|---|

4 当審判所の判断

(1) 認定事実

原処分庁が当審判所に提出した令和元年12月9日付の調査報告書及び同月13日付の調査報告書（いずれもK国税局徴収部国税訟務官室の国税実査官L作成の記名があり押印されているもの。以下、各調査報告書を併せて「本件調査報告書」という。）においては、本件滞納法人に係る滞納国税についての徴収職員と本件滞納法人関係者とのやり取りが記録された滞納整理事績の記載内容を調査し、請求人の納税保証の意思に係る言動をまとめた結果として、要旨以下のとおりの内容が記載されていることが認められる。

イ H税務署の徴収職員は、平成11年4月28日、同税務署を訪れた請求人と面接し、本件滞納法人の滞納国税について、現状では月10,000円から20,000円が限度であるが必ず納付し、翌年の納付より増額を考えたい旨の申立てを受けた。また、請求人自身が所有するg市とa市の不動産は、差押え等があった場合、借入先との契約により即日強制執行されて事業継続が不能となり、全てを失い自殺せざるを得なくなるとして、約束は必ず実行するので考慮願いたい旨の申立てを受けた。

ロ　H税務署の徴収職員は、平成12年2月1日、請求人から電話を受けた際に、請求人は納税保証人であるため、保証人に対する告知及び催告手続に入ることを申し渡した。請求人からは、これに対し、請求人が連帯保証人になっている借入れの約定により、請求人の不動産に差押え等があった場合、期限の利益を失い、全てを失うことになるためやめてほしい旨、g市の不動産には母親が住んでおり、名義は請求人自身のものとなっているが、資金の出どころから考えると母親のものであるため、差押えをしないでほしい旨の申立てがあった。

ハ　H税務署の徴収職員は、上記ロの同日、同税務署を訪れた請求人と面接し、平成12年1月から同年3月まで収入の見込みがない旨、借入れをする予定である旨の申立てを受けた。また、請求人は、手形貸付取引約定書の写しを持参し、当該約定書には、連帯保証人が滞納処分を受けた場合、期限の利益を失う旨の記載があるため、差押えは保留してほしい旨を申し立てた。H税務署の徴収職員は、これに対し、申立てについては当該約定書をよく読んだ上で回答する旨を申し渡した。

ニ　H税務署の徴収職員は、平成12年2月7日、請求人から月50,000円ずつ納付するので納付書を送付してほしい旨の電話を受けた際に、保証人に対する追及等は検討中であるため、結論が出たところで連絡する旨を申し渡した。

ホ　H税務署の徴収職員は、平成12年4月6日、請求人宛に電話をし、借入れが不調に終わった旨の報告を受け、毎月の分納を行っていくのであれば、保証人への追及は保留する旨を申し渡した。

ヘ　M税務署の徴収職員は、平成22年8月24日、同税務署を訪れた請求人と面接し、請求人から本件滞納法人の現況についての報告及び月50,000円の分納が限度である旨の申立てを受けた際、請求人が個人保証している本件滞納法人の滞納国税が完納していないことから、これを優先して納税するよう助言した。

ト　M税務署の徴収職員は、平成27年4月21日、同税務署を訪れた請求人と面接した際に、請求人から本件滞納法人の現況についての報告を受け、月30,000円の分納を継続したい旨及び請求人自身が納税保証人になっているため、少しでも早く納税保証に係る滞納国税を完納したいという気持ちが強い旨の申立てを受けた。

(2)　検討

イ　私文書中の印影が本人又は代理人の印章によって顕出された事実が確定された場合には、反証がない限り、当該印影は本人又は代理人の意思に基づいて成立したものと推定するのが相当であり、その結果、当該文書は、民訴法第228条第4項により、文書全体が真正に成立したものと推定される（最高裁昭和39年5月12日第三小法廷判決・民集18巻4号597頁参照）。

ロ　本件においては、上記1の(3)のニのとおり、本件保証書に請求人の実印が押印されていることに争いはないので、反証がない限り、本件保証書の印影は請求人の意思に基づいて成立したと推定される。そこで、以下、上記イにいう反証の有無について検討する。

(イ)　請求人の実印の保管及び使用の状況について

本件保証書が作成された平成4年当時の請求人の実印の保管及び使用の状況については、当審判所の調査及び審理の結果においても明らかでない。

この点について、請求人は、上記3の請求人欄の(1)のとおり、平成4年当時、請求人の実印は印鑑登録証明書とともに、本件滞納法人の事務所内の机の引き出しに保管しており、その引き出しの鍵はF氏が管理していたから、同人が自由に使用できたと主張する。

しかしながら、これらの事実を裏付ける客観的な証拠はない。請求人は、実印等の保管状況を示す証拠として事務机を撮影した写真を提出するが、これは、平成31年4月頃になってから本件保証書が作成された平成4年当時の事務所とも異なる現在の事務所内の机が撮影されたものにすぎず、これをもって平成4年当時の請求人の実印の保管状況や、F氏やその他の第三者がこれを自由に使用できる状況にあったことを裏付けることはできない。

なお、請求人の主張に沿う証拠として、請求人の陳述書があるが、上記のとおり実印の保管状況等を裏付ける客観的な証拠はない。また、その内容においても、F氏が平成4年3月頃から他の従業員への嫌がらせや業務放棄、業務妨害等の問題行動を頻繁に起こすなどしていたとして同人が無断で本件保証書を作成したと考える理由を述べながら、他方で、本件保証書作成当時、請求人の実印や印鑑登録証明書が保管されている机の鍵をF氏に管理させていたと述べている。これは、請求人の実印という重要であり、しかも日常的な業務には通常必要とはいえない物を、問題行動を頻繁に起こすような従業員が自由に使用できる状況に置いていたというものであって、直ちに信用し難い。

したがって、請求人の陳述書を採用することはできない。

(ロ) Ｆ氏が請求人の実印を冒用すべき理由の有無

Ｆ氏に請求人の実印を冒用すべき理由があったかどうかについて、請求人は上記３の請求人欄の(2)のとおり、Ｆ氏は本件滞納法人において業務を懈怠することなどがあり、Ｆ氏がＨ税務署の担当者から本件保証書の提出を求められて、これに対応して請求人に保証をするかどうかの意思を確認する業務を回避するため、請求人に無断で実印及び印鑑登録証明書を利用して本件保証書を提出したとしても不自然ではない旨主張する。

しかしながら、同主張についても、これを裏付ける的確な証拠はなく、当審判所の調査及び審理の結果によっても、ほかに、Ｆ氏が、無断で本件保証書を作成するという、直ちに請求人に知られて不利益を被る危険のある行為を、わざわざ行う動機を有していたと認めるに足りる証拠はない。

(ハ) 本件保証書の提出後の事情

上記(1)のイないしトのとおり、本件調査報告書には、本件保証書の提出後、請求人が徴収職員と度々面談等により接触しており、その際に自身が納税保証人であることに言及した旨の記載があるほか、所有不動産が差し押さえられることを回避してほしい旨の、納税保証をした事実を前提とする発言を繰り返していたことが記載されている。

本件調査報告書は、滞納国税を徴収する徴収職員が作成した滞納整理事績を基に作成されたものである。滞納整理事績は、その滞納事案が完結又は納税義務が消滅するまでの間、課税原因、滞納原因、事業概況、収支・財産状況、納付計画等の納付意思、滞納者の申立て事項及び滞納者へ申し渡した事項を、徴収職員が具体的に記録し、担当の統括国税徴収官等の管理者が確認し決裁する行政文書であることから、その作成方法からして記載内容には一般的に信用性が認められる。

よって、そのような滞納整理事績に記載されている本件滞納法人に係る具体的かつ詳細な納付折衝等の記録に基づいて作成された本件調査報告書もまた一般的に信用性が認められるところ、その記載内容によれば、平成11年から平成27年までの期間中に人事異動等により関わった複数の徴収職員が、請求人が納税保証人であることを前提とした発言をしていた旨を一貫して記録していたことが認められる。また、本件滞納法人の滞納国税が完納されない状況において、徴収職員が代表者である請求人と納税に関して接触を重ねる中で、本件保証書に基づく請求人の納税保証について何ら言及しないとは考え難い。そのような状況にあって、請求人が、これまで本件保証書が提出されていることについて何ら異議を述べてこなかったことも併せ考えれば、請求人が本件調査報告書に記載された内容の発言をしていたとの本件調査報告書の記載内容には信用性が認められ、本件においてその信用性に疑問を抱かせるような事情も認められない。そうすると、本件調査報告書の記載内容から、請求人が、本件保証書が作成された以降に、本件滞納法人の滞納国税について徴収職員とやり取りを重ねており、その中で、請求人が徴収職員に対して、自身が納税保証人であることを自認する言動を繰り返していた事実を認めることができる。

ハ　まとめ

上記ロの(イ)及び(ロ)のとおり、請求人の実印の保管及び使用状況、F氏の実印冒用の動機も不明である中で、上記ロの(ハ)のとおり、本件保証書の作成後に請求人が納税保証人であることを自認する言動を繰り返していたことが認められることからすれば、本件保証書の印影が請求人の意思に基づいて成立したとの推定を覆すべき反証があるとはいえない。

したがって、民訴法第228条第4項によって、本件保証書が真正に成立したものと推定され、これに反する証拠もない上、上記本件保証書作成後の請求人の言動からしても、請求人は本件滞納国税について納税保証をしたと認められる。

(3)　請求人の主張について

イ　請求人は、上記3の請求人欄の(2)のとおり、F氏は問題行動を頻発させて退社した、およそ誠実な従業員ではない者であるため、本件保証書を請求人の意思を確認せず提出したとしても不自然ではないなどと主張するが、請求人が納税保証人になったことを前提とする言動を繰り返しており、請求人が納税保証をしたと認められることは上記(2)のハのとおりであるから、請求人の主張は理由がない。

ロ　請求人は、上記3の請求人欄の(3)のとおり、本件保証書に記入された請求人の氏名の筆跡はF氏のものであり、個人保証に係る書類であれば、請求人が自署して作成するはずであると主張するが、本件保証書の請求人氏名の筆跡が仮にF氏のものであったとしても、本件保証書が請求人の意思に基づいて作成され、請求人が納税保証をしたと認められることについては上記(2)のハのとおりであり、請求人の主張は理由がない。

ハ　請求人は、上記３の請求人欄の(4)のとおり、Ｈ税務署の徴収職員は、請求人に対し、通則法基本通達第54条関係６に定める本来行うべき保証の意思確認をしておらず、通則法基本通達第54条関係１が定める担保提供書の提出も請求人から受けていない旨主張する。

しかしながら、上記１の(2)のロのとおり、保証人の保証による担保提供に係る法令の要件は、保証人の保証を証する書面を提出することであり、保証人に対する保証の意思確認を行うこと及び担保提供書を提出することは、担保の提供につき、保証人との間で実印の盗用等を理由とする争いが生ずることのないようにするために行政組織内部の手続が通達により定められたものであって、これらの手続がされていないことによって、直ちに保証の意思の存在が否定されるものではない。そして、請求人に納税保証をする意思が認められることは上記(2)のハのとおりであるから、請求人の主張は理由がない。

ニ　請求人は、上記３の請求人欄の(5)のとおり、本件保証書の提出後に、請求人が保証人であることを自認する言動を繰り返していた事実はない旨主張する。

しかしながら、上記(1)のイないしトのとおり、信用性の認められる本件調査報告書によれば、請求人が徴収職員に対して自身が納税保証人であることを前提とする発言を繰り返している事実が認められるから、請求人の主張は理由がない。また、請求人は、本件調査報告書は、記載内容等が請求人の従業員が当時作成していたメモ等と面談場所等において齟齬し、信用性を欠くなどと主張する。この点、当審判所の調査において、本件調査報告書と滞納整理事績を精査したところ、平成27年４月21日の面談場所にのみ転記の誤りが認められたものの、本件調査報告書の面談場所の記載の誤りによって、請求人が納税保証人であることを前提とする言動を繰り返していたとの記載内容の信頼性が左右されるとはいえず、本件調査報告書が、徴収職員が滞納整理の内容を詳細に記録して所定の手続を経て作成した行政文書を基に作成されていることなどから、その信用性が認められることは上記(2)のロの(ハ)のとおりである。

したがって、この点についての請求人の主張にも理由がない。

(4) 本件納付告知処分の適法性について

以上のとおり、請求人は、本件滞納国税について、納税保証をしており、本件納付告知処分は、通則法第52条第2項の規定に基づきされている。

また、本件納付告知処分のその他の部分については、請求人は争わず、当審判所に提出された証拠資料等によっても、これを不相当とする理由は認められない。

したがって、本件納付告知処分は適法である。

(5) 結論

よって、審査請求は理由がないから、これを棄却することとする。

別表１　本件保証書に係る滞納国税の明細（平成４年７月８日現在）（省略）

別表２　本件滞納国税の明細（平成31年３月15日現在）（省略）

## 事例２（重加算税　隠ぺい、仮装の認定　認めなかった事例）

**役務提供のない支払手数料を計上したことに事実の仮装は認められないとした事例**
（平成27年６月１日から平成28年５月31日までの事業年度の法人税の重加算税の賦課決定処分、平成27年６月１日から平成28年５月31日までの課税事業年度の地方法人税の重加算税の賦課決定処分・一部取消し・令和２年９月４日裁決）

《要旨》

原処分庁は、請求人の実質経営者である元代表者が、役務の提供がないことを認識していたにもかかわらず、関与税理士に指示して、不動産仲介業者に対する役務提供の対価（本件金員）を支払手数料勘定に計上させたことが、国税通則法第68条《重加算税》第１項に規定する「事実の全部又は一部を隠ぺいし、又は仮装し」に該当する旨主張する。

しかしながら、請求人と不動産仲介業者との間で複数の不動産取引を共同事業として行う目論見書が作成されていたことなどからすれば、元代表者が本件金員を支払う必要があると認識していた可能性が否定できない。そして、当審判所の調査によっても、元代表者が本件金員を支払う必要がないことを認識した上で本件金員を支払手数料勘定に計上させたと認定する証拠は見当たらず、その他仮装と評価すべき行為を認めるに足りる証拠もない。したがって、本件において認定される事実のみからは、請求人に、国税通則法第68条第１項に規定する「隠ぺいし、又は仮装し」に該当する事実があったものとして同項を適用することはできない。

《参照条文等》

国税通則法第68条第１項

（令和２年９月４日裁決）

《裁決書（抄）》

1　事　実

(1)　事案の概要

本件は、審査請求人（以下「請求人」という。）が、不動産の取得に係る役務提供の対価として計上していた支払手数料について、損金の額に算入することは認められないとの原処分庁の調査による指摘に従い法人税等の修正申告をしたところ、原処分庁が、請求人が当該支払手数料を計上したことにつき事実の隠ぺい又は仮装の行為があったとして、重加算税の賦課決定処分をしたのに対し、請求人が、請求人に事実の隠ぺい又は仮装の行為はないことから、重加算税を課されないとして、原処分の一部の取消しを求めた事案である。

(2)　関係法令等

国税通則法（平成28年法律第15号による改正前のもの。以下「通則法」という。）第68条《重加算税》第１項は、通則法第65条《過少申告加算税》第１項の規定に該当する場合において、納税者がその国税の課税標準等又は税額等の計算の基礎となるべき事実の全部又は一部を隠ぺいし、又は仮装し、その隠ぺいし、又は仮装したところに基づき納税申告書を提出していたときは、当該納税者に対し、政令で定めるところにより、過少申告加算税の額の計算の基礎となるべき税額に係る過少申告加算税に代え、当該基礎となるべき税額に100分の35の割合を乗じて計算した金額に相当する重加算税を課する旨規定している。

(3)　基礎事実

当審判所の調査及び審理の結果によれば、以下の事実が認められる。

イ　請求人は、平成22年12月○日に設立された、不動産の売買、仲介業務及び管理業務等を目的とする法人であり、現在の代表取締役はＥであるが、平成25年７月１日から平成26年11月７日までの間の代表取締役は、Ｇであった。

ロ　Ｇは、請求人の代表取締役を辞任した後は、請求人との間で役員としての委任関係や従業員としての雇用関係はないものの、会長として請求人の経営に引き続き携わっている。

ハ　Ｈ社は、平成21年３月○日に設立された、不動産の売買、仲介、賃貸及び管理業務等を目的とする法人であり、業務執行社員としてＪ社が、職務執行者として

Kがそれぞれ登記されている。

ニ　Gは、平成24年から同25年頃までの間に、e市f町に所在する土地及び建物（以下「本件建物」といい、当該土地と併せて「本件不動産」という。）の所有者が、本件不動産を売却する意向を有する旨の情報を得た。

ホ　Gは、本件不動産の取得に必要な資金を調達するため、Kに資金調達を依頼した。

へ　その後、Kから実際に資金提供はされず、Gは、L社に資金提供を求め、平成27年4月27日付で、請求人とL社は、本件不動産の取得及び販売業務を共同で行うことについて合意し、その内容を記した共同事業協定書（以下「本件協定書」という。）を作成した（以下、本件協定書に定められた共同事業を「本件共同事業」という。）。

ト　L社は、平成27年9月16日までに本件不動産を取得し、同年10月30日に本件不動産をM社に売却した。

チ　請求人がL社との間で取り交わした平成28年3月3日付の共同事業協定精算確認書には、本件共同事業に係る請求人の報酬額が536,754,553円に決定された旨が記載されている。

リ　Gは、平成27年6月1日から平成28年5月31日までの事業年度（以下「本件事業年度」という。）の決算に際して、請求人の税務代理をしているN税理士に電話で連絡し、H社に対して支払う経費があるとして150,000,000円（以下「本件金員」という。）を計上するよう依頼した。

ヌ　請求人の本件事業年度に係る総勘定元帳の支払手数料勘定には、平成28年5月31日付で、相手科目を未払金とし、摘要欄には「H社　f町利益配分」と記載され、150,000,000円が計上されている。

(4)　審査請求に至る経緯

イ　請求人は、本件金員を本件事業年度の損金の額に算入した上で、本件事業年度の法人税の確定申告書及び平成27年6月1日から平成28年5月31日までの課税事業年度（以下「本件課税事業年度」という。）の地方法人税の確定申告書（以下、これらの確定申告書を併せて「本件各確定申告書」という。）に別表1及び別表2の各「確定申告」欄のとおり記載して、いずれも法定申告期限までに申告した。

ロ　原処分庁所属の調査担当職員（以下「本件調査担当職員」という。）は、平成

30年10月12日、請求人の実地の調査を開始した。

ハ　Gは、平成31年３月７日、本件金員をH社に対して支払う根拠として、「資金の流れ」と題する書面（以下「本件書面」という。）を、N税理士を通じて、本件調査担当職員に提出した。

ニ　請求人は、本件調査担当職員の調査による指摘に従い、本件金員を「支払手数料否認」として本件事業年度の所得金額に加算した上で、本件事業年度の法人税及び本件課税事業年度の地方法人税について、別表１及び別表２の各「修正申告」欄のとおりとする各修正申告書（以下「本件各修正申告書」という。）を、令和元年６月17日に原処分庁に提出した。

ホ　原処分庁は、本件各修正申告書の提出を受けて、令和元年７月５日付で、本件事業年度の法人税及び本件課税事業年度の地方法人税について、別表１及び別表２の各「賦課決定処分」欄のとおりとする重加算税の各賦課決定処分（以下「本件各賦課決定処分」という。）をした。

ヘ　請求人は、本件各賦課決定処分を不服として、令和元年10月７日に審査請求をした。

2　争　点

請求人に通則法第68条第１項に規定する「隠ぺいし、又は仮装し」に該当する事実があるか否か。

3　争点についての主張

| 原処分庁 | 請求人 |
|---|---|
| (1)　請求人の元代表取締役であるGは、代表取締役辞任後も請求人の営業活動の中心となり、不動産売買等の取引を行うとともに、経理に関する指示も行うなど、実質的に請求人の経営に参画している。<br>(2)　Gは、N税理士に本件金員をH社に対する支払手数料として計上するよう指示し、これに基づき、本件金員が損金の額に算入された本件各確定申告書を提出し | (1)　本件書面は、H社のKが作成したものであり、本件書面にKが「共同事業契約締結済み」と記載していることから、Gは、本件書面に記載されているH社との共同事業契約は有効であると認識していた。<br>　また、H社との共同事業は中断することになったが、中断するまでの間に、H社に共同事業契約に基づく仕事をしても |

| | |
|---|---|
| た。 | らっていたことから、Ｇは、Ｈ社に対して本件金員を支払う義務が存在するものと認識していた。 |
| (3)　本件金員の支払先とされているＨ社のＫは、本件調査担当職員に対して、Ｈ社と請求人との間に取引はなかった旨及びＧから本件不動産の取得に係る共同事業への参加を呼びかけられたが条件が折り合わず参加しなかったため共同事業の分配金（本件金員）は受領していない旨申述している。 | (2)　本件金員を支払う旨の約定書をＫへ渡しており、手数料が生じるべき事実があることから、Ｇは、Ｈ社のＫから本件金員を支払うよう請求があれば支払わなければならないと認識していた。 |
| (4)　Ｇは、本件調査担当職員に対して、Ｋから本件不動産取引に係る資金提供を断られたため、Ｌ社と本件共同事業を行い、Ｌ社から資金提供を受けて本件不動産を取得し売却が完了した旨申述している。このことからすると、Ｇは本件不動産取得のための資金調達に係る業務はＬ社が担当していたことを認識していたものと認められることから、ＧはＨ社が本件不動産の取得に係る役務提供を行った事実がないことを認識していたものと認められる。 | |
| (5)　以上のとおり、実質的に請求人の経営に参画しているＧは、Ｈ社が本件不動産の取得に係る役務提供を行った事実がないことを認識していたにもかかわらず、Ｎ税理士に指示して本件金員をＨ社に対する支払手数料として計上したものと認 | (3)　以上のとおり、Ｇは、Ｈ社に対して本件金員を支払う義務が存在し、Ｈ社から本件金員を支払うよう請求があれば支払わなければならないと認識していたため、本件金員を支払手数料として計上したのであるから、これらは通則法第68条 |

| | |
|---|---|
| められる。そうすると、請求人が、帳簿書類への虚偽の記載をしたところに基づき本件各確定申告書を提出していたこととなるから、これらは通則法第68条第1項に規定する「隠ぺいし、又は仮装し」に該当する。 | 第1項に規定する「隠ぺいし、又は仮装し」には該当しない。 |

4 当審判所の判断

(1) 法令解釈

通則法第68条に規定する重加算税は、不正手段による租税徴収権の侵害行為に対し、制裁を課することを定めた規定であり、同条にいう「事実を隠ぺいする」とは、課税標準等又は税額等の計算の基礎となる事実について、これを隠ぺいし、あるいは故意に脱漏することをいい、「事実を仮装する」とは、所得、財産あるいは取引上の名義等に関し、あたかも、それが事実であるかのように装う等、故意に事実をわい曲することをいうものと解するのが相当である。

(2) 認定事実

請求人提出資料、原処分関係資料並びに当審判所の調査及び審理の結果によれば、次の事実が認められる。

イ Gは、上記1の(3)のニのとおり、本件不動産に係る情報を得たが、これを売却するためには、本件建物の入居者を立ち退かせる必要があり、当座の資金が必要であったため、資金提供者を探していた。

ロ Gは、当初、Kに資金調達を依頼し、その見返りとして150,000,000円を支払うことを約した。

ハ 上記の経緯により、Kは、本件不動産の取得を含む複数の不動産取引をGと共同事業として手掛けようと画策するようになり、この共同事業に係る目論見を書面化したものとして本件書面を作成した。本件書面には、請求人からJ社に矢印が引かれ、その上に「共同事業契約締結済み」との記載が、その下に「g案件 60,000千円（H28.4.下旬）」「f町 150,000千円（H28.4.下旬）」「h町 200,000千円（H28.4.下旬）」との記載がそれぞれあり、J社の下に「分配金が請求人からJ社に入金されるのと同時にH社へ資金移動」との記載がある。

ニ　Ｇは、立退き交渉が進むにつれ、資金が不足してきたことから、Ｋに資金提供を求めたが、Ｋは態度を変えて資金提供を拒否した。

ホ　平成27年４月27日付で請求人とＬ社との間で締結された本件協定書には、要旨次の記載がある。

(イ)　本件不動産の取得のための資金調達に係る業務をＬ社が担当し、本件不動産の賃借人との交渉に係る業務を請求人が担当する。

(ロ)　本件共同事業に係る請求人の報酬額は、請求人とＬ社との間で別途協議の上決定する。

(3)　検討

イ　上記(1)で述べたとおり、本件において、通則法第68条第１項に規定する「隠ぺいし、又は仮装し」に該当する事実があったというためには、本件金員の計上に関して故意に事実をわい曲したことが認められる必要がある。

ロ　確かに、上記(2)のロ、ニ及びホのとおり、ＫはＧの資金提供の依頼に一旦応じたものの、Ｋが最終的に資金提供を拒否したこと、その後、Ｌ社が本件不動産の取得に係る資金調達をしたことからすれば、ＫからＧに本件金員を支払う根拠となる資金提供がなされた事実は認められない。そして、Ｇが、この資金提供を含め、本件不動産の取得に当たって、Ｈ社のＫから何らの役務提供がないことを認識した上で、Ｎ税理士に本件金員を請求人の経費として計上させたのであれば、通則法第68条第１項に規定する「隠ぺいし、又は仮装し」に該当する事実があったといえる。

しかしながら、上記(2)のハのとおり、ＧとＫが、本件不動産の取得を含む複数の不動産取引を共同事業として手掛けようとしていた時期があり、その事業の目論見を書面化したものとして本件書面が作成されている。このことからすれば、結果的に、Ｈ社から請求人に対し本件不動産の取得のための資金調達に係る役務提供はなかったとしても、請求人が上記３の「請求人」欄の(1)のとおり主張するように、Ｇが本件不動産に関してＫに共同事業契約の話を持ち掛け、その後、資金提供を拒否されるまでの間に、Ｋが資金提供以外の何らかの役務提供を行っていたとＧが認識し、それに対して対価を支払う必要があると考えていた可能性が全くないとまではいえない。

ハ　そうすると、Ｇが、Ｋに対して本件金員を支払う必要はないと認識していたにもかかわらず本件金員を支払手数料勘定に計上させたことを直ちに認定することはできない。

ニ　したがって、GがN税理士に指示し、本件金員を総勘定元帳の支払手数料勘定に計上させた行為が、故意に事実をわい曲したものと評価することは困難である。また、当審判所の調査によっても、他に本件金員の計上に関して故意に事実をわい曲したと認めるに足る証拠はなく、その他、仮装と評価すべき行為を認めるに足りる証拠もないことからすれば、本件において、請求人に、通則法第68条第1項に規定する「隠ぺいし、又は仮装し」に該当する事実があったものとして同項を適用することはできない。

(4)　原処分庁の主張について

原処分庁は、上記3の「原処分庁」欄の(4)のとおり、GはH社が本件不動産の取得に係る役務提供を行った事実がないことを認識していたものと認められる旨主張し、その根拠として、Kから本件不動産取引に係る資金提供を断られたため、L社と本件共同事業を行い、L社から資金提供を受けて本件不動産を取得し売却が完了した旨、Gが申述していることを掲げる。

しかしながら、原処分庁が主張する上記事実を踏まえても、上記(3)のロのとおり、Kが資金提供以外の何らかの役務提供を行っていたとGが認識し、それに対して対価を支払う必要があると考えていた可能性が全くないとまではいえない。したがって、原処分庁の主張には理由がない。

(5)　本件各賦課決定処分の適法性について

上記(3)のニのとおり、請求人に通則法第68条第1項に規定する「隠ぺいし、又は仮装し」に該当する事実があったものとして、同項に規定する重加算税を賦課することはできない。他方、本件各修正申告書の提出により納付すべき税額の計算の基礎となった事実のうちに本件各修正申告書提出前の税額の計算の基礎とされていなかったことについて、通則法第65条第4項に規定する正当な理由があるとは認められない。そして、請求人は本件各賦課決定処分のその他の部分については争わず、当審判所に提出された証拠資料等によっても、これを不相当とする理由は認められない。

したがって、本件各賦課決定処分は、過少申告加算税相当額を超える部分の金額につき違法であり、別紙1及び別紙2の「取消額等計算書」のとおり、いずれもその一部を取り消すのが相当である。

(6) 結論

よって、審査請求には理由があるから、原処分の一部を取り消すこととする。

別表１　審査請求に至る経緯（法人税）（省略）

別表２　審査請求に至る経緯（地方法人税）（省略）

別紙１　取消額等計算書（省略）

別紙２　取消額等計算書（省略）

# 二　所得税法関係

〈令和２年７月～９月分〉

## 事例３　（措置法関係　その他）

**請求人が経営する診療所の勤務医を診療協力として別病院の診療に従事させたことに伴い当該別病院から支給を受ける協力金は、措置法第10条の５の３第２項第３号（雇用者等給与支給額が増加した場合の所得税額の特別控除）括弧書きに規定する「その給与等に充てるため他の者から支払を受ける金額」に該当するとした事例**（平成29年分の所得税及び復興特別所得税の更正処分並びに過少申告加算税の賦課決定処分・一部取消し・令和２年７月７日裁決）

**《ポイント》**

**本事例は、請求人が雇用する勤務医に対して、（賞与を支給する定めがないにもかかわらず）給与とは別に診療協力回数に応じて支給していた賞与が、租税特別措置法（平成29年法律第４号による改正前のもの）第10条の５の３《雇用者給与等支給額が増加した場合の所得税額の特別控除》（本件特別控除）に規定する「その給与等に充てるため他の者から支払を受ける金額」に該当すると判断したものである。**

《要旨》

原処分庁は、請求人が経営する診療所に勤務する医師（勤務医）を診療協力として別病院の外来患者の診療に従事させたことに伴い当該別病院から請求人が支払を受ける協力金（本件協力金）について、①当該別病院が委託費として経理処理していること、また、②当該別病院の経理担当者が「勤務医の給与に充てるために（請求人に）支払ったものではない」旨証言していることを理由に、本件特別控除に規定する「その給与等に充てるため他の者から支払を受ける金額」に該当しないから、請求人は本件特別控除の適用を受けることができない旨主張する。

しかしながら、請求人と勤務医との雇用契約に賞与を支給する定めがないにもかかわらず、請求人が勤務医に対して当該診療協力の回数に応じて賞与を支給していたことは、当該勤務医が診療協力に従事し、本件協力金の支払を受けたために他ならないことから、本件協力金は、勤務医に対する賞与に充てるために当該別病院から支払を受けたものと認められる。

したがって、本件協力金は、租税特別措置法第10条の５の３第２項第３号括弧書きに規定する「その給与等に充てるため他の者から支払を受ける金額」に該当する。

（令和２年７月７日裁決）

《裁決書（抄）》

1　事　実

(1)　事案の概要

本件は、審査請求人（以下「請求人」という。）が、雇用者給与等支給額が増加した場合の所得税額の特別控除を行い所得税等の確定申告をしたところ、原処分庁が当該特別控除の適用がないとして更正処分等を行ったことに対し、請求人が当該特別控除の適用があるとして、原処分の全部の取消しを求めた事案である。

(2)　関係法令等

イ　租税特別措置法（平成29年法律第４号による改正前のものをいい、以下「旧措置法」という。）第10条の５の３《雇用者給与等支給額が増加した場合の所得税額の特別控除》第１項は、青色申告書を提出する個人が、平成26年から平成30年までの各年において国内雇用者に対して給与等を支給する場合に、当該個人の雇用者給与等支給額から基準雇用者給与等支給額を控除した金額（以下「雇用者給与等支給増加額」という。）の当該基準雇用者給与等支給額に対する割合が増加促進割合以上であるときは、当該個人のその年分の総所得金額に係る所得税の額から、政令で定めるところにより、雇用者給与等支給増加額の100分の10に相当する金額を控除する旨規定し（以下、旧措置法第10条の５の３の規定による所得税の控除を、「本件特別控除」という。）、同項第１号は、本件特別控除の適用には、雇用者給与等支給額が比較雇用者給与等支給額以上である必要がある旨規定している。

ロ　旧措置法第10条の５の３第２項第１号は、国内雇用者は、個人の使用人（当該個人と政令で定める特殊の関係のある者を除く。）のうち当該個人の有する国内の事業所に勤務する雇用者をいう旨、同項第３号は、雇用者給与等支給額は、第１項の適用を受けようとする年（以下「適用年」という。）の年分の事業所得の金額の計算上必要経費に算入される国内雇用者に対する給与等の支給額（その給与等に充てるため他の者から支払を受ける金額がある場合には、当該金額を控除した金額。）とする旨、同項第６号は、比較雇用者給与等支給額は、適用年の前年分の事業所得の金額の計算上必要経費に算入される国内雇用者に対する給与等の支給額をいう旨それぞれ規定している。

(3) 基礎事実

当審判所の調査及び審理の結果によれば、以下の事実が認められる。

イ 請求人は、平成22年から「F」という屋号で医業を営んでおり、同年より青色申告の承認を受けていた。

ロ 請求人は、平成26年4月1日付でG医師と雇用契約を締結し、自らの医業に従事させていた。

ハ 請求人は、平成27年5月15日付でH会と、相互の円滑な運営を期することを目的とした医療機関診療協力要綱(以下「本件要綱」という。)を締結した。

本件要綱では、要旨次のことが定められていた。

(イ) 請求人は、H会に対し、外来患者診療を目的とし、請求人に属する医師を○○するものとする。

(ロ) 請求人からH会へ○○される医師はG医師が担当する。

(ハ) 診療協力の期間は、平成27年5月20日からH会の内科常勤医師が就任するまでの期間とする。

(ニ) 診療協力の日は毎週水曜日を原則とし、診療時間は14時から17時までとする。

ただし業務の都合により変更する場合があることを請求人及びH会は互いに承諾するものとする。

(ホ) 診療協力に伴う協力金は、1回当たり40,000円とし、H会は請求人に対し当月分を翌月末までに請求人による請求書に基づき支払うものとする。

ニ 請求人は、本件要綱の定めに基づき、H会に対しG医師がH会の診療に従事した月の翌月初めに請求書を作成し、H会からの協力金(以下「本件協力金」という。)として別表1のとおり受領した。

ホ 請求人は、G医師に対し賞与として、平成28年7月25日に840,000円、平成28年12月22日に960,000円の計1,800,000円、平成29年7月25日に480,000円をそれぞれ支給し、平成28年分及び平成29年分の事業所得の金額の計算上必要経費に算入した。

(4) 審査請求に至る経緯

イ 請求人は、平成29年分の所得税及び復興特別所得税(以下「所得税等」という。)について、本件特別控除を適用し、別表2の「確定申告」欄のとおり記載した青色の確定申告書を法定申告期限までに提出した。

なお、請求人は、平成29年分所得税等の本件特別控除の額の計算に当たり、別

表3の「申告額」欄のとおり、平成28年分所得税等の事業所得の金額の計算上必要経費に算入した給与賃金の額○○○○円から、別表1の本件協力金の額1,987,200円（平成28年1月分から12月分の合計金額）を控除した金額○○○○円を比較雇用者給与等支給額とし、また、平成29年分所得税等の事業所得の金額の計算上必要経費に算入した給与賃金の額○○○○円から、別表1の本件協力金の額345,600円（平成29年1月分及び2月分の合計金額）を控除した金額○○○○円を雇用者給与等支給額としてそれぞれ算出し、これを基に、別表4の「申告額」欄のとおり、本件特別控除の額を算出した。

ロ　原処分庁は、原処分庁所属の調査担当職員（以下「本件調査担当職員」という。）の調査結果に基づき、本件特別控除の適用を受けることができないとして、令和元年5月31日付で、別表2の「更正処分等」欄のとおりとする更正処分（以下「本件更正処分」という。）及び過少申告加算税の賦課決定処分（以下「本件賦課決定処分」という。）をした。

ハ　請求人は、原処分に不服があるとして、令和元年8月29日に審査請求をした。

2　争　点

請求人に、本件特別控除の適用があるか否か。具体的には、本件協力金は、旧措置法第10条の5の3第2項第3号括弧書きに規定する「その給与等に充てるため他の者から支払を受ける金額」に該当するか否か。

3　争点についての主張

| 原処分庁 | 請求人 |
|---|---|
| 本件協力金は、次のことから「その給与等に充てるため他の者から支払を受ける金額」に該当しないため、本件特別控除の適用はない。<br>(1)　請求人は、G医師との間に雇用契約を結び給与賃金及び賞与を支給したと認められ、また、H会は、本件要綱の定めに則り、本件協力金を委託費として請求人に支払っていたことから、本件協力金は | 本件協力金は、次のことから「その給与等に充てるため他の者から支払を受ける金額」に該当するから、本件特別控除の適用がある。<br>(1)　H会とG医師との間には、契約書の作成はないものの、雇用契約が存在する。<br>本件要綱は、G医師の在籍出向（出向元の身分のまま、出向先でも雇用契約のある身分）のために作成されたものであ |

| | |
|---|---|
| H会が請求人へG医師の給与賃金及び賞与に充てるために支払ったものであるとは認められない。 | り、請求人は、H会が負担するG医師の給与を本件協力金として受領したものであるから、本件協力金は実質的に出向に伴う給与負担金である。 |
| (2) 旧措置法第10条の5の3第2項第3号の解釈に当たって、他の者から支払を受ける金額が給与としての性質が強いかどうか、当該金額が給与等に充てられることが明確であるかどうか、あるいは、当該金額と給与等の関連性が強いかどうかにより判定することを示した裁判例等は確認できないところ、H会は、本件協力金を委託費として経理処理をし、H会経理担当者は、本件調査担当職員に対して、本件協力金は、飽くまで請求人に対しG医師○○に対する協力金として支払ったものであり、G医師の給与に充てるためでないと申し述べていることから、H会にG医師の給与等に充てるために支払ったとの認識がない。 | (2) 旧措置法第10条の5の3第2項第3号の趣旨は、自己の経済的負担に基づく実質的な給与支給額を税額控除の対象とするため、給与等に充てるため他の者から収受したことが明確な金額を控除することを求めているものと考えられる。そのため、控除される金額は給与等に充てられることが明確であるか給与等の関連性の強さに基づき判断すべきである。<br>そして、本件協力金がG医師の給与等の増加の原資とされたのは明らかである。 |

4 当審判所の判断

(1) 認定事実

請求人提出資料、原処分関係資料並びに当審判所の調査及び審理の結果によれば、次の事実が認められる。

イ 請求人とG医師との雇用契約には、年俸制が採用されており、賞与を支給する定めはなかった。

ロ G医師に支払われる年俸額は、H会に対する診療協力を行っていた期間において、満額が支払われていた。

ハ 請求人は、本件要綱締結前に、H会に対する診療協力についてG医師と合意した。

ニ　H会は、本件協力金を毎月末締めの翌月末払いで請求人へ支払うとともに、委託費として経理処理をした。

ホ　請求人が、G医師に賞与として支給した金額（上記1の(3)のホ）は、診療協力1回当たりの金額40,000円に、G医師が実際に診療に従事した別表1の「診療協力回数」欄の回数を乗じて計算されており、平成28年7月25日に支給した賞与は、平成27年12月分ないし平成28年5月分の診療協力回数21回分の840,000円、平成28年12月22日に支給した賞与は、平成28年6月分ないし平成28年11月分の診療協力回数24回分の960,000円、平成29年7月25日に支給した賞与は、平成28年12月分ないし平成29年2月分の診療協力回数12回分の480,000円であった。

(2)　検討

本件特別控除は、個人所得の拡大を図り、所得水準の改善を通じた消費喚起による経済成長を達成するため、事業者の労働分配（給与等支給）の増加を促す措置として創設されたものであり、国内雇用者に対する給与等の支給額（事業所得の金額の計算上必要経費に算入されるもの。）が前年分を上回る等の要件を満たした場合に、一定額の税額控除を認めるものである。そして、本件においては、旧措置法第10条の5の3第2項第3号括弧書きに規定する「その給与等に充てるため他の者から支払を受ける金額」に本件協力金が当たるかどうかで、請求人において本件特別控除の適否が決まることから、以下検討する。

請求人は、本件要綱に基づき、H会において不在であった内科常勤医師が就任するまでの期間として、H会の外来患者診療を目的として、上記(1)のハのとおり、G医師の合意を得て担当させ、請求人は、上記1の(3)のニのとおり、H会からG医師がH会の診療に従事したことに対し本件協力金の支払を受けていたものと認められる。

そして、上記(1)のイ及びロのとおり、請求人は、G医師に雇用契約上支払っていた給与とは別に賞与として支給した額を、上記1の(3)のホのとおり、平成28年分及び平成29年分の事業所得の金額の計算上必要経費に算入しており、当該賞与の支給に当たっては、上記(1)のホのとおり、本件要綱で定められた金額（1回当たり40,000円）にG医師の診療協力回数を乗じて計算した金額と同額が支給されていたことが認められる。

そうすると、請求人が、請求人とＧ医師との雇用契約に賞与を支給する定めがないにもかかわらず、請求人が支払う給与とは別にＧ医師に賞与として支給していたのは、Ｇ医師がＨ会への診療協力に従事し、その診療協力を遂行したことに対してＨ会から本件協力金の支払を受けたために他ならず、請求人には、Ｇ医師に対する賞与に充てるため本件協力金としてＨ会から支払を受ける金額があったというべきである。

したがって、Ｇ医師に支給した賞与の額のうち本件協力金として診療協力回数に基づき支払を受けるものは、旧措置法第10条の５の３第２項第３号括弧書きに規定する「その給与等に充てるため他の者から支払を受ける金額」に該当するから、本件特別控除の適用があると認められる。

そして、本件特別控除の適用に当たっては、上記１の(3)のホのとおり、Ｇ医師の賞与について、比較雇用者給与等支給額の算出に当たり、平成28年７月25日の840,000円及び同年12月22日の960,000円の合計額1,800,000円を、雇用者給与等支給額の算出に当たり、平成29年７月25日の480,000円をそれぞれ控除すべきである。

(3)　原処分庁の主張について

原処分庁は、本件要綱の定めに則り、Ｈ会が本件協力金を委託費として請求人に支払っていたことから、本件協力金はＨ会が請求人へＧ医師の給与賃金及び賞与に充てるために支払ったものであるとは認められない旨主張する。

しかしながら、本件協力金は、上記(2)のとおり、Ｇ医師に対する賞与に充てるためにＨ会から支払を受けたものと認められ、Ｈ会が委託費として経理処理をしたことに左右されないから、原処分庁の主張には理由がない。

(4)　本件更正処分の適法性について

上記(2)のとおり、本件協力金のうち診療協力回数に基づきＧ医師に支給した賞与の額は、旧措置法第10条の５の３第２項第３号括弧書きに規定する「その給与等に充てるため他の者から支払を受ける金額」に該当するから、請求人の雇用者給与支給額及び比較雇用者給与等支給額は、別表３の「審判所認定額」欄のとおりとなる。これを基に請求人の納付すべき税額を計算すると、別表４の「審判所認定額」欄のとおりとなり、本件更正処分の金額を下回るから、その一部を別紙の「取消額等計算書」のとおり取り消すべきである。

なお、本件更正処分のその他の部分については、請求人は争わず、当審判所に提出された証拠資料等によっても、これを不相当とする理由は認められない。

(5) 本件賦課決定処分の適法性について

上記(4)のとおり、本件更正処分の一部を取り消すべきであるから、国税通則法第65条《過少申告加算税》第1項の規定により過少申告加算税の額を計算すると○○○○円となるところ、同法第119条《国税の確定金額の端数計算等》第4項の規定により、過少申告加算税の額が5,000円未満であるときにはその全額を切り捨てることとなるので、本件賦課決定処分は、その全部を取り消すべきである。

(6) 結論

よって、審査請求には理由があるから、原処分の一部を取り消すこととする。

別表1　本件協力金の内訳（省略）

別表2　審査請求に至る経緯（省略）

別表3　雇用者給与等支給額及び比較雇用者給与等支給額（省略）

別表4　本件特別控除の額及び納付すべき税額等（省略）

別紙　取消額等計算書（省略）

# 三　相続税法関係

〈令和２年７月～９月分〉

**事例４（相続税の課税価格の計算　分割財産に係る課税価格　遺留分減殺請求により取得した金員）**

**取得財産に算入する遺留分減殺請求に基づく価額弁償金につき、相続税法基本通達11の２－10《代償財産の価額》⑵に定める方法により計算すべきとした事例**（平成28年２月相続開始に係る相続税の更正の請求に対する更正処分・全部取消し・令和２年８月11日裁決）

**《ポイント》**

本事例は、共同相続人の間で相続税の取得財産の価額に算入又は控除する遺留分減殺請求に基づく価額弁償金の金額について、相続税法基本通達11の２－10《代償財産の価額》⑴ではなく、同通達⑵に定める方法により計算すべきであると判断したものである。

《要旨》

原処分庁は、遺留分減殺請求訴訟の和解（本件和解）の際に、共同相続人の間で相続税の取得財産の価額に算入又は控除する価額弁償金（本件価額弁償金）の金額について何らかの合意があったと考えるのが自然であるとして、請求人の相続税の取得財産の価額に算入する本件価額弁償金の金額は、相続税法基本通達11の２－10《代償財産の価額》（本件通達）⑴の要件を満たしており、本件通達⑵によるべきとする更正の請求は認められない旨主張する。

しかしながら、訴訟中から申告までの間に直接やり取りをしていた訴訟代理人間において、本件価額弁償金をいくらとして申告するかについて協議がされていないことについては、同人らを含む関係者の答述が一致しており、訴訟中から申告に至るまでの経緯等に照らしても、本件価額弁償金については、その申告額を具体的に協議した事実は認められず、他に申告額についての具体的な協議の事実が認められるような事情もないことからすれば、その協議はなかったと認められるから、本件通達⑴の場合には該当しない。そして、本件価額弁償金の金額は、対象財産が特定され、かつ、本件和解時に合意された当該対象財産の通常の取引価額を基として決定されたものであるから、本件通達⑵の場合に該当するので、請求人の相続税の取得財産の価額に算入する金額は、本件通達(2)に定める方法により計算すべきである。

《参照条文等》

相続税法第11条の２

相続税法基本通達11の２－10

《参考判決・裁決》

平成25年８月29日裁決（裁決事例集No.92）

（令和２年８月11日裁決）

《裁決書（抄）》

１　事　実

(1)　事案の概要

本件は、審査請求人（以下「請求人」という。）が、相続税の申告において、不動産の評価誤りがあったこと及び遺留分減殺請求に基づく価額弁償金につき取得財産の価額に算入した金額に相続税法基本通達11の２－10《代償財産の価額》(2)の適用漏れがあったことを理由として更正の請求をしたのに対し、原処分庁が、不動産の評価誤りのみを認める更正処分をしたことから、請求人が当該更正処分の取消しを求めた事案である。

(2)　関係法令等の要旨

イ　行政手続法第８条《理由の提示》第１項は、行政庁は、申請により求められた許認可等を拒否する処分をする場合は、申請者に対し、同時に、当該処分の理由を示さなければならない旨規定している。

ロ　国税通則法（平成27年法律第９号による改正前のもの。以下「通則法」という。）第23条《更正の請求》第１項第１号は、納税申告書を提出した者は、当該申告書に記載した課税標準等若しくは税額等の計算が国税に関する法律の規定に従っていなかったこと又は当該計算に誤りがあったことにより、当該申告書の提出により納付すべき税額が過大であるときは、当該申告書に係る国税の法定申告期限から５年以内に限り、税務署長に対し、その申告に係る課税標準等又は税額等につき更正をすべき旨の請求をすることができる旨規定している。

ハ　相続税法（平成29年法律第４号による改正前のもの。以下同じ。）第11条の２《相続税の課税価格》第１項は、相続又は遺贈により財産を取得した者が当該財産を取得した時において国内に住所を有する場合においては、その者については、当該相続又は遺贈による取得財産の価額の合計額をもって、相続税の課税価格とする旨規定している。

ニ　相続税法基本通達（昭和34年１月28日付直資10）11の２－９《代償分割が行われた場合の課税価格の計算》は、代償分割の方法により相続財産の全部又は一部の分割が行われた場合における相続税法第11条の２第１項又は第２項の規定による相続税の課税価格の計算は、次に掲げる者の区分に応じ、それぞれ次に掲げるところによるものとする旨、また、その注書において、代償分割とは、共同相続人又は包括受遺者のうち１人又は数人が相続又は包括遺贈による取得財産の現物を取得し、その現物を取得した者が他の共同相続人又は包括受遺者に対して債務を負担する分割の方法をいうのであるから留意する旨定めている。

(イ) 代償財産の交付を受けた者

相続又は遺贈により取得した現物の財産の価額と交付を受けた代償財産の価額との合計額

(ロ) 代償財産の交付をした者

相続又は遺贈により取得した現物の財産の価額から交付をした代償財産の価額を控除した金額

ホ 相続税法基本通達11の２－10（以下「本件通達」という。）は、上記ニの(イ)及び(ロ)の代償財産の価額は、代償分割の対象財産を現物で取得した者が他の共同相続人又は包括受遺者に対して負担した債務（以下「代償債務」という。）の額の相続開始の時における金額によるものとする旨定め、そのただし書で、次に掲げる場合に該当するときは、当該代償財産の価額はそれぞれ次に掲げるところによるものとする旨定めている。

(イ) 共同相続人及び包括受遺者の全員の協議に基づいて代償財産の額を次の(ロ)に掲げる算式に準じて又は合理的と認められる方法によって計算して申告があった場合

当該申告があった金額（本件通達(1)）

(ロ) 上記(イ)以外の場合で、代償債務の額が、代償分割の対象財産が特定され、かつ、当該財産の代償分割の時における通常の取引価額を基として決定されているとき

次の算式により計算した金額（本件通達(2)）

$$A \times C \div B$$

なお、算式中の符号は、次のとおりである。

Ａは、代償債務の額

Ｂは、代償債務の額の決定の基となった代償分割の対象財産の代償分割の時における価額

Ｃは、代償分割の対象財産の相続開始の時における価額（財産評価基本

通達（昭和39年４月25日付直資56ほか。以下「評価通達」という。）の定めにより評価した価額をいう。）

(3) 基礎事実及び審査請求に至る経緯

当審判所の調査及び審理の結果によれば、以下の事実が認められる。

イ　請求人の母であるＫ（以下「本件被相続人」という。）は、平成22年８月５日、Ｌ法務局所属公証人Ｍ作成の平成22年第○号遺言公正証書により、要旨、次のとおり遺言した。

(イ) 本件被相続人は、本件被相続人の有する一切の財産を長男Ｎ（以下「兄Ｎ」という。）に相続させる（第１条）。

(ロ) 請求人から遺留分減殺の請求があったときは、兄Ｎは、請求人に対し、ｅ市ｆ町所在の不動産を含めた本件被相続人の遺産の４分の１を取得させること（第２条）。

ロ　本件被相続人は、平成28年２月○日（以下「本件相続開始日」という。）に死亡し、その相続（以下「本件相続」という。）が開始した。本件相続に係る法定相続人は、兄Ｎと請求人の２名である。

ハ　請求人は、平成28年７月24日、兄Ｎに対し、遺留分減殺請求の意思表示をした。

ニ　請求人は、平成28年11月25日付の訴状により、兄Ｎを被告として、遺留分減殺請求権に基づいて、別表１の順号１ないし３の各土地（以下、各土地を順次「ｇ町土地１」ないし「ｇ町土地３」といい、これらを併せて「ｇ町各土地」という。）及び同表の順号12ないし21の各建物（以下、各建物を順次「ｇ町建物12」ないし「ｇ町建物21」といい、ｇ町各土地と併せて「本件ｇ町不動産」という。）につき、持分一部移転登記手続等を求める訴訟をＰ地方裁判所に提起した（以下「本件訴訟」といい、上記訴状を「本件訴状」という。）。

ホ　平成30年３月26日、請求人と兄Ｎとの間で、要旨、次の内容の訴訟上の和解が成立した（以下「本件和解」という。）。本件和解に係る調書に記載された和解条項（以下「本件和解条項」という。）の別紙遺産目録によれば、本件被相続人の遺産である各財産（以下「本件相続財産」という。）の価額は、別表１の「本件和解」欄記載の各金額のとおりとされた。なお、同欄の順号12ないし25の各財産の評価額は、いずれも、後記への請求人の相続税の申告における各金額と同額であった。

(イ) 兄Nは、請求人の兄Nに対する遺留分減殺請求の結果、請求人が別表1の順号4ないし11の各土地及び同表の順号22の建物（以下、これらを併せて「本件e不動産」という。）を取得することを認める（本件和解条項1の(1)）。

(ロ) 兄Nは、請求人に対し、本件g町不動産及び別表1の順号23ないし25の各財産を兄Nが取得することの代償として、上記(イ)の遺留分減殺請求に基づく価額弁償金330,000,000円の支払義務があることを認める（本件和解条項1の(2)。以下、当該価額弁償金を「本件価額弁償金」という。）。

(ハ) 兄Nは、請求人に対し、本件価額弁償金を、次のとおり、請求人の訴訟代理人である弁護士の事務所名義の普通預金口座に振り込む方法により支払う（本件和解条項3の(1)）。

A　平成30年4月2日限り　　金200,000,000円

B　請求人が、本件e不動産の取得及び本件価額弁償金の受領に係る相続税について申告及び納税をし、かつ、同相続税の申告書の写し及び相続税納付書の写しを兄Nの訴訟代理人が受領した日から10日を経過した日、又は平成30年5月末日のいずれか遅く到来する日限り　　金130,000,000円

ヘ　請求人は、平成30年5月29日、本件相続に係る相続税（以下「本件相続税」という。）について、本件和解により本件e不動産及び本件価額弁償金を取得したとして、別表2の「申告」欄記載のとおり、請求人の課税価格を○○○○円、納付すべき税額を○○○○円とする申告（以下「本件申告」という。）をし、同日、上記納付すべき税額の全額を納付した。本件申告において請求人の取得財産の価額に算入した本件価額弁償金の金額は、請求人が受領した金額である330,000,000円とされた。

ト　請求人は、平成30年7月13日、本件相続税の税額の計算上、請求人の取得財産の価額に算入する本件価額弁償金の金額について、本件通達(2)を適用して、受領した金額に、各対象財産の本件相続開始日における価額が本件和解条項における価額に占める割合を乗じて計算をした224,833,665円とすべきこと並びにg町土地1及びg町土地2の評価額に誤りがあったことを理由として、別表2の「更正の請求」欄記載のとおり、請求人の課税価格を○○○○円、納付すべき税額を○○○○円とすることを求めて更正の請求（以下「本件更正の請求」という。）をした。

チ　原処分庁は、令和元年５月28日付で、本件更正の請求のうち、ｇ町土地１及びｇ町土地２の評価額の誤りについて認め、さらにｇ町建物12ないしｇ町建物19及びｇ町建物21の貸家に係る評価の誤りについても認めたが、請求人の取得財産の価額に算入する本件価額弁償金の金額については、本件通達(1)が適用されるため請求人が本件申告において申告した金額330,000,000円になるとし、別表２の「更正処分」欄記載のとおり、請求人の課税価格を○○○○円、納付すべき税額を○○○○円として更正処分（以下「本件更正処分」という。）を行った。本件更正処分に係る通知書（以下「本件通知書」という。）に記載された処分の理由は、要旨、別紙のとおりであった。

リ　請求人は、令和元年８月20日、本件更正処分を不服として審査請求をした。

２　争　点

(1)　本件更正処分は、理由の提示に不備がある違法なものか否か（争点１）。

(2)　請求人の取得財産の価額に算入する本件価額弁償金の金額は、①本件申告により申告された受領金額そのものによるべきか、それとも、②当該金額に、対象財産の本件相続開始日における価額が本件和解条項における価額に占める割合を乗じて計算をした金額によるべきか（争点２）。

３　争点についての主張

(1)　争点１（本件更正処分は、理由の提示に不備がある違法なものか否か。）について

| 原処分庁 | 請求人 |
|---|---|
| 本件通知書の記載内容は、本件申告における請求人の取得財産の価額に算入する本件価額弁償金の金額について、①兄Ｎと同様の方法により申告しているという事実から、②本件通達(1)の要件を満たしていると判断され、③その減額を求めた部分については、通則法第23条第１項第１号に規定する更正の請求の要件を満たしていないとして本件更正処分がされ | 本件通知書の記載内容は、本件申告における請求人の取得財産の価額に算入する本件価額弁償金の金額が本件通達(1)の要件を満たす理由として、「あなた以外の相続人と同様の方法により申告しており」とするのみで、共同相続人全員の協議に基づいたものであることを明確に記載しておらず、請求人の取得財産の価額に算入する本件価額弁償金の金額を本件 |

| | |
|---|---|
| たことを、請求人において了知し得るものとなっている。<br>したがって、本件更正処分は、理由の提示に不備がないから違法とされるものではない。 | 価額弁償金の額面で評価することが、どのような理由で本件通達(2)に掲げる算式に準じて又は合理的と認められる方法によって計算したことになるかについても一切説明がない。<br>したがって、本件更正処分は、理由の提示に不備がある違法な処分である。 |

(2) 争点2（請求人の取得財産の価額に算入する本件価額弁償金の金額は、①本件申告により申告された受領金額そのものによるべきか、それとも、②当該金額に、対象財産の本件相続開始日における価額が本件和解条項における価額に占める割合を乗じて計算をした金額によるべきか。）について

| 請求人 | 原処分庁 |
|---|---|
| 次のとおり、請求人の取得財産の価額に算入する本件価額弁償金の金額は、本件通達(2)の適用により、受領した本件価額弁償金の金額に、対象財産の本件相続開始日における価額が本件和解条項における価額に占める割合を乗じて計算した金額によるべきである。<br>イ　本件通達(1)に該当しないこと<br>請求人と兄Nとの間では、双方の本件相続税に係る申告で取得財産の価額に算入又は控除する本件価額弁償金の金額に関してどのような評価を行うか、事前に打合せや協議を行った事実はない。請求人が本件申告に係る申告書の写しを兄Nに交付したのは、単に、本件訴訟において、兄Nが本件価 | 次のとおり、請求人の取得財産の価額に算入する本件価額弁償金の金額は、本件通達(1)の適用により、受領した本件価額弁償金の金額そのものによるべきである。<br>イ　本件通達(1)に該当すること<br>本件相続税に係る共同相続人は、請求人及び兄Nの２名のみであるから、相続税の総額を共同相続人間であん分するという相続税の計算の仕組みからすれば、本件和解を受けて請求人が新たに納付すべき相続税の額が、すなわち、兄Nに還付される本件相続税の額となるため、兄Nにとっては、請求人 |

| | |
|---|---|
| 額弁償金の支払の原資となる本件相続税の還付金を得ることを確実にするために、兄Nより先行申告を求められたことによるものであり、その際に、どのような申告とすべきかについて、兄Nからの要請や、請求人及び兄N本人同士の間での接触は一切なかった。<br>さらに、代償財産の価額は、相続開始時の価額によることが大原則であり、そのための合理的な計算方法が本件通達(2)に示されているのであるから、単に共同相続人全員の合意があるだけでなく、それが当該計算方法に準じた方法によるか、これと同等に合理性がある方法によって計算されることが必要である。請求人の取得財産の価額に算入する本件価額弁償金の金額を「相続開始時の時価」の趣旨から遊離した本件価額弁償金の額面で評価することは合理的とは認められない。<br>以上のとおり、本件申告における請求人の取得財産の価額に算入する本件価額弁償金の金額は、本件通達(1)の要件を満たすものでない。 | が本件相続税の申告を行うかどうかに加え、その申告により納付すべき税額についても、非常に重要な事項となる。そうすると、請求人が本件相続税の申告書の写し及び納付書の写しを兄Nの代理人に交付する旨の本件和解条項は、兄Nが請求人に対して本件価額弁償金の残金を支払うに当たり、請求人が本件相続税の申告及び納付を行った事実を確認するにとどまらず、その申告内容についても、兄Nが、本件和解条項を設けた際の認識と相違しない本件相続税の申告を要求し、その確認をするものと評価すべきであるから、本件和解の際に、請求人と兄Nとの間で取得財産の価額に算入又は控除する本件価額弁償金の金額について何らかの合意があったと考えるのが自然である。<br>以上のことからすれば、本件申告における請求人の取得財産の価額に算入する本件価額弁償金の金額は、共同相続人間の協議により合理的に計算されたものと認めるのが相当であるから、本件通達(1)の要件を満たすものである。 |
| ロ　本件通達(2)に該当すること<br>本件和解条項における財産の評価額は、本件和解時に可能な限り正確かつ | ロ　本件通達(2)に該当しないこと<br>本件和解条項における財産の評価額は、画地補正等の個別の事情補正すら |

妥当な時価を算定すべく、使用できる直近の平成29年分の路線価に1.25を乗じて算定したものである。

また、実務においては、代償債務の額の決定方法として、不動産鑑定士等に依頼している場合のほか、審判又は調停により代償債務の額が決定された場合も通常の取引価額を基として決定されたものとされており、裁判所が認定した価額以外であっても、当事者の合意があればその価額については合理性が承認されている。本件和解条項における本件相続財産の評価額については、本件訴訟の過程で、兄Nとの間で長い期間にわたる交渉をした結果、和解の場合の評価額について、基本的には請求人が主張する評価額を基準とすることで了承を得るなどして合意された価額であり、本件価額弁償金の金額についても、上記評価額を基に当事者が交渉をして合意したものであるから、通常の取引価額を基として決定されたものといえる。

なお、本件価額弁償金の金額は本件和解条項における財産の評価額に基づいて決定されたものではない旨の原処分庁の主張は、本件価額弁償金の金額が、特別受益の有無等の議論の末、裁判官主導の下、財産の評価額及び兄Nされていないなど簡便に評価した「時価の近似値」にすぎない。また、兄Nが、和解による解決を前提として本件被相続人の財産の評価は請求人の主張する評価でよい旨了承したという経緯からしても、本件和解条項における財産の評価額は、和解で決着させるために「時価の近似値」がそのまま採用されたものにすぎず、請求人と兄Nとの間で本件和解時の財産の通常の取引価額であることを合意したものとは認められない。

そして、本来、遺留分権利者に対する価額弁償の額は遺留分の目的物と等価であるべきところ、兄Nが、本件訴訟において、和解のために、価額弁償の額に支払原資や税金申告その他の諸事情も加味することを要求していること、財産の評価額については請求人の主張するとおりとすることで双方一致したにもかかわらず、請求人の求める価額弁償の金額が360,000,000円で、兄Nの求めるそれが300,000,000円と、双方が遺留分の目的物の価額と異なる金額を主張し、本件価額弁償金の金額が、請求人が本件訴訟の終盤において計算した金額347,847,366円とも相違していることからすれば、本件価額弁償金の金額は、本件和解条項における財

| | |
|---|---|
| の支払能力を考慮に入れ、裁判における両当事者の主張の全趣旨を踏まえて決定された事実を踏まえないものである。<br>以上のとおり、本件価額弁償金の金額は、本件和解時における対象財産の通常の取引価額を基として決定されているから、請求人の取得財産の価額に算入する本件価額弁償金の金額は、本件通達(2)の適用によるべきである。 | 産の評価額に基づく遺留分の目的物の価額を目安として、請求人と兄Nの双方が納得できる範囲で調整したものにすぎないから、本件和解条項における財産の評価額を基に決定されたものであるとも認められない。<br>以上のとおり、本件和解条項における財産の評価額は、本件和解時の通常の取引価額を表しているとは認められない上、本件価額弁償金の金額は、本件和解条項における財産の評価額にすら基づいていないから、本件通達(2)の要件を満たさない。 |

4　当審判所の判断

(1)　争点1（本件更正処分は、理由の提示に不備がある違法なものか否か。）について

イ　法令解釈

行政手続法第8条第1項本文が、行政庁が申請により求められた許認可等を拒否する処分をする場合に、同時に、その理由を申請者に示さなければならないとしているのは、拒否事由の有無についての行政庁の判断の慎重と合理性を担保してその恣意を抑制するとともに、処分の理由を申請者に知らせて不服申立てに便宜を与える趣旨に出たものと解されるから、当該処分の理由が上記の趣旨を充足する程度に具体的に明示するものであれば、同項本文の要求する理由の提示として不備はないものと解するのが相当である。

ロ　当てはめ

上記1の(3)のチによれば、本件通知書には、本件更正の請求のうち本件通達(2)の適用による減額を認めない理由として、①請求人が本件申告において、取得財産の価額に算入する本件価額弁償金の金額を、兄Nと同様の方法により申告しているという事実、②本件通達(1)の要件を満たしていると判断した旨及び③通則法

第23条第１項第１号に規定する課税標準等若しくは税額等の計算が国税に関する法律の規定に従っていなかったこと又は当該計算に誤りがあったことには該当しないと判断した旨が記載されている。そうすると、本件更正処分における理由の提示は、具体的な事実関係に基づいて原処分庁が通則法第23条第１項第１号に該当しないと判断した根拠が示されており、請求人において本件更正処分がされた理由を了知し得るものということができるから、原処分庁の恣意抑制及び不服申立ての便宜という行政手続法第８条第１項の趣旨に照らし、法の要求する理由の提示として欠けるところはないというべきである。

したがって、本件更正処分は、行政手続法第８条第１項本文の規定する理由の提示に不備はなく、違法ではない。

ハ　請求人の主張について

請求人は、上記３の(1)の「請求人」欄のとおり、本件通知書の記載内容は、①共同相続人全員の協議に基づいたものであることを明確に記載していないこと及び②本件価額弁償金を額面で評価する方法の合理性等について説明がないとして、本件更正処分の理由の提示には不備がある旨主張する。

しかしながら、本件通知書の理由の提示によって、原処分庁が判断の前提とした事実及びこれに基づいた判断の内容等が示されており、この理由の提示に不備がないといえることは上記ロのとおりである。したがって、請求人の主張には理由がない。

(2)　争点２（請求人の取得財産の価額に算入する本件価額弁償金の金額は、①本件申告により申告された受領金額そのものによるべきか、それとも、②当該金額に、対象財産の本件相続開始日における価額が本件和解条項における価額に占める割合を乗じて計算をした金額によるべきか。）について

イ　法令解釈

(イ)　民法第896条《相続の一般的効力》は、相続人は、相続開始の時から、被相続人の財産に属した一切の権利義務を承継する旨を定め、相続税法第11条の２第１項は、相続又は遺贈により財産を取得した者については、当該相続又は遺贈による取得財産の価額の合計額をもって、相続税の課税価格とする旨規定している。また、同法第22条《評価の原則》は、特別の定めのあるものを除くほか、相続又は遺贈により取得した財産の価額は、当該財産の取得の時における

時価による旨を定める。

そして、代償分割とは、共同相続人の一人又は数人に他の共同相続人に対する債務を負担させて、現物の分割に代える旨の遺産の分割の方法をいうところ(家事事件手続法第195条《債務を負担させる方法による遺産の分割》参照)、代償分割時における代償財産の価額と、その分割が効力を生ずるとされる相続開始の時における当該代償財産の価額とが異なる可能性があることから、相続税の課税価格の計算において相続等による取得財産の価額に算入する代償財産の価額を相続開始の時の時価に修正する必要がある。

(ロ) これを踏まえ、本件通達は、その本文において、代償財産の価額は、代償債務の額の相続開始の時における金額によるものと定め、そのただし書である本件通達(2)において、代償分割の対象財産が特定され、かつ、代償債務の額が、当該財産の代償分割の時における「通常の取引価額を基として決定されている」場合に、代償債務の額の相続開始の時における金額を計算する方法について定めているものと解されるところ、その代償財産は、直接被相続人から承継取得したものではないものの、代償分割の対象財産（相続財産の全部又は一部）を手放す代わりに、それを補するために交付を受けるものであることからすれば、上記の場合に、代償債務の額の評価を、本来ならば取得できたであろう相続財産（代償分割の対象財産）の価額に基づいて行うことは合理的といえるから、このような計算方法には相応の合理性があるものというべきである。

(ハ) 上記(ロ)のとおり、代償財産の価額は、本件通達(2)に定める算式により計算するのが一般的に妥当であるが、共同相続人等の全員の協議に基づいて、代償財産の価額をこの方法に準ずる方法その他合理的と認められる方法によって計算して申告があったときは、その共同相続人等の意思を尊重し、その申告を認めるのが相当である。そのため、共同相続人等の全員の協議に基づいて代償財産の価額を本件通達(2)に定める算式に準じて又は合理的と認められる方法によって計算して申告があった場合には、その申告があった金額を代償財産の価額として認めることとする本件通達(1)の定めもまた合理的なものと認められる。

(ニ) そして、民法第1041条（平成30年法律第72号による改正前のもの。以下同じ。)《遺留分権利者に対する価額による弁償》第１項所定の価額弁償金の算定基準時は、現実に弁償がされるときであると解されるところ、遺留分権利者が取得する価額弁償金を取得財産の価額に算入するときは、上記(イ)に述べたところと同様に、価額弁償金の額の相続開始の時における金額を計算する必要があるものと解される。このことに加え、民法第1041条所定の価額弁償金の額は、遺産の現物の取得者からその現物に代わるものとして遺贈の目的の価額を遺留分権利者に弁償して返還の義務を免れるものであり、経済的実質からみた場合に代償分割における代償財産と同じ性質を有するものであるから、相続税の課税価格の計算上は、価額弁償が行われた場合も、上記(イ)ないし(ハ)の代償分割が行われた場合と同様に扱うのが相当である。

ロ　認定事実

請求人提出資料、原処分関係資料並びに当審判所の調査及び審理の結果によれば、以下の事実が認められる。

(イ)　本件訴訟における本件和解成立に至る経緯等

A　請求人は、平成28年11月25日頃に本件訴訟を提起し、本件訴状において、本件相続財産の各評価額について暫定的に別表1の「本件訴状」欄記載のとおりとするが、今後鑑定等により時価が明らかとなった場合には必要に応じて請求の趣旨を変更する旨主張した。

B　請求人及び兄Nは、その後、本件訴訟の手続において和解をする場合の本件相続財産の各評価額について検討を重ねた。本件訴訟の手続においては、請求人及び兄Nの双方の訴訟代理人がその交渉に当たり、双方の関与税理士同士が直接連絡を取り合うことはなかった。また、請求人及び兄Nが直接連絡を取り合うこともなかった。

C　兄Nは、平成29年9月26日の期日において、本件相続財産の各評価額について、和解交渉に入る場合には、支払原資、税金申告その他の諸事情も加味することを条件として、基本的には請求人が本件訴状で主張する各不動産の評価額を基準とすることを了承する旨記載した上申書を提出した。もっとも、上記の条件部分については、単に評価額について柔軟に対応する余地を残す趣旨で記載されたものであり、相続税の具体的な申告額等を算定するなどして、これを考慮するよう求めたものではなかった。

D　兄Nは、平成29年12月18日の期日において、g町各土地の評価について時価に近似するものとして路線価を1.25倍（0.8で割戻し）した価額とすることに賛同するが、g町土地1及びg町土地2の価額は貸家部分及び貸地部分の減額を、g町土地3の価額は貸地部分の減額をすべきである旨の意向を示し、これに対して請求人は、g町各土地の評価について、借地権の設定が贈与と同様に扱われることや、土地の無償使用として特別受益に当たることを踏まえ、結局、更地とほぼ同じ価額とすべきとの意向を示した。

E　請求人は、平成30年2月1日の期日において、g町各土地が貸地であること自体は争わないとしたが、g町土地1及びg町土地2の評価については上記Dと同様の意向を示し、各相続財産の評価や兄Nの特別受益等を検討した価額弁償金の金額330,332,384円から472,913,439円までの6案を試算した上で価額弁償金の金額を360,000,000円とする和解案を提示し、これに対して兄Nは、支払えるのはせいぜい300,000,000円であり、請求人が本件相続税の期限後申告をして納税したことを確認した上でないと支払はできない旨を伝えた。同期日において、裁判所と各当事者との間で、個別に、和解成立後に兄Nが相続税の更正の請求をして還付金を受け取ることができることへの言及があったものの、具体的な金額についての言及がされたことはうかがえない。

F　兄Nは、平成30年2月23日の期日において、価額弁償金の金額を285,000,000円とする和解案を、請求人は、当該金額を350,000,000円程度とする和解案を提示した。これを踏まえて、裁判所から、価額弁償金の金額を330,000,000円前後とすることで和解が可能かどうかを検討するよう指示があり、合意の可能性がある場合には、税金面等も踏まえた具体的な和解条項案についても検討するよう指示がされた。同期日においても、裁判所と各当事者との間で、上記Eと同様に、相続税の更正の請求と還付金についての言及があったものの、具体的な金額についての言及がされたことはうかがえない。

G　兄Nは、平成30年3月12日の期日において、価額弁償金の金額を330,000,000円とする和解条項案を提示した。同和解条項案には、価額弁償金をいくらとして申告するかについての条項はない。

これに対して、請求人も兄Nの提示額で合意見込みであるとして、平成30年3月22日、価額弁償金の金額を同提示額とし、支払期限等を若干修正した和解案を提示した。請求人は、その際、「価額弁償金の計算について」と題する書面（以下「本件書面」という。）も提示した。本件書面における遺留分侵害額の計算は、土地は平成28年分路線価を1.25倍し、ｇ町土地３は底地（借地権割合８割）と評価し、本件ｅ不動産のうち土地は測量面積を基にいわゆる青地（旧水路）部分を除外して算出され、同じく価額弁償金の金額の計算は、ｇ町各土地は弁償の基準時に接着した平成29年分の路線価を1.25倍し、ｇ町土地３は底地（借地権割合８割）と評価して347,847,366円と算出されている。本件書面は、兄Ｎにも交付されたが、兄Ｎから記載された各対象財産の評価について異議は述べられず、両者の間でその評価額については合意された。

(ロ) 本件和解

平成30年３月26日、本件和解が成立した。本件和解条項は、上記１の(3)のホのとおりであり、請求人が本件相続税の申告及び納税を行い、本件相続税の申告書及び納付書の写しを兄Ｎの訴訟代理人が受領することが本件価額弁償金の分割金支払の前提として定められたが、請求人及び兄Ｎが、本件価額弁償金をいくらとして申告するかについて定めた条項はなかった。

(ハ) 本件和解の成立から本件申告までの経緯等

Ａ　兄Ｎは、平成30年３月30日、本件価額弁償金のうち200,000,000円を、請求人に支払った。

Ｂ　兄Ｎは、平成30年５月18日、本件和解により本件ｅ不動産及び本件価額弁償金を請求人が取得したとして本件相続税の更正の請求をした。当該更正の請求において兄Ｎの取得財産の価額から控除する本件価額弁償金の金額は、授受される額である330,000,000円とされた。当該更正の請求の内容は、請求人には伝えられなかった。

Ｃ　請求人は、平成30年５月29日、請求人の取得財産の価額に算入する本件価額弁償金の金額を330,000,000円として本件申告をし、同年６月、本件申告に係る申告書の写し及び納付書の写しを兄Ｎの訴訟代理人に送付し、兄Ｎの訴訟代理人は、同月８日、これを受け取った。本件申告の内容について、兄Ｎの訴訟代理人が事前に連絡を受けることはなかった。

Ｄ　兄Ｎは、平成30年６月14日、本件価額弁償金の残金130,000,000円を、請求人に支払った。

Ｅ　請求人は、平成30年７月13日、請求人の取得財産の価額に算入する本件価額弁償金の金額を本件通達(2)を適用した額とすることなどを内容とする本件更正の請求をした。

F　兄Ｎの関与税理士は、平成30年７月17日、請求人の関与税理士から、本件更正の請求の内容について初めて連絡を受けた。

G　本件申告、本件更正の請求及び本件更正処分におけるｇ町各土地の自用地１平方メートル当たりの価額は、いずれも、ｇ町土地１及びｇ町土地２については評価通達16《側方路線影響加算》に定める加算率0.07、ｇ町土地３については評価通達15《奥行価格補正》に定める補正率0.99の画地補正等がされていた。

(ニ)　申告額についての協議の有無に関する認識等

兄Ｎの訴訟代理人及び関与税理士は、当審判所に対して、本件通達(2)の調整計算をしないことはよくあることであり、また、請求人の本件申告においても当該調整計算がされていないことから、本件価額弁償金をいくらで申告するかについて、請求人と考えは一致しており、合意があったものと認識している旨答述している。

これに対して、請求人の訴訟代理人は、当審判所に対して、価額弁償金を受け取ることにより申告義務が発生することは気にしていたものの、本件価額弁償金について、請求人が支払うことになる税額を考慮してその金額の調整をするようなことはなかった旨答述しており、請求人の関与税理士も、兄Ｎの訴訟代理人から本件申告の内容について指示等は一切なく、交渉は両者の訴訟代理人を通じてされていたのであって、請求人及び兄Ｎが直接交渉をすることはなかった旨答述している。この点、兄Ｎの訴訟代理人においても、当審判所に対して、本件訴訟中も本件和解成立から本件申告までの間も、請求人の訴訟代理人との間で本件価額弁償金をいくらで申告するかについて協議をしたことはなく、当事者間においてもそのような協議はない旨答述し、また、兄Ｎの関与税理士も、税務に関して兄Ｎ及び請求人が直接話し合いをすることはなく、双方の関与税理士が直接連絡することもなかった旨答述している。

ハ　当てはめ

(イ)　本件通達(1)の場合に該当するか

上記ロの(ニ)のとおり、請求人の訴訟代理人及び関与税理士、兄Ｎの訴訟代理人及び関与税理士のいずれもが、本件訴訟中から本件申告までの間に、直接やり取りをしていたのは訴訟代理人同士であること、そして、訴訟代理人間において、本件価額弁償金をいくらで申告するかについて協議がされていないことについては一致する答述をしている。このうち特に、兄N側関係者の答述は、同人らにとっては上記協議がない場合の方が納税額が増加することになり、上記答述は不利益な内容の答述となるにもかかわらず上記協議がなかった旨述べているものであるから高度の信用性が認められる。また、上記ロの本件訴訟中から本件申告に至るまでのやり取りの経緯等をみると、本件訴訟中においては、兄Nと請求人との間で、両者の訴訟代理人を通じて、本件相続財産の評価額をいくらにするかについての協議がされたほか、本件和解成立後、請求人が受け取った価額弁償金等について相続税の申告をする必要があること、兄Nにおいては相続税の還付金を受けられることについても両者に認識があることがうかがえるものの、本件価額弁償金について、その申告額を具体的に協議した事実は認められず、他に申告額についての具体的な協議の事実が認められるような事情もない。上記ロの(ニ)の各答述は、これらの客観的な事実によっても裏付けられており、信用できるから、当該各答述のとおり、本件価額弁償金の具体的な申告額についての協議はなかったものと認めるのが相当である。

したがって、本件申告において請求人の取得財産の価額に算入した本件価額弁償金の金額330,000,000円は、共同相続人の全員の協議に基づいて申告されたものではないから、本件通達(1)の場合には該当しない。

(ロ) 本件通達(2)の場合に該当するか

本件価額弁償金は、上記1の(3)のホの(ロ)のとおり、本件g町不動産及び別表1の順号23ないし25の各財産を兄Nが取得することの代償として支払義務が認められたものであるから、対象財産は特定されている。

そこで、本件価額弁償金の金額が、本件和解時の通常の取引価額を基に決定されたか否かを検討する。

A 上記ロの(イ)のとおり、本件価額弁償金の各対象財産の価額弁償時の評価額は、平成28年11月の本件訴訟の提起から平成30年3月26日の本件和解成立までの長い期間にわたって、対立する当事者である請求人と兄Nとの間で、それぞれの立場から算定した評価額に基づく金額について調整を重ね、裁判所から示唆された金額や、本件和解時に最も接着した時点の平成29年分の路線価を用いて算定した各対象財産の評価額も踏まえて最終的に合意された額である。

B　このように、両当事者においてその主張が対立する中で、両者が歩み寄って合意したときは、その合意した価額を通常の取引価額とみることに一般的な合理性があるといえる。

そうすると、本件価額弁償金の各対象財産の評価額は、双方のせめぎ合いの後に合意されたものであり、その合理性を否定すべき事情もないから、本件和解時における通常の取引価額であるものと認められる。

C　そして、本件価額弁償金の金額は、上記Aのとおり、各対象財産の評価額については合意した上で、この通常の取引価額といえる評価額を基礎として、上記ロの(イ)のGのとおり、両当事者において歩み寄って合意し、本件和解条項における金額330,000,000円に決まったものである。したがって、本件価額弁償金の金額は、各対象財産の本件和解時における通常の取引価額を基として決定されたものであると認められる。

D　上記のとおり、本件価額弁償金は、対象財産が特定され、当該財産の本件和解時における通常の取引価額を基として決定されているものと認められる。したがって、本件価額弁償金は、本件通達(2)に定める要件を満たすものと認めることが相当である。

(ハ)　小括

以上のとおり、請求人が本件相続税の取得財産の価額に算入する本件価額弁償金の金額は、本件通達(1)の場合に該当しないものであり、対象財産が特定され、かつ、当該対象財産の本件和解時における通常の取引価額を基として決定されたものといえるから、本件通達(2)に定める方法により、受領した金額に、対象財産の本件相続開始日における価額が本件和解条項における価額に占める割合を乗じて計算をした金額によるべきである。

ニ　原処分庁の主張について

(イ)　原処分庁は、上記3の(2)の「原処分庁」欄のイのとおり、本件和解の際に、請求人と兄Nとの間で本件相続税の取得財産の価額に算入又は控除する本件価額弁償金の金額について何らかの合意があったと考えるのが自然であるとして、本件通達(1)の要件を満たす旨主張する。

しかしながら、上記の点について請求人と兄Nとの間で本件価額弁償金の具体的な申告額についての協議がなかったと認められることは、上記ハの(イ)のとおりである。

(ロ) 原処分庁は、上記3の(2)の「原処分庁」欄のロのとおり、本件和解条項における財産の評価額は、画地補正等の個別の事情補正すらされていない、和解で決着するために採用された「時価の近似値」にすぎず、通常の取引価額に当たらない旨主張する。

しかしながら、本件和解条項における本件価額弁償金の各対象財産の評価額が通常の取引価額といえることについては、上記ハの(ロ)のBのとおりであり、本件のように対立する両当事者が長い期間にわたって検討、調整を重ねた上で合意に至った場合には、その合意した額が通常の取引価額といえるのであるから、本件相続税における評価に認められる、g町土地3に係る奥行価格補正率0.99やg町土地1及びg町土地2に係る側方路線影響加算率0.07などを適用した画地補正等が本件価額弁償金の各対象財産の評価額の調整に用いられていないといった原処分庁指摘の事情があったとしても、直ちに本件通達(2)の該当性を否定すべき理由にはならないというべきである。

(ハ) 原処分庁は、上記3の(2)の「原処分庁」欄のロのとおり、兄Nが和解のために支払原資等を加味することを要求したことや、請求人と兄Nが主張していた金額や本件書面における金額が遺留分の目的物の価額と異なることから、本件価額弁償金の金額が本件和解条項における財産の評価額を基に決定されたものであるとは認められない旨主張する。

しかしながら、本件価額弁償金の金額の決定に際して兄Nの支払原資等が考慮されたとしても、上記ロの(イ)のとおり、本件和解成立に至る経緯によれば、本件価額弁償金が、各対象財産の評価額をまず協議し、これによって合意できた評価額を前提として、両者が歩み寄って合意したことが認められるのであって、本件価額弁償金の金額を合意された各対象財産の評価額と比較してみても、本件価額弁償金が各対象財産の評価額に基づいて決定されたものということができる。

(ニ) 以上のとおり、原処分庁の主張は、いずれも理由がない。

(3)　本件更正処分について

請求人の本件申告における本件価額弁償金の金額330,000,000円は、上記(2)のハのとおり、本件通達(1)の場合に該当せず、該当する本件通達(2)に定める方法によっていないため、請求人の取得財産の価額に算入すべき金額として相当ではない。

そして、請求人の本件相続税の取得財産の価額に算入すべき本件価額弁償金の金額は、上記(2)のハの(ロ)のとおり、要件を満たす本件通達(2)に従って計算すると、受領した本件価額弁償金の金額330,000,000円に各対象財産の本件相続開始日における価額の合計1,624,591,610円（別表1の「本件更正処分」欄の順号1ないし3、順号12ないし21及び順号23ないし25の合計額）を乗じ、当該各対象財産の本件和解時における価額の合計2,418,666,331円（別表1の「本件和解」欄の順号1ないし3、順号12ないし21及び順号23ないし25の合計額）で除して求めた金額221,657,375円となり、これにより請求人の本件相続税に係る課税価格及び納付すべき税額を計算すると、別表3のとおり、それぞれ○○○○円、○○○○円となり、本件更正の請求における課税価格○○○○円、納付すべき税額○○○○円をも下回るため、本件申告により納付すべき税額が過大であった金額は、本件更正の請求におけるものをも上回ることとなる。

したがって、本件更正の請求の本件通達(2)の適用を求める部分は、通則法第23条第1項第1号の規定に該当すると認められるべきものであるから、本件更正の請求における納付すべき税額を認めなかった本件更正処分は、違法であり、その全部を取り消すべきである。

(4)　結論

以上によれば、審査請求には理由があるから、本件更正処分は、その全部を取り消すこととする。

別表１　本件被相続人の遺産及び評価額（省略）

別表２　審査請求に至る経緯（省略）

別表３　請求人の本件相続税の課税価格及び納付すべき税額等の計算（審判所認定額）（省略）

別紙　本件通知書に記載された本件更正処分の理由の要旨（省略）

# 四　国税徴収法関係

〈令和２年７月～９月分〉

### 事例５（無償又は著しい低額の譲受人等の第二次納税義務　無償譲渡と認めなかった事例）

**滞納法人の売上げを譲り受けたことによる国税徴収法第39条《無償又は著しい低額の譲受人等の第二次納税義務》に基づく第二次納税義務の納付告知処分の取消請求において、請求人が受けた利益の一部は滞納法人に係る売上げではないとした事例**（第二次納税義務の告知処分・一部取消し・令和２年７月９日裁決）

《ポイント》

滞納法人の売上除外等に加担した法人の口座へ売上金を振り込ませた後、請求人に当該売上金を現金又は振込みにより無償譲渡したとして告知処分された第二次納税義務について、請求人及び関係者らの答述等の信用性を検討した上で、上記加担した法人の口座に振り込まれた金員の一部は、滞納法人に係る売上げではないとして、当該第二次納税義務の一部を取り消したものである。

《要旨》

原処分庁は、滞納法人が各取引先から受け取るべき売上金が、請求人の指示の下、請求人の知人が主宰する法人を発行元とした各請求書に基づき、請求人に交付されたことについて、請求人、滞納法人の代表者及び請求人の知人（請求人ら）が認めていることから、滞納法人から請求人に対して、国税徴収法第39条《無償又は著しい低額の譲受人等の第二次納税義務》に規定する無償の譲渡があった旨主張する。

しかしながら、一部の取引先について、請求人らから、滞納法人に帰属する売上げを請求したものであるとの具体的な申述はなく、当該取引先から原処分庁への回答書にも、滞納法人に帰属する売上げであるなどの具体的な記載もない。また、本件の全証拠を検討しても、滞納法人に係る売上げであると断定するに足りる証拠は認められない。

《参照条文等》

国税徴収法第39条、第141条

国税徴収法施行令第14条第１項

（令和２年７月９日裁決）

《裁決書（抄）》

1 事 実

(1) 事案の概要

本件は、審査請求人（以下「請求人」という。）が国税を滞納している納税者から無償で財産を譲り受けたとして、原処分庁が、国税徴収法第39条《無償又は著しい低額の譲受人等の第二次納税義務》に基づく第二次納税義務の納付告知処分を行ったところ、請求人が、当該納税者の財産を無償で譲り受けた事実はないなどとして、原処分の全部の取消しを求めた事案である。

(2) 関係法令等

イ 国税徴収法（以下「徴収法」という。）第39条は、滞納者の国税につき滞納処分を執行してもなおその徴収すべき額に不足すると認められる場合において、その不足すると認められることが、当該国税の法定納期限の１年前の日以後に、滞納者がその財産につき行った政令で定める無償又は著しく低い額の対価による譲渡（担保の目的でする譲渡を除く。）、債務の免除その他第三者に利益を与える処分（以下、これらの処分を「無償譲渡等の処分」という。）に基因すると認められるときは、無償譲渡等の処分により権利を取得し、又は義務を免かれた者は、無償譲渡等の処分により受けた利益が現に存する限度において、その滞納に係る国税の第二次納税義務を負う旨規定している。

ロ 徴収法施行令第14条《無償又は著しい低額の譲渡の範囲等》第１項は、徴収法第39条に規定する政令で定める処分は、国及び法人税法第２条《定義》第５号に規定する法人以外の者に対する処分で無償又は著しく低い額の対価によるものとする旨規定している。

ハ 徴収法第141条《質問及び検査》は、徴収職員は、滞納処分のため滞納者の財産を調査する必要があるときは、その必要と認められる範囲内において、滞納者等に質問し、又はその者の財産に関する帳簿書類を検査することができる旨規定している。

(3) 基礎事実

当審判所の調査及び審理の結果によれば、次の事実が認められる。

イ Ｈ社（以下「本件滞納法人」という。）は、建築工事の設計、施工、管理及び足場組立工事等を営む目的で平成27年３月○日に設立された法人であり、設立時からＪは代表取締役、請求人の配偶者であるＫは取締役である。

ロ　Ｌ社、Ｍ社及びＮ社（以下、これらを併せて「本件各取引先」という。）は、発行元がＰ社である各請求書（別表１の「請求年月日」欄の請求年月日ごとに作成された請求書をいい、以下「本件各請求書」という。）に基づき、その請求金額をＱ銀行○○支店のＰ社名義の普通預金口座（口座番号：○○○○。以下「Ｐ預金口座」という。）に、それぞれ振り込んだ（以下、Ｐ預金口座に振り込んだ各金額を「本件各入金額」という。）。

ハ　Ｐ社は、別表２のとおり、平成27年８月31日に計○○○○円、同年９月10日に計○○○○円をＰ預金口座からＲ銀行○○支店のＫ名義の普通預金口座（口座番号：○○○○。以下「Ｋ預金口座」という。）に振り込んだ（以下、Ｋ預金口座に振り込んだ各金額を「本件各振込金額」という。）。

　また、Ｐ社は、別表２のとおり、平成27年９月30日に○○○○円、同年11月30日に計○○○○円をＰ預金口座から現金で出金した（以下、Ｐ預金口座から現金で出金した各金額を「本件各出金額」といい、本件各振込金額と併せた計○○○○円を「本件Ｐ支払額」という。）。

ニ　Ｐ社の総勘定元帳（以下「本件元帳」という。）の完成工事高科目には、別表３のとおり、本件各入金額が貸方金額に、本件Ｐ支払額が借方金額にそれぞれ記帳されていた。

ホ　調査担当職員による質問調査の状況

(イ)　原処分庁の調査担当職員（以下「本件調査担当職員」という。）は、平成30年11月30日、請求人に対して質問調査を行ったところ、請求人は、質問応答の要旨を記録した質問応答記録書の問答末尾に署名指印するとともに当該質問応答記録書の各頁の「確認印」欄に指印した。

(ロ)　本件調査担当職員は、平成30年12月３日、Ｊに対して質問調査を行ったところ、Ｊは、質問応答の要旨を記録した質問応答記録書の問答末尾に署名押印するとともに当該質問応答記録書の各頁の「確認印」欄に押印した。

(ハ)　本件調査担当職員は、平成30年12月３日、Ｐ社の代表取締役であるＳに対して質問調査を行ったところ、Ｓは、質問応答の要旨を記録した質問応答記録書の問答末尾に署名押印するとともに当該質問応答記録書の各頁の「確認印」欄に押印した。

へ　本件滞納法人は、平成30年12月13日、平成27年３月○日から平成28年２月29日までの事業年度に係る法人税の修正申告をした（以下、この修正申告を「本件修正申告」という。）。

ト　徴収担当職員による質問調査の状況

(イ)　原処分庁の徴収担当職員（以下「本件徴収担当職員」という。）は、平成31年２月５日、Ｊに対して質問調査を行ったところ、Ｊは、質問応答の要旨を記録した質問てん末書（以下「平成31年２月５日付質問てん末書」という。）の問答末尾に署名押印するとともに当該質問てん末書の各頁の右下に押印した。

(ロ)　本件徴収担当職員は、平成31年２月12日、Ｓに対して質問調査を行い、質問応答の要旨を記録した徴収官報告書（以下「本件徴収官報告書」という。）を作成した。

(ハ)　本件徴収担当職員は、平成31年３月１日、請求人に対して質問調査を行ったところ、請求人は、質問応答の要旨を記録した質問てん末書（以下「平成31年３月１日付質問てん末書」という。）の問答末尾に署名指印するとともに当該質問てん末書の各頁の右下に指印した。

(ニ)　本件徴収担当職員は、令和元年10月７日、Ｍ社の代表取締役であるＴに対して質問調査を行ったところ、Ｔは、質問応答の要旨を記録した質問てん末書（以下「令和元年10月７日付質問てん末書」という。）の問答末尾に署名押印するとともに当該質問てん末書の各頁の右下に押印した。

(4)　審査請求に至る経緯

イ　原処分庁は、本件滞納法人が納付すべき滞納国税を徴収するため、請求人に対し、徴収法第39条の規定に該当する事実があるとして、平成31年４月25日付の納付通知書により納付すべき金額の限度額を○○○○円とする第二次納税義務の納付告知処分（以下「本件告知処分」という。）をした。

ロ　請求人は、本件告知処分を不服として、令和元年７月23日に審査請求をした。

2　争　点

本件滞納法人から請求人に対して、徴収法第39条に規定する無償による譲渡があったか否か。

3　争点についての主張

| 原処分庁 | 請求人 |
| --- | --- |
| 次のことから、本件滞納法人から請求人に対して、徴収法第39条に規定する無償による譲渡があった。<br>(1) 本件Ｐ支払額の受領について<br>Ｐ社が請求人の指示に基づき、本件各振込金額をＫ預金口座に振り込み、本件各出金額を請求人に現金で交付したことは、請求人、Ｊ及びＳも認めており、Ｐ預金口座からＫ預金口座への金員の移動、Ｐ預金口座の出金の状況及び本件元帳の記帳の内容によって裏付けられている。<br>また、請求人は、Ｋ預金口座のキャッシュカードを、請求人が管理・運用していた旨申述している。<br>以上のことから、請求人は、本件Ｐ支払額を受領したと認められる。 | 次のことから、本件滞納法人から請求人に対して、徴収法第39条に規定する無償による譲渡はない。<br>(1) 本件Ｐ支払額の受領について<br>請求人は、本件Ｐ支払額のうち、本件各振込金額を受領したが、本件各出金額を受領した事実はない。 |
| (2) 請求人が受領した金員の性質について<br>次のことから、本件Ｐ支払額は、本件滞納法人に帰属する売上金である。<br>イ　請求人、Ｊ及びＳは、本件滞納法人が受け取るべき売上金について、請求人の指示の下、Ｊが発行元をＰ社とした請求書を作成し、その請求書にＳがＰ社の社判を押印した本件各請求書に基づき、本件各取引先から支払われた金員が請求人に交付されたことを認めている。 | (2) 請求人が受領した金員の性質について<br>次のことから、本件Ｐ支払額は、本件滞納法人に帰属する売上金ではない。<br>イ　本件各請求書には、Ｐ社の社判が押印してあるから、Ｐ社が本件各取引先に対して金員を請求する意思があったことが認められ、Ｐ社と本件各取引先との間に契約関係があることが強く推認される。<br>また、Ｊは、本件徴収担当職員の質問に対し、Ｐ社がＭ社から仕事を受注 |

| | |
|---|---|
| | していた旨申述していたことから、P社とM社との間に契約関係があったと認められる。 |
| ロ　本件徴収官報告書は、本件徴収担当職員が、Sに対し質問調査を行い、聴取した応答内容を記録したものであり、Sが応答した事実以外の事項を記載する理由はなく、記載内容の信用性に何ら問題はない。 | ロ　P社は、U市の工事をL社から受注し、当該工事に関する業務を下請業者に外注して、その外注費を支払っていることから、本件徴収官報告書に記載の工事に関与したことがない旨のSの申述は虚偽であり、当該報告書は信用できない。<br>　また、原処分庁から本件滞納法人がU市の工事に関与していた客観的な証拠の提出もなく、本件滞納法人は当該工事には関わっていない。 |
| ハ　P社は、別表3のとおり本件元帳の完成工事高科目の貸方に本件各入金額を計上する一方、自社の完成工事高に影響がでないよう、請求人に支払った金員については、「F分」として減算処理した。 | ハ　P社は、本件元帳の完成工事高科目において、本件各取引先から受領した売上金の一部を「F分」として減算処理しているが、上記ロのとおり、本件徴収官報告書は信用できないから、この信用できない本件徴収官報告書の内容に沿うP社の当該会計処理も同様に信用できない。当該会計処理は、SがP社の売上げを少なく見せるために行った可能性がある。 |
| ニ　請求人は、「本件滞納法人の売上げと外注業務は私が差配していたので、本件滞納法人としての重要な決定は私が下していた。」旨申述し、Jは、本件滞納法人を設立した経緯について | ニ　請求人が本件滞納法人の業務に参画したのは、平成28年4月頃からであり、本件各請求書が本件各取引先に送付された平成27年8月から同年10月には、本件滞納法人の経営に深く関与し |

| | |
|---|---|
| 「請求人から○○の設置を請け負う法人を作らないかと持ちかけられたのが法人設立のきっかけであった。」旨申述していることなどから、本件滞納法人は設立当初から実質的に請求人の支配下にあり、請求人が本件滞納法人に係る業務の受注及び発注を取り仕切っていたものと認められる。 | ておらず、d地区の現場に関わっていたのは、請求人が以前勤務していたV社の社員としてであるから、請求人が発行元をP社とした本件各請求書を送付するようJに指示することはあり得ない。 |
| ホ　次のことから、平成31年3月1日付質問てん末書には、証拠能力があり、信用性もある。 | ホ　次のことから、平成31年3月1日付質問てん末書には、証拠能力がなく、信用性もない。 |
| (イ)　質問調査を行うに当たり、質問調査が請求人の第二次納税義務に係るものであることを事前に告知すべき旨の徴収法上の規定はない。 | (イ)　本件徴収担当職員は、請求人に対して質問調査を行うに当たり、質問調査が請求人の第二次納税義務に係るものであることを請求人に対して告げていない。 |
| (ロ)　平成31年3月1日付質問てん末書は、本件徴収担当職員が徴収法第141条の規定に基づき本件滞納法人の財産調査のため請求人に対して質問し、その応答内容を記録した文書であり、請求人が任意で署名指印したものであるから、適法に作成されたものである。 | (ロ)　平成31年3月1日の面談は、請求人の当日の飛行機の搭乗時刻に合わせて午後3時までに終了するという約束であったが、本件徴収担当職員が約束の時刻を過ぎても面談を続けたため、飛行機の搭乗時刻に間に合わせようと、平成31年3月1日付質問てん末書の内容を十分に吟味せずに署名指印した。<br>　このように請求人が時間に追われて冷静に対応できないことを本件徴収担当職員は知りながら、あえて面談を継続した調査手法は、社会通念 |

| | |
|---|---|
| | 上相当ではない。 |
| ヘ　本件滞納法人は、本件修正申告において、「売上（Ｐ社分）」〇〇〇〇円を益金の額に加算しており、本件各振込金額が本件滞納法人に帰属することを認めている。 | ヘ　本件修正申告により本件滞納法人の納税義務が確定したとしても、請求人には、本件修正申告の前提となった事実にまで拘束される理由はない。 |
| (3)　請求人が金員を受領した理由について<br>請求人は、上記(1)及び(2)のとおり本件滞納法人の財産を受領しており、本件滞納法人及びＰ社からそれ以外に金員を交付される原因となる事実はなく、本件Ｐ支払額を受領した後に当該金額に相当する金員を本件滞納法人に返還した事実もない。 | (3)　請求人が金員を受領した理由について<br>請求人がＰ社から受領した本件各振込金額は、請求人がＰ社又はＳに貸し付けた金員の弁済である。 |

4　当審判所の判断

(1)　認定事実

請求人提出資料、原処分関係資料並びに当審判所の調査及び審理の結果によれば、次の事実が認められる。

イ　本件滞納法人の本件修正申告において、本件各振込金額を含めた〇〇〇〇円が益金の額に加算された。

ロ　Ｋ預金口座は、少なくとも平成27年３月から平成28年頃までは、請求人が管理し、使用していた。

ハ　請求人は、平成31年３月１日付質問てん末書について、その記載内容の訂正を申し出た上で、問答末尾に署名指印した。

ニ　平成27年９月１日、Ｋ預金口座から、本件滞納法人のＸ社に対する工事代金〇〇〇〇円が支払われた。

ホ　平成27年９月10日、Ｋ預金口座から、本件滞納法人のＹ社に対する工事代金〇〇〇〇円が支払われた。

ヘ　Ｎ社は、原処分庁に対する平成31年３月12日付の回答書において、平成27年11

月30日付でＰ預金口座に23,220,000円を振り込んだ取引内容について、「○○工事」と記載しており、実際に取引した相手方と相違する銀行口座に振込をした場合にその経緯を問う欄には何ら記載がない。また、その他の参考事項として、工期が間に合わない状況になりＰ社だけでなく他の○○業者を手配してもらった旨の記載がある。一方、同回答書において、当該取引が本件滞納法人との取引である旨の記載はない。

(2)　請求人、Ｊ、Ｓ及びＴの各申述及び請求人の答述内容と信用性等について

イ　請求人

(イ)　質問応答記録書記載の申述内容

上記１の(3)のホの(イ)の平成30年11月30日付の質問応答記録書には、請求人が本件調査担当職員に対して申述した内容が要旨次のとおり記載されている。

Ａ　私は、本件滞納法人の役員や従業員になっていないが、Ｖ社において○○の施工部門責任者という立場にあったので、Ｖ社の外注工事を本件滞納法人に回すことができた。本件滞納法人の売上げの大半は、私に依存するような状況にあり、また、本件滞納法人が受注した業務に関しても私が下請を選定し発注しており、本件滞納法人の重要な決定は全て私が行っていた。

Ｂ　Ｐ社に回した仕事は本来は本件滞納法人が受ける仕事なので、私やＫにＰ社から支払われた金員は本件滞納法人の収入とすべき金員であったと認識している。当該金員は、本件滞納法人とは関係のない私が負っている借財の返済として使った。

(ロ)　質問てん末書記載の申述内容

上記１の(3)のトの(ハ)の平成31年３月１日付質問てん末書には、請求人が本件徴収担当職員に対して申述した内容が要旨次のとおり記載されている。

Ａ　Ｋは、専業主婦であり、本件滞納法人の業務はしていなかった。

Ｂ　別表１のＬ社宛ての平成27年８月20日付及び平成27年８月31日付の請求書並びにＭ社宛ての平成27年９月24日付の請求書は、本件滞納法人の売上げを発行元をＰ社とした請求書で請求したものである。この請求書によりＰ預金口座に振り込ませた金員を、私名義の口座又はＫ預金口座への振り込み、又は私へ現金で交付するようＳに指示し、受領した。

Ｃ　Ｋ預金口座は、Ｋが使用することはなく、私が管理し、当該口座の金員は

私が使っていた。

(ハ) 令和２年２月19日の当審判所に対する答述内容

A　本件各振込金額は、Ｐ社又はＳに対する貸付金の返済として受領した。

B　本件各出金額を受領したことはない。Ｐ社又はＳに対する貸付金の返済として数十万円の現金を受領したことはある。

C　Ｋ預金口座は、私が使用し、管理していた。本件各振込金額は、私の借財の返済などに充てた。

D　Ｐ社又はＳに対する貸付金の残額は、現在1,500万円程度あると認識している。信用して貸し付けていたので、貸付金に係る書面等は作成していない。

E　平成31年３月１日付質問てん末書は、時間がなかったため、きちんと内容を確認することができなかった。当該質問てん末書への署名指印を強要されたということはない。

ロ　Ｊ

(イ) 質問応答記録書記載の申述内容

上記１の(3)のホの(ロ)の平成30年12月３日付の質問応答記録書には、Ｊが本件調査担当職員に対して申述した内容が要旨次のとおり記載されている。

A　請求人は、本件滞納法人で大口の仕事を取ってきて、その仕事を下請に回す業務を行っていた。

B　本件滞納法人は、私の会社であると思っていたが、大口の仕事は請求人が取ってくることが多かったため、次第に請求人が本件滞納法人の実権を握る状態となり、最終的には実質的に代表者と同格な立場となっていた。

C　請求人がＰ社の預金口座を使用して本件滞納法人の取引を行っており、この取引に係る利益は本来本件滞納法人の利益であることは認識していた。

D　請求人がＰ社の預金口座を利用した取引に係る請求書は、私がそのほとんどを作成した。

(ロ) 質問てん末書記載の申述内容

上記１の(3)のトの(イ)の平成31年２月５日付質問てん末書には、Ｊが本件徴収担当職員に対して申述した内容が要旨次のとおり記載されている。

A　本件滞納法人の実質経営者は請求人である。

B　Ｋは、私が知る限り本件滞納法人の業務をしていなかった。

C　別表1のM社宛ての平成27年9月24日付の請求書は、私が作成した請求書の様式であり、本件滞納法人の売上げとP社の売上げが含まれている。

D　L社とN社については、本件滞納法人の売上げとして請求すべきものを発行元をP社とした請求書で請求したことがあったかもしれない。

ハ　S

(イ)　質問応答記録書記載の申述内容

上記1の(3)のホの(ハ)の平成30年12月3日付の質問応答記録書には、Sが本件調査担当職員に対して申述した内容が要旨次のとおり記載されている。

A　P社の取引先以外の会社等からP預金口座に金が振り込まれ、金が振り込まれる都度請求人から電話があり、振り込まれた金の移動先を指示されたと記憶している。金の移動先は、P社の事業とは関係のない法人、請求人や請求人の妻と思われる者であり、現金で手渡しするよう指示されたこともあった。

B　請求人の指示に従っていただけであり、上記Aの金の移動がどのような意味を持っていたのかについては一切関知していない。

C　請求人が行っている事業分に係る発行元をP社とした請求書は、パソコンで作成したものを請求人が持参し、その請求書に私がP社の印を押していた。一方、私が作成するP社の請求書は手書きである。

D　請求人がP預金口座を利用した分については、本件元帳の売上げや経費に反映しないよう経理処理していた。本件元帳に記載された「F分」とは請求人がP預金口座を利用した取引である。

E　本件各振込金額は、本件元帳の「F分」のうちP預金口座からK預金口座に振り込んだ金である。

(ロ)　徴収官報告書記載の申述内容

上記1の(3)のトの(ロ)の本件徴収官報告書には、Sが本件徴収担当職員に対して申述した内容が要旨次のとおり記載されている。

A　請求人及びJが、発行元をP社とした請求書を取引先へ送付していた。

B　請求人及びJが作成した発行元をP社とした各請求書に記載された現場でP社が仕事をしたことはない。

C　上記Aの請求書は、P社の売上げではないから、本件元帳の完成工事高科目では「F分」として減算している。

D　M社、L社及びN社からのP預金口座への入金は、全て請求人に関するものである。

E　請求人及びJが作成した発行元をP社とした各請求書に係る請求金額が、P預金口座に振り込まれたら、請求人の指示により当該預金口座から出金し、請求人の指定した場所に紙袋で持参し現金を請求人に手交する、又は、K預金口座に振り込む、あるいは、請求人から渡されたメモに記載の振込先にATMで振り込んだ。

なお、現金を請求人に手交する際は、ほとんど請求人の車の中で渡していた。

ニ　T

上記1の(3)のトの(ニ)の令和元年10月7日付質問てん末書には、Tが本件徴収担当職員に対して申述した内容が要旨次のとおり記載されている。

(イ)　請求人からd地区の現場の〇〇工事は、本件滞納法人に外注に出すように言われた。

(ロ)　別表1のM社宛ての平成27年8月23日付の請求書は請求人が作成したもので、平成27年9月24日付の請求書はP社が使っている請求書だと思われる。d地区の現場に関しては、請求人が発注者に対するM社の請求書も作成していた。

(ハ)　P社に請求書に関して電話したところ、Sから「幾らで請求書が届いているのか。」と問われたことから、当該請求書の金額を伝えた。また、Sに対し「P社は仕事をしていたか。」と問うと「仕事はしていたが、そんなにもらっていない。」との返答があった。

ホ　信用性等の検討

(イ)　平成31年3月1日付質問てん末書の証拠能力

請求人は、平成31年3月1日付質問てん末書には証拠能力がない旨主張するので、以下検討する。

A　請求人は、上記3の「請求人」欄の(2)のホの(イ)のとおり、本件徴収担当職員は、請求人に対して質問調査を行うに当たり、質問調査が請求人の第二次納税義務に係るものであることを請求人に対して告げていない旨主張する。

しかしながら、上記1の(2)のハのとおり、徴収法第141条は、質問検査権の行使に当たって、徴収職員が被質問者に対して、行使の具体的な目的を説明しなければならない旨を規定しておらず、その旨を規定した他の法令もない。

B　請求人は、上記3の「請求人」欄の(2)のホの(ロ)のとおり、請求人が時間に追われて冷静に対応できないことを本件徴収担当職員は知りながら、あえて面談を継続した調査手法は、社会通念上相当ではない旨主張する。

しかしながら、本件徴収担当職員が当該面談を強行したなどの事実は認められず、また、上記(1)のハのとおり、請求人が、平成31年3月1日付質問てん末書の内容につき、訂正を申し出た上で、問答末尾に署名指印していたことからすると、当該質問てん末書の内容を確認できていたと認められる。加えて、上記イの(ハ)のEのとおり、請求人の当審判所に対する答述から本件徴収担当職員に平成31年3月1日付質問てん末書への署名指印を強要された事実はない。

これらのことを踏まえると、本件徴収担当職員が質問検査権の行使において、裁量を逸脱又は濫用した事実は認められない。

C　以上のことから、平成31年3月1日付質問てん末書には、証拠能力がないという請求人の主張には理由がない。

(ロ)　各申述の信用性

上記1の(3)のホ及びトのとおり、請求人、J、S及びTは、各質問応答記録書又は各質問てん末書の問答末尾に署名し押印又は指印（以下「押印等」という。）するとともに各頁の右下又は「確認印」欄にそれぞれ押印等している上、署名及び押印等が強要されたものであるなどの事情も認められないことからすれば、上記イないしニのとおり申述したことが認められる。

そして、上記イ及びロの請求人及びJの各申述は、それぞれ自己に不利益な事実を申述したものであり、本件調査担当職員及び本件徴収担当職員に対する申述内容も一貫している上、本件元帳の記帳状況及びP預金口座の金員の移動状況などとも符合しており、信用することができる。

また、上記ハの(ロ)のBの発行元をP社とした各請求書に記載された現場でP社が仕事をしたことはない旨のSの申述は、上記ロの(ロ)のCのJの申述及び上記ニの(ハ)のTの申述と整合性がないものの、それ以外の部分である上記ハの(ロ)

のA及びCないしEの申述は、上記イの(イ)及び(ロ)、上記ロ及びニの請求人、J及びTの各申述と本件元帳の記帳状況及びP預金口座の金員の移動状況などとも符合しており、信用することができる。

(3) 検討

原処分庁は、上記3の「原処分庁」欄の(1)及び(2)のとおり、請求人が受領した本件P支払額は、本件滞納法人に帰属する売上金である旨主張するところ、請求人は、同「請求人」欄の(1)のとおり、本件P支払額のうち、本件各出金額を受領していない旨主張するので、まず、請求人が本件P支払額を受領したか否かについて検討し、次に売上金の帰属等について検討していく。

イ 本件P支払額の受領について

本件滞納法人に帰属する売上げを発行元がP社である請求書で請求し、P預金口座に振り込まれた金員を、K預金口座への振り込み、又は現金で交付するよう指示した旨の請求人、J又はSの各申述については、上記1の(3)のハのとおり、本件各振込金額がP預金口座から上記(1)のロの請求人が管理し使用していたK預金口座に振り込まれたこと及び本件各出金額がP預金口座から出金されたこと、更に上記1の(3)のニの本件元帳の完成工事高科目に別表3の記載があったことに沿うものである。加えて、上記(2)のハの(イ)のA及び同(ロ)のEのSの申述は、本件各出金額である現金の手交方法及び手交時の状況など詳細にわたっている。このことから、請求人は本件各振込金額のほか、本件各出金額も受領したと認めるのが相当である。

よって、請求人は、本件P支払額を受領したと認められる。

そうすると、上記(2)のイの(ハ)のBの請求人が当審判所に対してした本件各出金額を受領したことはない旨の答述は信用できない。

したがって、上記3の「請求人」欄の(1)のとおり、請求人は、本件P支払額のうち、本件各振込金額を受領したが、本件各出金額を受領していない旨の主張は採用できない。

ロ 本件P支払額の性質について

(イ) L社宛ての請求書について

本件各入金額のうち、平成27年8月31日に入金のあった18,324,000円及び平成27年9月10日に入金のあった18,324,000円は、本件各請求書のうち、平成27

年８月20日付及び平成27年８月31日付の請求書に基づき入金されたものであり、それぞれその入金後、同日にＰ預金口座からＫ預金口座に平成27年８月31日には計○○○○円、平成27年９月10日には計○○○○円が振り込まれた。また、請求人は、上記(2)のイの(ロ)のＢのとおり、平成27年８月20日付及び平成27年８月31日付の請求書は、本件滞納法人に帰属する売上げを発行元がＰ社である請求書で請求したものであり、当該請求に基づきＰ預金口座に振り込まれた金員をＰ社に対して、Ｋ預金口座への振り込み、又は現金で請求人に交付するよう指示し、当該金員を受領した旨申述する。これらのことから、前述の平成27年８月31日及び平成27年９月10日に振り込まれた計○○○○円は、本件滞納法人に帰属する売上金であると認められる。

(ロ) Ｍ社宛ての請求書について

Ａ　本件各入金額のうち平成27年８月31日に入金のあった13,547,412円は、本件各請求書のうち、平成27年８月23日付の請求書に基づき入金されたものであり、その入金後、同日にＰ預金口座からＫ預金口座に計○○○○円が振り込まれた。また、Ｔは、上記(2)のニの(イ)ないし(ハ)のとおり、請求人からｄ地区の現場の○○工事は、本件滞納法人に外注に出すように言われたこと、平成27年８月23日付の請求書は請求人が作成したものであること及びＳに対し当該請求書の請求金額を伝えた上で「Ｐ社は仕事をしていたか。」と問うと「仕事はしていたが、そんなにもらっていない。」と返答した旨申述する。これらの申述によれば、請求人がＴに本件滞納法人に外注するよう指示していたこと、平成27年８月23日付の請求書を請求人が作成したこと及びＳが当該請求書の請求金額に相当する金員を請求人から受領していないことが認められる。加えて、本件各振込金額のうち、平成27年８月31日に振り込まれた計○○○○円は、上記(1)のイのとおり、本件滞納法人が、本件修正申告において益金の額に加算している○○○○円の一部である。これらのことから、前述の平成27年８月31日に振り込まれた計○○○○円は、本件滞納法人に帰属する売上金であると認められる。

Ｂ　本件各入金額のうち平成27年９月30日に入金のあった20,947,700円は、本件各請求書のうち、平成27年９月24日付の請求書に基づき入金されたものであり、その入金後、同日にＰ預金口座から○○○○円が現金で出金され、上記イのとおり、請求人がこれを受領した。また、請求人は、上記(2)のイの(ロ)のBのとおり、平成27年９月24日付の請求書は、本件滞納法人に帰属する売上げを発行元がＰ社である請求書で請求したものであり、当該請求に基づきＰ預金口座に振り込まれた金員をＰ社に対して、Ｋ預金口座への振り込み、又は現金で請求人に交付するよう指示し、当該金員を受領した旨申述する。

これらのことから、本件各出金額のうち、平成27年９月30日に現金で出金された○○○○円は、本件滞納法人に帰属する売上金であると認められる。

(ハ) Ｎ社宛ての請求書について

上記(イ)及び(ロ)のＬ社宛て及びＭ社宛ての請求書は本件滞納法人に帰属する売上げを発行元がＰ社である請求書で請求したものであり、当該請求に基づきＰ預金口座に振り込まれた金員をＰ社に対して、Ｋ預金口座への振り込み、又は現金で請求人に交付するよう指示し、当該金員を受領したなどの申述がある。

しかしながら、本件各入金額のうち平成27年11月30日に入金のあった23,220,000円については、請求人、Ｊ及びＳから、平成27年10月30日付の請求書が本件滞納法人に帰属する売上げを請求したものであるとの具体的な申述はない。また、上記(1)のへのＮ社の原処分庁に対する回答書には、平成27年11月30日にＮ社がＰ預金口座に振り込んだ23,220,000円の取引内容は、「○○工事」であり、実際に取引した相手方と相違する銀行口座に振込をした場合にその経緯を問う欄には何ら記載はない。その他参考事項として、工期が間に合わない状況になりＰ社だけでなく他の○○業者を手配してもらった旨の記載があるだけで、当該振り込んだ23,220,000円が本件滞納法人に帰属する売上げであるなどの具体的な回答はない。

これらのことから、本件各入金額のうち平成27年11月30日に入金のあった23,220,000円は、本件滞納法人に帰属する売上金とは認められない。

ハ　請求人が金員を受領した理由について

請求人は、上記３の「請求人」欄の(3)のとおりＰ社から受領した本件各振込金額は、請求人がＰ社又はＳに貸し付けた金員の弁済である旨主張する。

しかしながら、上記ロの(イ)及び(ロ)のとおり、請求人が受領した金員は本件滞納法人に帰属する売上金であることから、Ｐ社又はＳに貸し付けた金員の弁済であるとは認められない。更に、当審判所の調査においても、Ｐ社又はＳが請求人に対し交付することに関する売買契約、消費貸借契約などの存在や、何らかの対価関係があることをうかがわせる事情も見当たらない。よって、本件各振込金額は本件滞納法人から請求人が無償で譲り受けたものとみるのが相当である。

したがって、請求人の主張は採用できない。

ニ　小括

上記イのとおり、請求人が本件Ｐ支払額を受領したことが認められる。また、その受領した本件Ｐ支払額のうち上記ロの(イ)及び(ロ)のとおり、本件各振込金額のうち平成27年８月31日及び平成27年９月10日に振り込まれた計○○○○円、平成27年８月31日に振り込まれた計○○○○円及び本件各出金額のうち平成27年９月30日に現金で出金された○○○○円は、本件滞納法人に帰属する売上金であると認められる。一方、平成27年11月30日にＰ預金口座から出金された○○○○円は、上記ロの(ハ)のとおり本件滞納法人に帰属する売上金とは認められない。

したがって、本件Ｐ支払額から本件滞納法人に帰属する売上金とは認められない○○○○円を除いた○○○○円が上記ハのとおり本件滞納法人から請求人が無償で譲り受けたものと認められ、本件滞納法人から請求人に対する徴収法第39条に規定する無償による譲渡に該当する。

(4)　請求人の主張について

イ　請求人は、上記３の「請求人」欄の(2)のイないしハのとおり、本件各請求書にＰ社の社判が押印されたものであること、ＪがＰ社はM社から仕事を受注していた旨申述したこと及びＰ社がＵ市の工事に関する業務を下請業者に発注し代金を支払っていることから、Ｐ社と本件各取引先との間に本件各請求書に係る契約関係があったと認められ、これらの事実と相違する本件徴収官報告書に記載のＳの申述は信用できず、当該申述に沿う本件元帳の完成工事高科目の記帳内容も信用できない旨主張する。

しかしながら、本件徴収官報告書に記載のＳの上記(2)のハの(ロ)のＡ及びＣないしＥの申述は、上記(2)のホの(ロ)のとおり信用することができること、また、別表１のＬ社の平成27年８月20日付及び平成27年８月31日付のＵ市の現場に係る請求書により、Ｐ預金口座に入金された金員は、別表２のとおり、当該入金額の一部がK預金口座に振り込まれたことからすると、当該入金額のうち本件滞納法人に帰属する売上げに相当する金額が振り込まれたとみるのが相当である。

したがって、請求人の主張には理由がない。

ロ　上記3の「請求人」欄の(2)のニの請求人が本件滞納法人の業務に参画したのは平成28年4月頃からであり、dの現場に関わっていたのはV社の社員としてであるから、平成27年8月から同年10月に本件各取引先に送付された本件各請求書の作成及び送付をJに指示することはない旨の主張については、上記(1)のロ、ニ及びホのとおり、請求人が管理し、使用していたK預金口座から、本件滞納法人に関する支払がなされており、本件各請求書の作成当時から請求人が本件滞納法人の業務に関わっていたとみるのが相当である。

したがって、請求人の主張は採用できない。

(5)　原処分庁の主張について

原処分庁は、本件P支払額は、本件滞納法人に帰属する売上金である旨主張する。

確かに、上記(3)のロの(イ)及び(ロ)のとおり、本件各振込金額（計○○○○円）及び本件各出金額のうち平成27年9月30日に現金で出金された○○○○円は、本件滞納法人に帰属する売上金であると認められる。

しかしながら、上記(3)のロの(ハ)のとおり、N社宛ての平成27年10月30日付の請求書23,220,000円が本件滞納法人に帰属する売上げであるとは認められず、また、本件の全証拠を検討してもこれが本件滞納法人に係る売上げであると断定するに足りる証拠は認められない。

したがって、原処分庁の主張には理由がない。

(6)　本件告知処分の適法性について

以上のとおり、本件滞納法人は、請求人に対し、本件P支払額（計○○○○円）のうち、○○の本件滞納法人に帰属する売上金とは認められない○○○○円を除いた○○○○円について徴収法第39条の無償譲渡等の処分をしており、当該金額から本件滞納法人の事業に係る支出として上記(1)のニ及びホに係る合計○○○○円を控除した○○○○円を納付すべき限度額とすべきである。

なお、本件告知処分のその他の部分については、請求人は争わず、当審判所に提出された証拠資料によっても、これを不相当とする理由は認められない。

したがって、本件告知処分は、納付すべき限度額を○○○○円として行われるべきものであったから、これを超える部分については違法なものとして取り消すべきである。

(7) 結論

よって、審査請求は理由があるから、原処分の一部を取り消すこととする。

別表１　本件各請求書の発行及び当該請求書に基づくＰ預金口座への入金の状況（省略）

別表２　請求人及び本件各取引先に係るＰ預金口座の取引の状況（省略）

別表３　請求人及び本件各取引先に係る本件元帳（完成工事高科目）の記帳の状況（省略）

**事例６（無償又は著しい低額の譲受人等の第二次納税義務　利益を与える処分）**

**請求人を所有者とする不実の登記がなされている不動産を滞納法人が請求人に取得させた行為が、国税徴収法第39条《無償又は著しい低額の譲受人等の第二次納税義務》の第三者に利益を与える処分に該当するとしてされた納付告知処分について、当該不動産があたかも請求人所有の不動産であったかのような会計処理が行われていることをもって不動産の所有権を請求人に取得させたとは認められないと判断した事例**
（第二次納税義務納付告知処分・全部取消し・令和２年７月28日裁決）

《ポイント》

本事例は、請求人を買主として作成された不動産売買契約書について、処分証書ではないとして契約の成立を否認した上で、仮に契約が成立したと認められるとしても、内心の意思とは異なる意思表示について売主は悪意であったといえるから、民法（平成29年法律第44号による改正前のもの）第93条《心裡留保》ただし書の規定により無効であるという判断をしたものであり、また、会計処理等によっては不動産の所有権移転が認められず、国税徴収法第39条《無償又は著しい低額の譲受人等の第二次納税義務》の第三者に利益を与える処分がされたとはいえないと判断したものである。

《要旨》

請求人は、買主を滞納法人とする４月付の売買契約（４月売買契約）は解除合意（本件解除合意）がされ、その後、買主を請求人とする５月付の売買契約（５月売買契約）が成立しており、これを無効とする事情はないから、５月売買契約に基づいて、請求人名義で不実の登記がなされた各不動産（本件各不動産）を取得した旨主張する。

しかしながら、事実関係からすれば、請求人が５月売買契約に係る契約書（５月売買契約書）を作成する意思は有していたとしても、その作成によって、本件各不動産を請求人が買い受ける旨の意思表示がされたものとは認められない。仮に５月売買契約書等の作成によって、請求人等がこれらの書面に記載されたとおりの意思表示をしたと認められるとしても、事実関係を前提とすれば、内心の意思とは異なる意思表示がされ、これを売主も認識していたといえるから、いずれにしても民法（平成29年法律第44号による改正前のもの）第93条《心裡留保》ただし書の規定により、５月売買契約等は無効となる。

また、原処分庁は、請求人を所有者とする不実の登記がされた本件各不動産について、①本件各不動産の売買代金を仮払金として計上していた滞納法人が、売買後、これを請求人に対する貸付金に振り替え（本件会計処理）、請求人が、本件各不動産の賃料収入を売買時から遡って計上したこと、②滞納法人の代表者が請求人も支配できる立場にあり、税務調査を切り抜けるためにこれらの会計処理をしたこと等からすれば、本件会計処理の日に本件各不動産の所有権は滞納法人から請求人に移転している旨主張する。

しかしながら、滞納法人は、本件会計処理の日以降も本件各不動産の賃料収入を受領しており、その余の事情を考慮しても、本件各不動産の所有権が請求人に移転したと認めるに足りる証拠もないことから、本件会計処理の日に本件各不動産の所有権が滞納法人から請求人に移転したとは認められない。

《参照条文等》

国税徴収法第39条

民法第93条（平成29年法律第44号による改正前のもの）

（令和２年７月28日裁決）

《裁決書（抄）》

1　事　実

(1)　事案の概要

本件は、原処分庁が、納税者Ｍ社が審査請求人（以下「請求人」という。）を所有者とする不実の登記がされている不動産を請求人に取得させた行為が第三者に利益を与える処分に該当するとして、請求人に対して第二次納税義務の納付告知処分を行った上、当該第二次納税義務に係る国税を徴収するため督促処分を行い、請求人が所有する不動産の差押処分をしたのに対し、請求人が、当該不動産は上記登記の原因である売買契約に基づいて請求人が取得したものであり、上記納税者の所有不動産ではないから第三者に利益を与える処分はなかったなどとして、原処分の全部の取消しを求めた事案である。

(2)　関係法令

イ　行政手続法第14条《不利益処分の理由の提示》第１項は、行政庁は、不利益処分をする場合には、その名宛人に対し、同時に、当該不利益処分の理由を示さなければならない旨規定し、また、同条第３項は、不利益処分を書面でするときは、同条第１項の理由は、書面により示さなければならない旨規定している。

ロ　国税徴収法（以下「徴収法」という。）第39条《無償又は著しい低額の譲受人等の第二次納税義務》は、滞納者の国税につき滞納処分を執行してもなおその徴収すべき額に不足すると認められる場合において、その不足すると認められることが、当該国税の法定納期限の１年前の日以後に、滞納者がその財産につき行った政令で定める無償又は著しく低い額の対価による譲渡、債務の免除その他第三者に利益を与える処分に基因すると認められるときは、これらの処分により権利を取得し、又は義務を免れた者は、これらの処分により受けた利益が現に存する限度（これらの者がその処分の時にその滞納者の親族その他滞納者と特殊な関係のある個人又は同族会社（これに類する法人を含む。）で政令で定めるものであるときは、これらの処分により受けた利益の限度）において、その滞納に係る国税の第二次納税義務を負う旨規定している。

(3)　基礎事実

当審判所の調査及び審理によれば、以下の事実が認められる。

イ　当事者等

(イ)　請求人は、平成18年4月○日、不動産売買等を目的として、N社の商号で出資金を300万円として設立された法人である。その商号は、平成20年5月1日、P社に変更され、平成30年7月9日、現在のJ社に変更された。

設立当初の代表者は、K2のみであったが、K2は平成19年2月19日に辞任し、その後、平成23年6月8日に上記出資金全額の出資者であるK1が代表取締役に就任して現在も引き続きその職を務めている。

(ロ)　M社（以下「本件滞納法人」という。）は、平成12年12月○日、不動産売買等を目的として設立された法人である。その商号は、設立当初はQ社であったが、平成20年5月1日、現商号に変更された。

その代表取締役には、平成13年11月30日にK1が就任し、平成20年5月1日に退任した。

ロ　平成18年4月及び5月の不動産売買をめぐるやりとりの状況等

(イ)　本件滞納法人及びR社は、平成16年6月17日、別表1の各不動産（以下「本件各不動産」という。）を、R社が資金調達をし、本件滞納法人が買収業務に当たるなどして協力して買収し、これを転売して利益を上げることを合意し、同月30日、本件各不動産の買収等に係る業務をR社が本件滞納法人に委託する旨の業務委託契約を締結した。

(ロ)　R社は、平成16年9月13日、本件各不動産を売買により取得し、同日、本件各不動産について、R社を所有者とする所有権移転登記がされた。

(ハ)　本件滞納法人及びR社は、平成18年4月○日、本件各不動産について、売主をR社、買主を本件滞納法人とする売買契約（以下「本件4月売買契約」という。）を締結した。本件4月売買契約の契約書には、要旨、以下のとおりの条項がある。

A　買主は売主に対し、売買代金3,700,000,000円を、平成18年5月23日限り本件各不動産の所有権移転登記手続に必要な書類の受領と引換えに支払う。

B　本件各不動産の所有権は、買主が売買代金の全額を売主に支払ったときに移転する。

C　買主は、売主が本件各不動産の賃借人から預託されている敷金（平成17年6月30日時点で241,174,804円）を本契約とともに売主から免責的に引き受け、承継する。

(ニ) 本件滞納法人及びR社は、本件4月売買契約の締結に当たり、契約日と同日付で「不動産売買に関する確認書」を作成した。同確認書には、本件4月売買契約で代金支払日とした平成18年5月23日までの間に本件各不動産の買主が変更される場合があり、その場合には、R社が本件滞納法人が指定する新たな買主との間で本件4月売買契約と同一内容の契約を締結することを確認する旨の記載がある。

(ホ) 本件滞納法人及びR社は、平成○年○月○日、本件4月売買契約を合意解除する旨の記載がある合意書を作成した（以下、この合意書を「本件解除合意書」といい、本件解除合意書に記載された合意を「本件解除合意」という。)。

(ヘ) 請求人及びR社は、平成○年○月○日付で、売主をR社、買主を請求人、売買代金を3,700,000,000円とする、本件各不動産の売買契約書を作成した（以下、この売買契約書を「本件5月売買契約書」といい、本件5月売買契約書に記載された合意を「本件5月売買契約」という。)。本件5月売買契約書には、上記(ハ)のAないしCと同様の条項が記載されている。

(ト) S銀行○○支店において、平成18年5月22日、同支店の本件滞納法人名義の預金口座から3,740,746,300円が引き出され、同日、請求人を振込依頼人としてR社名義の預金口座に3,700,000,000円が振り込まれた。

本件滞納法人は、上記取引の会計処理について、本件滞納法人名義の預金口座から引き出された金額を仮払金として計上した。

(チ) 本件各不動産について、平成18年5月23日、同日付売買を原因とするR社から請求人への所有権移転登記がされた。

(リ) 本件滞納法人、請求人及び請求人の代表者であったK2は、平成18年5月付の合意書（以下「本件5月合意書」という。）により、要旨次のとおりの合意をした。

A 請求人の設立に当たり、出資金は全て本件滞納法人が出資したことを確認する。

B 本件5月売買契約に係る売買代金は全額本件滞納法人からの借入れにより支払うものであること、平成18年5月23日に本件5月売買契約に係る売買代金を支払った後の本件各不動産の実質的所有者は本件滞納法人であること、請求人は本件各不動産の再開発のための登記名義人となるべく設立されたものであることを確認する。

C　請求人は、再開発に関する一切の行為は本件滞納法人の指示に従う。

D　請求人の一切の印鑑、預金通帳及び本件各不動産の登記済証等は、本件滞納法人が保管する。

E　本件滞納法人は、請求人の株主として理由を問わずＫ２を解任できる。

ハ　本件滞納法人の申告状況及び滞納等

本件滞納法人は、平成18年10月31日、Ｔ税務署長に対し、平成17年９月１日から平成18年８月31日までの事業年度（以下「平成18年８月期」という。）の法人税確定申告書を提出した。

その際、本件滞納法人は、同申告書の仮払金の内訳書に、相手先を「○○○○他」とする仮払金○○○○円を記載した。また、本件滞納法人は、同申告書により○○○○円の所得を申告し、これにより納付することとなった法人税○○○○円を滞納した。

ニ　本件滞納法人への○○調査及び更正処分等

Ｕ国税局○○部（以下「○○部」という。）は、平成○年○月○日、本件滞納法人及びＫ１に対し、○○○○により○○調査（以下「○○調査」という。）に着手した 。

○○調査の結果、平成○年○月○日付で更正処分及び賦課決定処分がされ、滞納が累積した。

ホ　本件滞納法人の会計処理の変更等

本件滞納法人は、平成19年８月31日、仮払金に計上していた4,005,393,289円を請求人に対する貸付金に振り替える会計処理をした。

ヘ　本件滞納法人及びＫ１の○○○○事件の刑事訴追

本件滞納法人及びＫ１は、平成○年、○○○○でＶ地方裁判所に起訴された。同事件の公訴事実には、本件滞納法人が所得金額を偽った法人税確定申告書を提出して不正の行為によって○○の支払を免れたとの事実が含まれており、同事件の審理において、本件滞納法人が本件各不動産の賃料収入を申告していないことについて、同賃料収入が請求人と本件滞納法人のいずれに帰属するのかが争われた。

ト　○○○○事件の刑事判決

Ｖ地方裁判所は、平成○年○月○日、上記への刑事事件の○○○○について、本件滞納法人に対して○○○○、Ｋ１に対して○○○○を宣告し、同判決は、控訴審及び上告審で棄却となり確定した。同判決において、本件各不動産の賃料収入は平成18年８月期の本件滞納法人の売上げとすべきであると認定された。

(4)　審査請求に至る経緯

イ　原処分庁は、平成18年12月13日付で、国税通則法（以下「通則法」という。）第43条《国税の徴収の所轄庁》第３項の規定に基づき、本件滞納法人の滞納国税について、Ｔ税務署長から徴収の引継ぎを受け、その後も滞納が発生する都度、徴収の引継ぎを受けた。

ロ　原処分庁は、令和元年６月26日、別表２の本件滞納法人の滞納国税（以下「本件滞納国税」という。）を徴収するため、本件滞納法人が、平成19年８月31日に請求人に対し所有する本件各不動産の所有権を移転させたとし、これが徴収法第39条に規定する第三者に利益を与える処分に該当するとして、請求人に対し、徴収法第32条《第二次納税義務の通則》第１項の規定に基づき、納付すべき限度の金額を○○○○円、納付の期限を令和元年７月26日などとした納付通知書（以下「本件納付通知書」という。）により告知した（以下、この告知処分を「本件納付告知処分」という。）。

ハ　本件納付通知書に記載された本件納付告知処分の処分理由の要旨は、以下のとおりである。

(イ)　本件滞納法人は、平成19年８月31日、請求人に対し本件各不動産（平成19年８月31日時点の価額：○○○○円）の実質的所有権を移転するとともに、請求人に対する貸付債権○○○○円（平成19年８月31日時点の価額：○○○○円）を取得した。

(ロ)　令和元年６月26日現在、本件滞納法人は本件滞納国税に充てるべき財産を有しておらず、本件滞納法人の財産に滞納処分を執行してもなお本件滞納国税に不足すると認められ、上記(イ)の行為がなければその徴収不足は生じなかった。

(ハ)　Ｋ１は、平成19年８月31日時点において、本件滞納法人及び請求人の発行済株式総数の100％を保有しているから、請求人は本件滞納法人の親族その他の特殊関係者に該当し、請求人は、徴収法第39条の規定により、上記(イ)によって受けた利益（〇〇〇〇円）を限度として、本件滞納国税について第二次納税義務を負う。

ニ　請求人は、令和元年７月24日、本件納付告知処分を不服として審査請求をした。

ホ　原処分庁は、令和元年７月29日、別表３の請求人の第二次納税義務に基づく滞納国税が上記ロの本件納付通知書で定めた納期限である令和元年７月26日までに完納されていないとして、請求人に対し、徴収法第32条第２項の規定に基づき、納付催告書により納付を督促した（以下、この督促を「本件督促処分」という。）。

ヘ　請求人は、令和元年８月２日、本件督促処分を不服として審査請求をした。

ト　原処分庁は、令和元年８月９日、請求人の第二次納税義務に基づく滞納国税が完納されていないとして、徴収法第68条《不動産の差押の手続及び効力発生時期》第１項の規定に基づき、本件各不動産のうち番号12ないし15、19ないし22、25及び26の不動産を差し押さえた（以下、この差押えを「本件差押処分」という。）。

チ　請求人は、令和元年８月19日、本件差押処分を不服として審査請求をした。

リ　当審判所は、通則法第104条《併合審理等》第１項の規定に基づき、上記ニ、ヘ及びチの各審査請求を併合審理する。

2　争　点

(1)　本件納付告知処分の理由の提示に不備があるか否か（争点１）。

(2)　本件４月売買契約に基づいて本件滞納法人が本件各不動産の所有権を取得したか、それとも本件５月売買契約に基づいて請求人が本件各不動産の所有権を取得したか（争点２）。

(3)　本件滞納法人は、平成19年８月31日に請求人へ本件各不動産の所有権を移転させたか否か（争点３）。

(4)　争点３の所有権移転があったと認められる場合、これが徴収法第39条に規定する「第三者に利益を与える処分」に該当するか否か（争点４）。

(5)　本件各不動産の平成19年８月31日当時の時価はいくらか（争点５）。

(6)　請求人は、受けた利益の限度で第二次納税義務を負うか否か（争点６）。

3　争点についての主張

(1)　争点１（本件納付告知処分の理由の提示に不備があるか否か。）について

| 原処分庁 | 請求人 |
| --- | --- |
| 本件納付通知書には、本件滞納法人が本件各不動産に係る実質的な所有権を請求人に移転し、その対価として請求人に対する貸付債権を取得したことを前提として、請求人が本件滞納法人から受けた利益の額の算出過程を示して処分理由の記載がされており、本件納付告知処分の理由となった事実等が具体的に示されているから、行政手続法第14条第１項の趣旨を満たす程度に処分の理由が記載されている。<br>したがって、本件納付告知処分の理由の提示に不備はない。 | 本件納付通知書には、本件の事実関係を前提として、徴収法第39条の「処分」、「対価」及び「利益」に該当する事実がどの事実であるかが全く提示されておらず、本件納付通知書の記載から本件納付告知処分の処分理由を探知することは不可能である。<br>したがって、本件納付告知処分には理由の提示に不備がある。 |

(2)　争点２（本件４月売買契約に基づいて本件滞納法人が本件各不動産の所有権を取得したか、それとも本件５月売買契約に基づいて請求人が本件各不動産の所有権を取得したか。）について

| 原処分庁 | 請求人 |
| --- | --- |
| 本件滞納法人は、本件４月売買契約によりＲ社から本件各不動産の所有権を取得した。Ｒ社が請求人に本件各不動産を売買する旨の本件５月売買契約は、その締結に請求人が関与しておらず、事前に承諾もしていなかったことなどから成立していないものであるが、仮に成立していたとしても、本件４月売買契約を合意解除する旨の本件解除合意及び本件５月売買契約は、以下のとおり、いずれも心 | 以下のとおり、本件解除合意及び本件５月売買契約は成立しており、これを無効とすべき事情はないから、本件４月売買契約は解除されており、本件５月売買契約に基づいて、本件各不動産は請求人が取得した。<br>本件各不動産についての所有権移転登記からしても、本件各不動産の所有権が本件５月売買契約により請求人に移転したことは明らかである。 |

| | |
|---|---|
| 裡留保あるいは通謀虚偽表示により無効である。<br>イ　本件5月売買契約について<br>(イ)　請求人の認識について<br>以下の事情からすれば、請求人は本件5月売買契約の締結によっても、本件各不動産は本件滞納法人が所有するものと認識しており、同所有権を請求人が取得する意思は有していなかった。<br>A　本件5月売買契約当時の請求人の代表者であったK2は、請求人は実質的には本件滞納法人と一体の会社であり、本件各不動産の実質的所有者は本件滞納法人である旨認識していると申述しており、本件5月売買契約の締結に関与していないことなどからしても、R社から本件各不動産の所有権を買い受ける意思を有していなかった。<br>B　請求人は、本件4月売買契約締結の直前にK1が全額出資して設立された実体のない会社であり、その実質的な経営判断は全て本件滞納法人の当時の代表者であるK1が行っていたほか、請求人の当時の代表者であるK2は、K1から頼まれて代表者に就任したにす | <br><br>イ　本件5月売買契約について<br>(イ)　請求人の認識について<br>以下のとおり、請求人が本件5月売買契約によって、本件各不動産の所有権を取得する意思がなかったということはできない。<br>A　請求人は、本件5月売買契約の代金を本件滞納法人から借り入れてR社に支払ったことにより、R社から本件各不動産の所有権を取得している。この借入れについて、請求人は、本件滞納法人に返済を続けて完済しているのであって、請求人が代金相当額の借入れを現実に行ったことは明らかである。<br>B　本件5月合意書には、本件各不動産の実質的所有者が本件滞納法人である旨の記載があるが、本件5月合意書には日にちの記載がなく、本件5月売買契約よりも前に作成されている可能性が高いことからすれば、本件5月売買契約の締結によって本件5月合意書の意味はなくなっているといえる。これらのことから、本件5月合意書の記載内容を本件各不動産の所有 |

| | |
|---|---|
| ぎない者であって、請求人の設立手続には何ら関与しておらず、本件5月売買契約の作成にも立ち会っていなかった。<br>C　請求人は、平成18年5月に、本件滞納法人との間で本件5月合意書を締結し、本件5月売買契約後も登記名義人にかかわらず本件各不動産の実質的所有者は本件滞納法人であることをわざわざ確認し、更に請求人は登記名義人となるべく設立されたものであることを確認している。<br>D　本件5月合意書は、本件滞納法人がK3弁護士に、K2が本件各不動産を勝手に売却しないようにするために作成を依頼したものである。<br>E　本件5月合意書により、本件滞納法人が請求人の一切の印鑑や預金通帳、本件各不動産の登記済証等を保管することが合意され、この合意に基づいて、上記各物が本件滞納法人において保管されていた。<br>F　本件5月売買契約後も、本件各不動産の賃料収入を受領していたのは本件滞納法人であり、請求人にはその受領権限はなかった。 | 者が本件滞納法人であることの根拠とすることはできない。<br>本件5月合意書にある本件滞納法人が請求人に資本金の全額を出資した旨の記載は、出資者がK1であるとの請求人の定款の記載と矛盾するものであるが、仮に本件滞納法人が全額出資していたとすれば、本件5月合意書にある本件5月売買契約後の本件各不動産の実質的所有者が本件滞納法人である旨の記載は、本件滞納法人が請求人を100％支配していることの帰結を意味し、請求人の取締役であったK2に対し社員（株主）総会の決議なく本件各不動産を処分することができないことを注意するための記載にすぎない。<br>また、本件5月合意書にある、請求人が登記名義人となるべく設立されたとの記載も、請求人が本件各不動産の所有権を取得するために設立されたものであることを意味するものである。<br>C　請求人及び本件滞納法人は、本件各不動産の賃借人に対し、本件滞納法人に賃料等の受領権限を与えた旨を通知している。これは請求人が本件各不動産の所有者であ |

| | |
|---|---|
| G　本件5月売買契約の代金を負担したのは本件滞納法人であり、請求人が本件滞納法人から同代金について融資を受けるなどの手続はとられていない。<br>H　K1は、請求人のことをトンネル会社の意味でSPCと述べていたところ、本件滞納法人に関与していたK4税理士らも、K1が請求人のことをトンネル会社の意味でSPCと述べていることを認識していた。<br>　また、本件滞納法人から、請求人に関する書類作成等の依頼を受けたK3弁護士も、K1から、所有者と違う会社で交渉をする方がやりやすい旨の説明を受けるなどしたことから、本件各不動産の実質的な所有者は本件滞納法人であると認識していた。 | ることを前提とする通知を、本件滞納法人も同意の上でしているものであるから、このことからも請求人が本件5月売買契約により本件各不動産の所有権を取得する認識であったといえる。 |
| (ロ)　R社の認識について<br>　以下の事情から、R社は、請求人が、本件5月売買契約によって、本件各不動産の所有権を取得する意思がなく、本件各不動産の所有権は本件滞納法人が有することを認識していた。<br>A　R社において本件各不動産を担当していたK5は、本件各不動産 | (ロ)　R社の認識について<br>　R社は、請求人、本件滞納法人及びK1と全く関係のない第三者であるから、R社には刑事罰の制裁を覚悟してまで不実の登記の作出に協力する動機はない。 |

| | |
|---|---|
| の売却先は本件滞納法人であると認識していた。<br>そして、Ｋ５から担当を引き継いだＫ６は、Ｋ１から、売却先を請求人とする理由について、本件各不動産を取り仕切っている暴力団関係者との関係で、本件滞納法人の名前を出すことができない旨説明を受け、また、Ｋ２が本件５月売買契約に出席していないことなどから、請求人はにわかに設立されたペーパーカンパニーであると認識していた。<br>Ｂ　Ｒ社は、本来請求人に引き継ぐべき敷金と、本件滞納法人がＲ社のために預かっていた賃料との相殺処理をするという、本件各不動産の所有者である本件滞納法人と請求人が同一の法人であることを前提とする処理をしている。 | |
| ロ　本件解除合意について<br>(イ)　本件滞納法人の認識について<br>上記イの(イ)記載の事情によれば、本件滞納法人は、本件解除合意によっても、本件４月売買契約を解除する意思は有していなかったといえる。<br>(ロ)　Ｒ社の認識について<br>上記イの(ロ)記載の事情によれば、 | ロ　本件解除合意について<br>(イ)　本件滞納法人の認識について<br>上記イの(イ)記載の事情によれば、本件滞納法人は、本件解除合意によって、本件４月売買契約を解除する意思を有していなかったとはいえない。<br>(ロ)　Ｒ社の認識について<br>上記イの(ロ)のとおり、Ｒ社は本件 |

| | |
|---|---|
| R社は、本件解除合意によっても、本件滞納法人が本件4月売買契約を解除する意思のないことを知っていた。 | 滞納法人及びK1と全く関係のない第三者であるから、本件解除合意によって、本件滞納法人が本件4月売買契約を解除する意思を有していると認識していた。 |

(3) 争点3（本件滞納法人は、平成19年8月31日に請求人へ本件各不動産の所有権を移転させたか否か。）について

| 原処分庁 | 請求人 |
|---|---|
| 本件滞納法人は、以下のとおり、平成○年○月○日の○○調査の着手を契機として、本件各不動産の所有権を請求人に移転させることとし、○○調査が着手された本件滞納法人の事業年度の末日である平成19年8月31日に、請求人に本件各不動産の所有権を移転させた。 | 以下の理由により、原処分庁が主張する事情は、いずれもその前提を欠くか、本件滞納法人が本件各不動産の所有権を請求人に移転したことを何ら推認させないものである。 |
| イ　K1は、平成○年○月○日以降、○○調査を頻繁に受け、本件各不動産に係る賃料収入を本件滞納法人あるいは請求人の収入として計上していなかったことなどについて、○○○○をかけられていた。このような状況において、K1は、次第に、○○調査をどう切り抜けるか、○○○○をどのようにして受けるかということに執着するようになっていたといえ、○○○○から逃れるため、他にも慌ただしく事後工作をするなかで、賃料収入についても、調査が着手された本件滞納法人の | イ　K1の○○○○の中で、本件各不動産に関する○○○○の金額は○○○○円であり、全体の○○○○の額が○○○○円を超える中で、その占める割合はごくわずかであるから、同人が○○○○判決を得るために請求人に本件各不動産を帰属させ、請求人に家賃収入を計上しようとしたなどという推測は誤りである。 |

| | |
|---|---|
| 事業年度中には請求人に本件各不動産を帰属させ、本件各不動産に係る賃料収入を請求人の収入として売上げに計上しなければならないという認識を持つようになった。 | |
| ロ　本件滞納法人の会計帳簿上、平成19年８月31日付で本件各不動産に係る購入代金の支払として計上されていた仮払金が請求人に対する貸付金へと振り替えられた。<br>　他方、請求人の会計帳簿上では、請求人が本件各不動産の登記の名義人となって以降、Ｋ１の指示により本件各不動産に係る賃料収入は全く計上されていなかったところ、平成19年11月30日付で平成18年６月以降の毎月の賃料収入が遡って計上され、その後、これら一連の会計処理が反映された本件滞納法人及び請求人の法人税確定申告書及び決算報告書が提出された。 | ロ　平成17年12月１日から平成18年11月30日までの事業年度の確定申告を担当したＫ４税理士らは、本件各不動産の賃料が受領権限のある本件滞納法人に振り込まれ、本件滞納法人から請求人に遅れて入金があることもあり得るという実態を知らなかったため、平成18年６月以降の毎月の賃料収入を仕訳計上していなかった。平成18年12月１日から平成19年11月30日までの事業年度の申告は、Ｋ４税理士らの業務を引き継いだ別の税理士が、Ｋ４税理士らの誤った会計処理を修正して適正に申告したものにすぎない。 |
| ハ　本件滞納法人及び請求人は、法人格は別であるがＫ１の完全支配下にある会社であり、同人の単独の意思のみによって、あらゆる法律行為を思いどおりに行うことが可能であった。 | ハ　Ｋ１は本件滞納法人の代表者ではなく、同人の思いどおりに本件滞納法人の権利が変動する理由はない。 |
| ニ　Ｋ１は、平成19年９月１日付で本件滞納法人が請求人に4,000,000,000円を貸し付けたとする金銭消費貸借契約書を作成しているが（平成30年12月以前 | ニ　平成19年９月１日付の金銭消費貸借契約書は偽造されたものであり、Ｋ１はその作成経緯を全く知らない。偽造書類によっては何らの事情も推認でき |

| | |
|---|---|
| は、本件滞納法人及び請求人の両者の代表者印を管理していたのはＫ１であった。)、その記載から、同契約書は平成20年５月８日以降に作成されたにもかかわらず、平成19年９月１日に日付を遡って作成されたものであることが分かる。Ｋ１が同契約書を日付を遡ってまでわざわざ作成したことからしても、上記ロの平成19年８月31日付の貸付金処理によって、同日に本件各不動産の所有権を請求人に帰属させようという強い意志を有していたことがうかがえる。 | ない。 |

(4)　争点４（争点３の所有権移転があったと認められる場合、これが徴収法第39条に規定する「第三者に利益を与える処分」に該当するか否か。）について

| 原処分庁 | 請求人 |
|---|---|
| 徴収法第39条に規定する「第三者に利益を与える処分」とは、滞納者の積極財産の減少の結果、第三者に利益を与えることとなる処分をいうところ、本件滞納法人は、積極財産である本件各不動産を請求人に移転させ、その対価として本件滞納法人が平成19年８月31日に仮払金から振り替えた貸付金債権（本件各不動産に係る承継敷金の額を差し引いた金額のもの。）を取得したことにより、その差額となる利益を請求人に与えたといえることからこれらの行為は徴収法第39条に | 徴収法第39条に規定する「処分」とは、「第三者に対して、権利を取得させ、又は義務を免れさせる」原因行為、すなわち、権利義務の発生等の私権の変動をもたらす法律行為を意味するところ、原処分庁は、「処分」、すなわち、法律行為の内容も全く特定しておらず、「対価」の存在も何ら基礎付けていない。<br>したがって、これらの行為は「第三者に利益を与える処分」には該当しない。 |

| | |
|---|---|
| 規定する「第三者に利益を与える処分」に該当する。<br>なお、これらの行為は、K1が本件滞納法人及び請求人の実質的支配者であったことから同人の意思のみにより可能であった行為である。 | |

(5) 争点5(本件各不動産の平成19年8月31日当時の時価はいくらか。)について

| 原処分庁 | 請求人 |
|---|---|
| 原処分庁は、平成19年8月31日当時の本件各不動産の時価の評価を鑑定人に委託しているところ、同鑑定人は、本件各不動産の評価に当たって、原価法及び収益還元法を適用した試算価格を算出し、本件各不動産の需要者にとって購入動機となる収益価格を重視して鑑定評価額〇〇〇〇円を適正に算出している。本件各不動産の評価額は、このように適正に算出された鑑定評価額を採用したものであり、妥当なものであるから、本件各不動産の平成19年8月31日当時の時価は、〇〇〇〇円である。 | 上記のとおり、そもそも「第三者に利益を与える処分」は存在しないが、これをおくとしても、原処分庁の本件各不動産の評価額は誤りである。<br>すなわち、本件各不動産は、平成16年6月30日にR社がX社から4,125,000,000円で購入した後、原処分庁の主張によれば、これを平成〇年〇月〇日に本件滞納法人がR社から3,700,000,000円で購入したことになるが、それから1年半足らずの後の平成19年8月31日の時点で、本件各不動産の価額が〇〇〇〇円となるというのは不自然である。<br>また、本件各不動産は、平成19年から不動産価額が上昇した平成21年8月1日時点に行われた鑑定において1,500,000,000円と評価されており、さらに、同時期に請求人と訴訟で本件各不動産からの立退料の金額を争っていた相手方当事者でさえ、本件各不動産を約4,420,000,000円と |

| | |
|---|---|
| | 評価していた。<br>　これらの事実からすれば、平成19年当時の本件各不動産の評価額が○○○○円であるというのは誤りである。 |

⑹　争点6（請求人は、受けた利益の限度で第二次納税義務を負うか否か。）について

| 原処分庁 | 請求人 |
|---|---|
| 　本件滞納法人の株式は、平成19年8月31日当時、K1がその全てを保有していた。<br>　そして、請求人の株式について、平成19年8月31日当時の株主の状況は明らかでないものの、K2が請求人の株主は設立時からK1のみであると述べていることに加え、請求人が設立時から一貫してK1の支配下にあった事情も踏まえると、請求人の株式も、設立以来一貫してK1が保有していたといえる。<br>　そうすると、請求人は、滞納者の親族その他の特殊関係者に該当するから、請求人は、受けた利益の額（○○○○円）の限度で第二次納税義務を負うことになる。 | 否認ないし争う。 |

4　当審判所の判断

⑴　争点1（本件納付告知処分の理由の提示に不備があるか否か。）について

イ　法令解釈

行政手続法第14条第1項本文が、不利益処分をする場合に同時にその理由を名宛人に示さなければならないとしているのは、名宛人に直接に義務を課し又はそ

の権利を制限するという不利益処分の性質に鑑み、行政庁の判断の慎重と合理性を担保してその恣意を抑制するとともに、処分の理由を名宛人に知らせて不服の申立てに便宜を与える趣旨に出たものと解されるから、当該処分の理由が、上記の趣旨を充足する程度に具体的に明示するものであれば、同項本文の要求する理由の提示として不備はないものと解するのが相当である。

ロ　当てはめ

上記１の(4)のハのとおり、本件納付通知書には本件納付告知処分の理由として、①本件滞納法人が平成19年８月31日、請求人に対し本件各不動産の実質的所有権を移転させた旨、②本件滞納法人の財産に滞納処分を執行してもなお本件滞納国税に不足し、上記①の行為等がなければ徴収不足が生じなかった旨、③請求人は本件滞納法人の特殊関係者に該当する旨、④上記①ないし③の事実から、請求人は受けた利益を限度として本件滞納国税について第二次納税義務を負う旨が記載されている。

本件納付通知書の記載内容からすれば、徴収法第39条が規定する第二次納税義務の要件に沿って各要件に該当する旨を示し、そのため請求人が第二次納税義務を負うと認めたものと分かるから、行政庁の判断の慎重と合理性を担保してその恣意を抑制するとともに、処分の理由を名宛人に知らせて不服の申立てに便宜を与えるという行政手続法第14条第１項本文の趣旨に照らし、同項本文の要求する理由の提示として欠けるものではないというべきであり、本件納付通知書の理由の提示に不備はない。

ハ　請求人の主張について

請求人は、上記３の(1)の「請求人」欄のとおり、本件納付通知書は、徴収法第39条に規定する「処分」、「対価」及び「利益」に該当する事実は提示されていないから理由の提示に不備がある旨主張する。

しかしながら、本件納付通知書の理由の提示は、上記ロのとおり、行政手続法第14条第１項本文の要求する理由の提示として欠けるものではないから、請求人の主張には理由がない。

(2)　争点２（本件４月売買契約に基づいて本件滞納法人が本件各不動産の所有権を取得したか、それとも本件５月売買契約に基づいて請求人が本件各不動産の所有権を取得したか。）について

イ　認定事実

原処分関係資料並びに当審判所の調査及び審理の結果によれば、以下の事実が認められる。

(イ)　請求人の設立に至る経緯等

A　R社との再開発プロジェクトのとん挫

R社は、本件滞納法人との間で合意した再開発計画が思うように進まなかったことから、本件滞納法人に対し、本件各不動産を売却して同計画から離脱したいとの意向を示したところ、本件滞納法人から本件各不動産を本件滞納法人に売却するよう強く要求されたため、取得した価額を数億円下回る3,700,000,000円で売却することを承諾し、平成○年○月○日、本件４月売買契約を締結した。本件４月売買契約においては、後に買主を変更することがある旨の合意がされた。

B　請求人設立の経緯等

Ｋ１は、本件４月売買契約締結日と同日の平成○年○月○日、資本金300万円を全額出資して、請求人を設立した。請求人の代表者にはＫ２が就任したが、同人は、請求人の設立手続には関与しておらず、請求人の定款や印鑑、預金通帳は設立当初からＫ１が管理していた。

本件５月合意書により、本件滞納法人、請求人及びＫ２の間で、請求人が本件各不動産の再開発のための登記名義人となるべく設立されたものであることが確認されている。

(ロ)　本件５月売買契約書及び本件解除合意書の作成に至る経緯

A　Ｋ１は、Ｋ２が本件各不動産を単独で売却しないために確約書が欲しいと顧問弁護士であるＫ３弁護士に依頼し、同人に作成させた本件５月合意書により、Ｋ２及び請求人との間で本件５月売買契約によっても本件各不動産の実質的所有者が本件滞納法人であることなどを確認した。

B　本件５月売買契約書は、平成○年○月○日付で、Ｋ３弁護士の事務所において作成された。作成の際に立ち会ったのは、R社側はその担当者であるＫ５及びＫ６、請求人側は、Ｋ１及びＫ３弁護士であった。Ｋ２は、Ｋ１から本件５月売買契約の段取りや内容については聞いていたものの、立会いはしておらず、契約内容を決定したのはＫ１であった。

本件滞納法人及びR社は、同日付の本件解除合意書を作成した。

(ハ) 本件5月売買契約書記載の売買代金の振込経緯

本件5月売買契約書記載の売買代金は、平成18年5月22日、S銀行○○支店において、同支店の本件滞納法人名義の預金口座から3,740,746,300円が引き出され、同日、請求人を振込依頼人としてR社名義の預金口座に3,700,000,000円が振り込まれた。

なお、これらの手続は本件滞納法人の預金口座がある上記○○支店においてされており、K2が行ったものではない。

(ニ) 上記売買代金に係る会計処理

本件滞納法人は、平成18年5月22日の本件各不動産の売買代金に係る出金を、仮払金として会計処理した。

(ホ) 本件各不動産の賃料収入について

A 平成18年6月6日付で、本件各不動産の賃借人であるY社に対し、同月1日以後支払う本件各不動産の賃料及び管理費を、請求人がこれらの受領権限を与えた本件滞納法人名義の口座に振り込むよう依頼する旨の、本件滞納法人及び請求人の連名の通知がされた。

B 本件滞納法人は、平成18年8月期の法人税の申告書において、本件5月売買契約以降の本件各不動産の賃料収入を、前受金として記載していた。

C 本件各不動産を買い受けた後、請求人は、本件各不動産から発生する賃料収入を自身の収入として計上せず、平成19年11月30日に平成18年6月以降の賃料収入を遡って計上した。

(ヘ) 本件各不動産の賃借人から預託されていた敷金の引継ぎ

本件5月売買契約書によれば、Y社からの預り敷金は、R社から請求人に引き継がれることとされているが、R社は、同敷金について、本件滞納法人に対する債権と相殺する処理を行った。

(ト) 本件5月売買契約の買主に係る関係者の認識等

A K2の認識

K2は、請求人について、本件各不動産の名義人となるべく、K1が便宜的に設立した実体のない会社であり、自身は名義を貸しただけの者で、請求人宛の電話も本件滞納法人に繋がるようになっていて、実質的には本件滞納法人と一体の会社であったと認識しており、本件5月売買契約については、請求人が上記実体のない会社であって、売買代金も本件滞納法人から捻出されていることから、本件各不動産の実質的な所有者は本件滞納法人であると認識していた。

B　R社の担当者K6及びK5の認識

K6は、請求人について、にわかに設立されたいわゆるペーパーカンパニーであると認識していた。本件5月売買契約については、契約書や登記によれば請求人に譲渡したことになっており、売買代金は請求人から入金されたことになっているものの、もともとK1が本件各不動産については本件滞納法人が主体であると公言していたことや、上記代金入金後に本件滞納法人の従業員からかかってきた電話において、K1が領収証を早く送るように要求してきたことからしても、取引の実態は、本件滞納法人との取引であると認識していた。

また、K5も、本件5月売買契約において本件各不動産を売却した先は本件滞納法人であったと認識していた。

C　本件滞納法人及び請求人の会計処理を担当していたK4税理士の認識

K4税理士は、請求人について、本件滞納法人が地上げ屋として名が通っており、本件各不動産の名義人になるには支障があるので、名義人とするために設立されたいわゆるトンネル会社であり、K1は地上げが完了すれば請求人を潰してその収益を本件滞納法人に吸収させるつもりだと認識していた。

ロ　検討

(イ)　上記イの(ロ)のBによれば、請求人の当時の代表者であるK2が、本件5月売買契約において、請求人が買主になっていることや契約締結の段取りについてK1から聞いており、その上でK1に売買契約の締結行為について任せたものと認められる。

もっとも、上記1の(3)のロの(リ)及び上記イの(ト)のAのとおり、K2は、本件5月合意書において、本件5月売買契約によっても本件各不動産の実質的所有者は本件滞納法人であって、請求人が本件各不動産の再開発のための登記名義人となるべく設立されたものであることを確認している。また、請求人の設立経緯や請求人の実態は上記イの(イ)のとおりであり、本件5月売買契約の代金の原資が上記イの(ハ)のとおり本件滞納法人の預金口座から引き出されたものであること、約定の敷金が上記イの(ヘ)のとおりＲ社から引き継がれていないこと、本件５月売買契約後も賃料を受領するのが上記イの(ホ)のＡ及びＣのとおり本件滞納法人であったことも認められる。更に、請求人の印鑑や預金通帳、本件各不動産の登記済証も本件滞納法人が管理することが、上記１の(3)のロの(リ)のＤのとおり、本件５月合意書によって合意されていることからすると、請求人に本件各不動産の処分権限があるとはいえない。これらに加えて、上記イの(ニ)及び上記イの(ホ)のＢのとおり、本件滞納法人が、平成18年５月以降も、本件各不動産の売買代金を仮払金として計上し、本件各不動産の賃料収入を前受金として計上していたことや、上記イの(ト)の関係者の認識、特にＲ社の本件５月売買契約の担当者がともに本件５月売買契約の買主は本件滞納法人であると認識しており、担当者Ｋ６が請求人には実体がないと考えていたと認められることも併せ考慮すれば、Ｋ２が本件５月売買契約書を作成する意思については有していたといえるとしても、その作成によって、本件各不動産をＲ社から請求人が買い受ける旨の意思表示がされたものとは認められない。

(ロ)　そして、上記(イ)と同様の事情によれば、Ｋ１が本件解除合意書を作成する意思については有していたといえるとしても、その作成によって、本件４月売買契約を解除する旨の意思表示がされたものとは認められない。

(ハ)　したがって、本件５月売買契約書をもって本件５月売買契約が成立したと認めることはできず、また、本件解除合意書をもって本件解除合意が成立したと認めることもできず、他にこれらの合意が成立したと認めるに足りる証拠もない。

(ニ)　仮に、本件５月売買契約書や本件解除合意書の作成によって、請求人ないし本件滞納法人がこれらの書面に記載されたとおりの意思表示をしたと認められるとしても、上記各事実関係を前提とすれば、内心の意思とは異なる意思表示がされ、これをＲ社においても認識していたといえるから、いずれにしても民法（平成29年法律第44号による改正前のもの。以下同じ。）第93条《心裡留保》ただし書の規定により、本件５月売買契約及び本件解除合意は無効となる。

(ホ)　以上によれば、本件５月売買契約及び本件解除合意はいずれも成立したと認められず、仮に本件５月売買契約書の作成によって、請求人が本件各不動産を

Ｒ社から買い受ける旨の意思表示をしたと認められ、また、仮に本件解除合意書の作成によって本件滞納法人が本件４月売買契約を解除する旨の意思表示をしたと認められるとしても、民法第93条ただし書により本件５月売買契約及び本件解除合意のいずれも無効となる。

そして、上記認定事実によれば、本件４月売買契約締結後に本件滞納法人がＲ社に対して約定の売買代金を支払ったと認められるから、本件各不動産の所有権は本件４月売買契約により本件滞納法人が取得したと認められる。

ハ　請求人の主張について

(イ)　請求人は、上記３の(2)のイの(イ)のＡの「請求人」欄のとおり、本件各不動産の売買代金は本件滞納法人から借り入れてＲ社に支払い、当該借入金は本件滞納法人に返済し完済しているから、売買代金相当額の借入れは現実に行っていると主張する。

しかしながら、上記イの(ニ)のとおり、本件滞納法人は、上記売買代金の支払について、仮払金として会計処理をしているのであって、請求人の主張はこの事実と整合しない。また、請求人自身の原資によって、これが全額返還されたことを認めるに足りる的確な証拠はなく、上記ロのとおり、請求人及び本件滞納法人が本件各不動産の買主を本件滞納法人であると認識していたことを裏付ける事情が認められるのであるから、請求人が本件滞納法人から本件各不動産の売買代金を支払うために借入れをしたとは認められず、請求人の主張には理由がない。

(ロ)　請求人は、上記３の(2)のイの(イ)のＢの「請求人」欄のとおり、本件５月合意書について、本件５月売買契約よりも前に作成された可能性もあり、そうであれば本件５月売買契約の成立により本件５月合意書の意味はなくなったと考えるべきであると主張するが、上記イの(ロ)のＡのとおり、本件５月合意書は、Ｋ１が本件各不動産の所有者を請求人として登記する場合に、請求人の代表者であるＫ２が本件各不動産を無断で処分する危険性があることを懸念し、これを回避するためにＫ３弁護士に相談して作成されたものである。このような作成経緯からすれば、本件５月売買契約書の作成によって本件５月合意書の合意の趣旨が失われるものとはいえない。

また、請求人は、本件５月合意書にある、平成18年５月23日の売買代金支払後の本件各不動産の実質的所有者が本件滞納法人である旨の記載について、請求人の設立時の出資者はＫ１であるが、本件滞納法人のみが出資して設立した可能性もあり、これを前提とすれば、上記「実質的所有者」との記載は本件滞納法人が請求人を支配していることの帰結を意味するものにすぎないと主張する。しかしながら、本件５月合意書の作成経緯は上記のとおりであり、請求人の主張は、実質的所有者がなお本件滞納法人であることをわざわざ合意した理由として不十分であり、採用できない。

(ハ) 請求人は、上記３の(2)のイの(イ)のＣの「請求人」欄のとおり、本件各不動産に係る賃料の受領権限を本件滞納法人に与えた旨を賃借人であるＹ社に通知していることは、本件各不動産の所有者が請求人であることを前提とするものであり、本件滞納法人もこれに同意しているから請求人が本件各不動産の所有権を取得するという認識であったと主張している。

しかしながら、請求人と本件滞納法人の連名による上記通知が作成された事実は認められるものの、上記ロのとおりの事情からすれば、請求人に本件各不動産を買い受ける意思は認められないのであって、上記通知の存在によって、この認定は左右されないから、この点の請求人の主張も理由がない。

(3) 争点３（本件滞納法人は、平成19年８月31日に請求人へ本件各不動産の所有権を移転させたか否か。）について

イ 認定事実

原処分関係資料並びに当審判所の調査及び審理の結果によれば、以下の事実が認められる。

(イ) ○○調査着手後の会計処理の変更

Ａ ○○部は、平成○年○月○日、本件滞納法人及びＫ１に対し、○○○○により○○調査に着手した。

Ｂ 本件滞納法人は、平成19年８月31日、本件各不動産を買い受けた時に計上した仮払金（本件各不動産の売買代金、これに関する登録免許税等の費用及び賃借人であるＹ社からの預り敷金）の合計4,005,393,289円を、請求人に対する貸付金に振り替えた。

Ｃ 請求人は、平成19年11月30日、本件各不動産に係る平成18年６月から平成19年11月までの賃料収入の合計637,822,674円を未収入金として計上した。

(ロ) 本件各不動産の賃料収入

Y社からの賃料は、本件滞納法人名義口座に振り込まれてきたが、本件滞納法人が○○○○で告発された後の平成21年2月5日にY社から振込先を請求人に変更してほしい旨の連絡があったことを受けて、請求人の代理人は、同月6日、Y社に対し振込先を請求人名義口座に変更する旨を通知した。

(ハ) 金銭消費貸借契約書の作成

平成19年9月1日付で、貸主を本件滞納法人、借主をP社とし、貸付金額を4,000,000,000円とする金銭消費貸借契約書（以下「本件消費貸借契約書」という。）が作成された。

なお、本件消費貸借契約書の作成日付である平成19年9月1日当時、請求人の商号はN社であり、本件消費貸借契約書に記載されているP社に商号変更され、これが登記されたのは、8か月以上後の平成20年5月8日になってからであった。

(ニ) 請求人及び本件滞納法人の支配関係

A 請求人の定款によれば、設立時の出資者及び社員はK1のみである。

B 本件滞納法人の平成19年8月31日時点の代表取締役はK1であった。

C 請求人の平成19年8月31日時点の役員はK7のみであった。同人は、本件滞納法人の経理担当者であったが、K1から頼まれて請求人の取締役に就任した者であり、就任後もそれまでと変わらずK1の指示に従って本件滞納法人の経理事務に従事していた。

D 平成19年8月31日時点においても、請求人の通帳及び印鑑はK1が保管していた。

E 請求人の平成18年12月1日から平成19年11月30日までの事業年度の確定申告書に記載された株主はK1のみである。

ロ 検討

上記認定事実によれば、本件滞納法人は、平成19年8月31日に、本件各不動産の売買代金として請求人名義でR社に支払った金額について、当初は仮払金として経理処理をしていたものを、請求人に対する貸付金に振り替えており、これにより本件各不動産を請求人が所有したこととした場合にも矛盾しないような会計処理に変更されたということができる。

もっとも、これによって、直ちに本件滞納法人から請求人に本件各不動産の所有権が移転したものと認めることはできない。上記イの(イ)によれば、上記会計処理が、本件滞納法人及びＫ１に対する○○調査を受けてされたことがうかがえ、また、その後に請求人においても、本件各不動産の賃料収入が平成18年６月に遡って未収入金として計上し、本件各不動産があたかも平成18年６月以降は請求人の所有不動産であったかのような会計処理が行われたことが認められる。そして、上記イの(ハ)のとおり、平成19年９月１日付の本件消費貸借契約書が、平成20年５月８日以降に、わざわざ日付を遡ってまで作成されたこともうかがえ、更に、これが上記イの(ニ)のように、請求人と本件滞納法人のいずれもＫ１が実質的に支配している状況においてされたものであるとはいえるものの、上記イの(ロ)のとおり、平成19年８月31日以降も本件滞納法人が引き続き本件各不動産の賃料収入を受領していることにも照らせば、上記事情を考慮しても、本件滞納法人が平成19年８月31日に請求人に本件各不動産の所有権を移転させたものと認めることはできず、他に本件各不動産の所有権が、同日、請求人に移転したと認めるに足りる証拠もない。

したがって、本件各不動産が、平成19年８月31日に請求人に移転したと認めることはできない。

ハ　原処分庁の主張について

原処分庁は、上記３の(3)のハ及びニの「原処分庁」欄のとおり、平成19年８月31日の時点でＫ１が本件各不動産の所有権を請求人に帰属させようという強い意志を有していたから、Ｋ１が請求人及び本件滞納法人をいずれも実質的に支配している本件においては、同日をもって本件滞納法人から請求人に移転したものと主張する。

しかしながら、これらの事情を考慮しても、平成19年８月31日に本件各不動産の所有権が請求人に移転したと認めるに足らないことは上記ロのとおりであり、原処分庁の主張は理由がない。

(4)　本件納付告知処分の適法性について

上記(3)のとおり、平成19年８月31日に本件滞納法人が本件各不動産の所有権を請求人に取得させたと認めることはできないから、そのほかの争点について判断するまでもなく、本件滞納法人から請求人に対して、原処分庁が主張する徴収法第39条に規定する第三者に利益を与える処分があったと認めることはできないことになる。
したがって、本件納付告知処分は違法であり、その全部を取り消すべきである。

(5) 本件督促処分及び本件差押処分の適法性について

イ 第二次納税義務者に対する納付告知処分と、その滞納処分の前提要件としての督促処分及び滞納処分としての差押処分との関係についてみると、相互に関連性を持つものではあるものの、納付告知処分とはそれぞれ目的及び効果を異にし、それ自体で完結する別個の行政処分であるから、納付告知処分の違法性は、督促処分及び差押処分には承継されない。

ロ そして、審査請求において審判所が判断すべき事項は国税に関する法律に基づく処分が適法に行われたかどうかであるから、本件督促処分及び本件差押処分の適法性の判断については、処分時の事情を基礎として判断すべきである。

ハ そうすると、上記(4)のとおり、本件納付告知処分は取り消されるべきであるものの、本件督促処分及び本件差押処分は、その各処分時において、上記1の(4)のホ及びトのとおり、通則法及び徴収法所定の要件を充足している。また、本件督促処分及び本件差押処分のその他の部分については、請求人は争わず、当審判所に提出された証拠資料等によっても、これを不相当とする理由は認められない。

したがって、本件督促処分及び本件差押処分は適法である。

(6) 結論

よって、本件納付告知処分に対する審査請求には理由があるから、処分の全部を取り消すこととし、また、その他の原処分に対する審査請求は理由がないから、これを棄却することとする。

別表１　本件各不動産（省略）

別表２　本件滞納国税（令和元年６月26日現在）（省略）

別表３　第二次納税義務に基づく滞納国税（令和元年７月29日現在）（省略）

大蔵財務協会は、財務・税務行政の改良、発達およびこれらに関する知識の啓蒙普及を目的とする公益法人として、昭和十一年に発足しました。爾来、ひろく読者の皆様からのご支持をいただいて、出版事業の充実に努めてきたところであります。

今日、国の財政や税務行政は、私たちの日々のくらしと密接に関連しており、そのため多種多様な施策の情報をできる限り速く、広く、正確にかつ分かり易く国民の皆様にお伝えすることの必要性、重要性はますます大きくなっております。

このような状況のもとで、当協会は現在、「税のしるべ」（週刊）、「国税速報」（週刊）の定期刊行物をはじめ、各種書籍の刊行を通じて、財政や税務行政についての情報の伝達と知識の普及につとめております。また、日本の将来を担う児童・生徒を対象とした租税教育活動にも、力を注いでいるところであります。

今後とも、国民・納税者の方々のニーズを的確に把握し、より質の高い情報を提供するとともに、各種の活動を通じてその使命を果たしてまいりたいと考えておりますので、ご叱正・ご指導を賜りますよう、宜しくお願い申し上げます。

一般財団法人　大蔵財務協会
理事長　木　村　幸　俊

# 裁決事例集（第120集）


令和３年４月22日　初版印刷
令和３年５月11日　初版発行





（一財）大蔵財務協会　理事長
発行者　木　村　幸　俊

発行所　一般財団法人　大　蔵　財　務　協　会
〔郵便番号　130-8585〕
東京都墨田区東駒形１丁目14番１号
（販　売　部）TEL 03（3829）4141・FAX 03（3829）4001
（出版編集部）TEL 03（3829）4142・FAX 03（3829）4005
URL　http://www.zaikyo.or.jp

本書は、国税不服審判所ホームページ掲載の『裁決事例集No. 120』より転載・編集したものです。

落丁・乱丁は、お取替えいたします。　印刷　㈱恵友社
ISBN978-4-7547-2896-0

Immanuel Kant

# カントの思考の漸次的発展

## その「仮象性」と「蓋然性」

船木祝

FUNAKI Shuku

論創社

# 目 次

# 引用について

カントの著作からの引用は、ヴァイシェーデル版（*Immanuel Kant, Werke in sechs Bänden,* hrsg. v. Wilhelm Weischedel, Darmstadt [6]1983 ([1]1956-1964)）により、ページ付けは同版に付記されている元版に従う。Aは元版第一版、Bは元版第二版を示す。その他の著書、レフレクシオーン、講義録からの引用は、すべて『アカデミー版カント全集』（*Kant's Gesammelte Schriften,* hrsg. v. Königlich Preußische Akademie der Wissenschaften (und Nachfolgern), Berlin 1900ff. [Akad.-Ausg.]）による。ローマ数字がその巻数を、アラビア数字がページ数を示す。下付き小数字は行数を指す。邦訳は『カント全集』（岩波書店）、及び理想社版『カント全集』。ただし翻訳は必ずしも全集版に従っていない。『純粋理性批判』からの引用は、第二版（1787年）をBとし、ページ数の前にBを付す。レフレクシオーンからの引用は、*Refl.*という略号に番号を付し、アカデミー版の巻数とページ数を示す。レフレクシオーンのエーリッヒ・アディッケス（Erich Adickes）による年代設定は多くの問題を孕むものであるが、参考までに本文中に挿入して記す。

## 略号一覧

### I　17・18世紀の著作他

| | |
|---|---|
| *Acroasis logica* | Baumgarten, Alexander Gottlieb: *Acroasis logica. In Christianvm L. B. de Wolff,* 1761『論理学講読』 |
| *ADM* | Wolff, Christian: *Der vernünfftigen Gedancken von Gott, der Welt und der Seele des Menschen, auch allen Dingen überhaupt, anderer Theil, bestehend in ausführlichen Anmerckungen,* 1724『ドイツ語形而上学注解』 |
| *Aesth.* | Baumgarten, Alexander Gottlieb: *Aesthetica,* 1750/1758『美学』 |
| *AN* | Wolff, Christian: *Ausführliche Nachricht von seinen eigenen Schrifften, die er in deutscher Sprache von den verschiedenen Theilen der Welt-Weißheit heraus gegeben,* 1726 |
| *Anfangsgr.* | Meier, Georg Friedrich: *Anfangsgründe aller schönen Wissenschaften,*1748/1750『すべての美しい学問の基礎』 |
| *Anleitung* | Crusius, Christian August: *Anleitung, übernatürliche Begebenheiten ordentlich und vorsichtig nachzudenken,* 1749『自然現象に関して秩序立って、慎重に熟考するための入 |

門』

*Anweisung*　Crusius, Christian August: *Anweisung vernünftig zu leben, darinnen nach Erklärung der Natur des menschlichen Willens die natürlichen Pflichten und allgemeinen Klugheitslehren im richtigen Zusammenhange vorgetragen werden,* 1744『理性的生活の手引き〔=『倫理学』〕』

*Auszug*　Meier, Georg Friedrich: *Auszug aus der Vernunftlehre,* 1752『論理学綱領』

*Beyträge*　Meier, Georg Friedrich: *Beyträge zu der Lehre von den Vorurtheilen des menschlichen Geschlechts,* 1766『人類の先入観論』

CHW　Crusius, Christian August: *Die philosophischen Hauptwerke,* hrsg. v. Giorgio Tonelli, Sonia Carboncini u. Reinhard Finster

*De corruptelis*　Crusius, Christian August: *Dissertatio philosophica de corruptelis intellecttus a voluntate pendentibus,* 1740『認識の腐敗に関する哲学論考』

*De usu*　Crusius, Christian August: *Dissertatio philosophica de usu et limitibus principii rationis determinantis, vulgo sufficientis,* 1743『決定根拠律の、あるいは通俗的には充足理由律の使用と限界に関する哲学論考〔=『根拠律論文』〕』

*Deutsche Logik = DL*　Wolff, Christian: *Vernünftige Gedanken von den Kräften des menschlichen Verstandes und ihrem richtigen Gebrauche in Erkenntnis der Wahrheit,* 1713『ドイツ語論理学』

*Deutsche Metaphysik = DM*　Wolff, Christian: *Vernünfftige Gedancken von Gott, der Welt und der Seele des Menschen, auch allen Dingen überhaupt,* 1720『ドイツ語形而上学』

*EH*　Thomasius, Christian: *Einleitung zur Hoff-Philosophie, oder kurzer Entwurf und die ersten Linien von der Klugheit zu Bedencken und vernünfftig zu schliessen* [...], 1710

*Entwurf*　Crusius, Christian August: *Entwurf der nothwendigen Vernunft-Wahrheiten, wiefern sie den zufälligen entgegen gesetzet werden,* 1745『偶然的な理性真理に対立する限りでの必然的理性真理の構想〔=『形而上学』〕』

*EV*　Thomasius, Christian: *Einleitung zu der Vernunfft-Lehre/ worinnen durch eine leichte/ und allen vernünfftigen Menschen/ waserley Standes oder Geschlechts sie seyn/*

| | |
|---|---|
| | *verständliche Manier der Weg gezeiget wird/ ohne die Syllogisticâ das wahre/ wahrscheinliche und falsche von einander zu entscheiden/ und neue Warheiten zu erfinden* [...], 1691『論理学入門』 |
| FMDA | *Forschungen und Materialien zur deutschen Aufklärung* |
| *IPA* | Thomasius, Christian: *Introductio ad philosophiam aulicam, seu lineae primae libri de prudentia cogitandi et ratiocinandi, ubi ostenditur media inter praejudicia Cartesianorum, & ineptias Peripateticorum, veritatem inveniendi via,* 1688『宮廷哲学入門』 |
| *Lateinische Logik / Discursus praeliminaris* | Wolff, Christian: *Philosophia rationalis sive logica, methodo ascientifica pertractata et ad usum scientiarum atque vitae aptata. Praemittitur discursus praeliminaris de philosophia in genere,* 1728『ラテン語論理学』/『哲学一般についての予備的序説』 |
| *Met.* | Baumgarten, Alexander Gottlieb: *Metaphysica,* 1739 |
| *PB* | Baumgarten, Alexander Gottlieb: *Meditationes philosophicae de nonnullis ad poema pertinentibus / Philosophische Betrachtungen über einige Bedingungen des Gedichtes,* übers. u. mit einer Einleitung hrsg. v. Heinz Paetzold, 1983 |
| *TÄ* | Baumgarten, Alexander Gottlieb: *Theoretische Ästhetik. Die grundlegenden Abschnitte aus de[n]„Aesthetica" (1750/58),* übers. u. hrsg. v. Hans Rudolf Schweizer, 1983 |
| *TGÄ* | Baumgarten, Alexander Gottlieb: *Texte zur Grundlegung der Ästhetik,* übers. u. hrsg. v. Hans Rudolf Schweizer, 1983 |
| *Vernunftle.* | Meier, Georg Friedrich: *Vernunftlehre,* 1752『大論理学』 |
| *Von dem rechten Gebrauche* | Crusius, Christian August: *Ausführliche Abhandlung von dem rechten Gebrauche und der Einschränkung des sogenannten Satzes vom zureichenden oder besser determinirenden Grunde.* Aus dem Lateinischen übersetzt und mit Anmerkungen nebst einem Anhange begleitet von M. Christian Friedrich Krausen, 1744 |
| *Weg* | Crusius, Christian August: *Weg zur Gewißheit und Zuverläßigkeit der menschlichen Erkenntnis,* 1747『人間の認識の確実性と信頼性への道』〔=『論理学』〕 |
| WW | Wolff, Christian: *Gesammelte Werke,* hrsg. v. Jean École, |

Hans Werner Arndt, Charles A. Corr, Joseph Ehrenfried Hofmann u. Marcel Thomann

## II　カントの著作、遺稿及び講義録

| | |
|---|---|
| A | 1. Auflage |
| *Anthr.* | *Anthropologie in pragmatischer Hinsicht,* 1798『実用的見地における人間学』(岩波版『カント全集15』、理想社版『カント全集』第14巻) |
| B | 2. Auflage |
| *Deutlichkeit* | *Untersuchung über die Deutlichkeit der Grundsätze der natürlichen Theologie,* 1762/1764『自然神学と道徳の原則の判明性』(岩波版『カント全集3』、理想社版『カント全集』第3巻) |
| *Fortschritte* | *Welches sind die wirklichen Fortschritte, die die Metaphysik seit Leibnizens und Wolffs Zeiten in Deutschland gemacht hat?* , 1804『形而上学の進歩に関する懸賞論文』(岩波版『カント全集13』、理想社版『カント全集』第12巻) |
| *Jäsche-Logik* | *Immanuel Kants Logik,* hrsg. v. G. B. Jäsche, 1800『論理学』(岩波版『カント全集17』) |
| *KpV* | *Kritik der praktischen Vernunft,* 1788『実践理性批判』(岩波版『カント全集7』、理想社版『カント全集』第7巻) |
| *KrV* | *Kritik der reinen Vernunft,* 1781/1787『純粋理性批判』(岩波版『カント全集4,5,6』、理想社版『カント全集』第4,5巻、天野貞祐訳、全4巻) |
| *KU* | *Kritik der Urteilskraft,* 1790『判断力批判』(岩波版『カント全集8,9』、理想社版『カント全集』第8巻) |
| *Logik Blomberg* | 『ブロンベルク論理学』 |
| *Logik Philippi* | 『フィリッピー論理学』 |
| *Logik Pölitz* | 『ペーリッツ論理学』 |
| *Prol.* | *Prolegomena zu einer jeden künftigen Metaphysik, die als Wissenschaft wird auftreten können,* 1783『将来の形而上学のためのプロレゴーメナ』(岩波版『カント全集6』、理想社版『カント全集』第6巻) |
| *Tugendlehre* | *Die Metaphysik der Sitten,* Teil zwei: Metaphysische Anfangsgründe der Tugendlehre, 1797『人倫の形而上学』, 第二部, 徳論の形而上学的原理 (岩波版『カント全集11』、理想社版『カント全集』第11巻) |
| *Vornehmer Ton* | *Von einem neuerdings erhobenen vornehmen Ton in der* |

| | |
|---|---|
| | *Philosophie*, 1796「哲学において最近高まってきた尊大な語調」（岩波版『カント全集13』、理想社版『カント全集』第12巻） |
| *Wiener Logik* | 『ウィーン論理学』 |

# 序　言

## a)　研究の目標とテーマの限定

本研究の目標は、カントによる「仮象性（Scheinbarkeit）」と「蓋然性（Wahrscheinlichkeit）」の区別の歴史的源泉、並びに、この区別に至るまでのカントの思想上の発展を明らかにすることにある。『純粋理性批判』（初版、1781年）の「超越論的弁証論」の冒頭で、カントは、「仮象（Schein）」と「蓋然性」の両概念を次のように区分する。「われわれは上に弁証論を一般に仮象の論理学と名づけた。それは弁証論が蓋然性の学説であるという意味ではない。というのも蓋然性は真理であり、ただ不十分な根拠によって認識されたにすぎず、その認識は欠陥を有するけれども、だからといって欺瞞的とは言えない、したがって論理学の分析的部門から切り離してはならないものだからである」（*KrV* B 349）。ここでカントは真理の一種であるところの「蓋然性」を「仮象」に対置している。引用文中に示されている思想は、カントがドイツ啓蒙思想家たちと対決し、非常に苦心して格闘したことの結実なのである。本研究を通じて、こうした明確な区別が、一見そう思われる程には自明なものではないということを明らかにしたい。その際以下の二つの点がとくに重要であると思われる。第一には、「仮象性」と「蓋然性」の両概念には歴史的背景があるのであって、そうした背景なしにはその明確な区別立ては起こりえなかった、ということである。したがって、この点を明らかにするためには、もともとのラテン語概念であるところのverisimile と probabile 両概念についての概念史的研究が必要である。この点を第一章で論じたい。第二には、カントは教職活動の間、ラテン語概念probabilitasを繰り返しverisimilitudoと関連づけて分析し、しだいに、probabilitasの真理の一部としての側面と、verisimilitudoの「仮象」としての側面をますます前面に出していくようになった。そしてカントは、『純粋理性批判』出版の頃には次のような考えに至った。すなわち、クリスティアン・ヴォルフ（Christian Wolff）やヴォルフ主義者の蓋然性理論におけるやり方は、数学や経験的自然科学において、とりわけ充足理由の尺度を満たす場合には適切である。しかし、哲学においてそのやり方を用いると、それは「仮象」に導く、と。この第二の点を明らかにするためには、カントが自らの思想を徐々にどのように発展させていったのかについての発展史的研究が要求される。この点は第二章（ほぼ1770年代初頭の時期）、及び第三章（ほぼ『純粋理性批判』出版の時期）で論じたい。以上、第一章の内容は、いわば本研究の縦軸をなし、第二章及び第三章は本研究の横軸をなす。これら縦・横軸の交わる点にこそ、カントの思想の真の独創性が埋蔵されているのだと思われる。

ところでverisimileという概念に関しては、思想家たちによってさまざまな説明がなされてきた。したがって、本研究の目標の一つには、当該概念の源泉とその意味の多様性を明確にすることがある。一方、「仮象性」と「蓋然性」のカントによる区別の文脈においては、「真理の外的基準」、敵対者の立場に身を置くべきという行為規則、また「部分的真理」といった思想が出てくるのであるが、これらの思想は、近年のドイツ啓蒙思想研究の中心的テーマとなったものである。それゆえ、本研究は、「仮象性」と「蓋然性」の区別においてこれらの思想が有する意義と、さらにはそれらの思想のもつ限界を明らかにすることもまた目指し、近年ドイツ啓蒙思想研究との関連性も提示したい。

本研究は、verisimile とprobabileのカントによる区別立てと関連があるところのドイツ啓蒙の著作家とテーマに限定される。17・18世紀の数学的確率計算や、蓋然的なものの領域における帰納的手続き、統計的方法に関する詳細な分析はここではなしえなかった。それゆえ、こうした分野で多くの貢献をしたライプニッツ（Gottfried Wilhelm Leibniz）とランベルト（Johann Heinrich Lambert）に関しては残念ながら論じていない[1]。

### b) 研究の方法と構成

以上のように本研究の目標設定をしたがゆえに、当然の帰結として方法論的観点から次のような問題が生じた。すなわち、本研究は、その大部分において、カントの論理学講義録、カントの遺稿中の論理学についての自筆メモといったような、問題含みの文献に取り組まなくてはならない、ということである。このことはとくに、著作を欠く1771年から1780年までのいわゆる「沈黙の10年」における、カントの思想過程の研究に関して当てはまる[2]。ノルベルト・ヒンスケ（Norbert Hinske）によれば、こうした資料の分析は、カントとドイツ啓蒙思想家との関係、並びに「『純粋理性批判』の内在的生成発展」の理解を得るためには不可欠である。さらにそうした研究こそが、「当該作品における章句の多くをより深く理解することを可能にする」であろう[3]。しかしその一方で、そうした資料に依拠する研究は慎重さを要する。つまり、論理学講義を手にして『純粋理性批判』における原文を拡大解釈することは避けられなくてはならない。なぜなら、当該資料の研究に際してはさまざまな問題が出てくるからである。ヒンスケはとくに五つの主要問題を挙げている。第一に、最初に筆記をした若い学生たちがはたして哲学者カントの講義を理解できたのであろうか、という「理解力の問題」、第二に、思想発展のさまざまな段階における諸考察をカントが自らの講義において組み合わせて論じているのではないか、という「合成の問題」、第三に、「年代設定の問題」である。たしかに、論理学講義録のこの「年代設定」に関しては、1986年以降ヒンスケによって公刊されているところの『ドイツ啓蒙の研究と資料（*Forschungen und Materialien zu deutschen Aufklärung*）』第三部に含まれる『カント・インデックス』での電子式データ処理のおかげで、今日では新しい参考資料を手にすることができるのであるが、まだ問題は残されているのである。さらにまた第四には、遺稿の保存状態の「完璧性の問題」、第五には、論理学講義のために用いた底本に対するカントの注釈とカント自身の思想とがはたして同じものであるのか、という「同一性の問題」である[4]。遺稿中の自筆メモに関しては、アカデミー版第三部においてアディッケスが試みた年代設定の疑わしいやり方のせいで、読者は年代設定を誤ってしまう危険が大きい[5]。さらに、この自筆メモの解釈に際しても「同一性の問題」が出てくる。というのも、カントのメモは、ある時点でカントが巡らした単なる思想の断片、カント自身の整理された思想、あるいは底本に対する注釈という性格を一緒に含んだものだからである[6]。以上の諸問題を前にして、本研究は、これまでこれらの資料に取り組んできた研究者によって繰り返し強調されてきた提案に合わせていこうと思う。つまり、講義録と遺稿中のメモとの類似箇所をできる限り明らかにして、両文献を補完的に、また相互修正的に用いるということである[7]。以上の理由で、本研究は、カントの思想発展の各段階を考察する際に、遺稿中の自筆メモの分析をまずは先行させ、それからそれに続くところの論理学講義録の分析において、できる限り類似箇所を挙示することに努めたい。

第一章は、verisimile とprobabileという語が17・18世紀においていかなる形で使用されていたのか、そして両概念が区別されていたのか、またどの程度まで区別されていたのかということを探求する。当時を代表する百科事典の考察の結果明らかになることは、18世紀初頭にはまだ一般に、verisimile とprobabileという両言語を明確に区別するという試みがなされておらず、さらにドイツ語の「蓋然性（Wahrscheinlichkeit）」とラテン語概念probabilitasとが同一視されていたということである。ドイツ啓蒙の代表的著作家の研究を通して次の点が明らかにされるであろう。クリスティアン・トマージウス（Christian Thomasius）は、verosimileを「蓋然的（wahrscheinlich）」というドイツ語で訳しており、当該ラテン語概念の中で、誤謬であるような否定的要素と、「蓋然的（wahrscheinlich）」というドイツ語が本来有していた肯定的側面を示す部分とを区別する。ヴォルフは、「蓋然的（wahrscheinlich）」という概念をprobabileと同一視する。アレクサンダー・ゴットリープ・バウムガルテン（Alexander Gottlieb Baumgarten）とゲオルク・フリードリヒ・マイヤー（Georg Friedrich Meier）は、たしかにverisimile とprobabileという両概念を使用してはいるが、両者をはっきりとは区別しない。ヴォルフやヴォルフ主義者（バウムガルテンやマイヤー）は、確実性としての充足理由との関係で「蓋然的（wahrscheinlich）」という概念を取り扱う。といってもヴォルフ主義者ではその傾向はたしかに弱まるのであるが。クリスティアン・アウグスト・クルージウス（Christian August Crusius）は、verisimile とprobabileとを明確に区別する。

以上のような概念形成に関連する考察に引き続いて、どうしてこのような概念形成に至ったのかという、その背景にある内容上の問題が探求される。ヴォルフは、蓋然的なものの領域において一貫して数学的方法を用いようとする。それゆえ、数学的概念であるようなprobabilitasに蓋然的領域を還元しようとしたと言える。クルージウスによる専門用語上の区別立てにおいては、数学的方法とは別に、物理学的・哲学的・綜合的方法を用いようとする意図が反映していると思われる。ところで、ドイツ啓蒙の多くの著作家は、「誤謬（Irrtum）」、「妄想（Wahn）」、「信じ込み（Überredung）」、「怠惰（Faulheit）」、「傾向性（Neigung）」、「先入観（Vorurteil）」といったものが、われわれの認識の確実性を脅かす要因となると考える。したがって、蓋然性理論においては、これらの認識の阻害要因であるものと蓋然的なものを区分することが、なによりも重要であったのである。この点を踏まえて、重要な著作家について考察する際には、その都度、こうした問題に関しても独立した節を割きたく思う。この最後の点に関する研究の結果明らかになることは以下のことである。ヴォルフは「妄想」と「蓋然性」とを対置しており、後者においては、自分の見解に強情に固執することを避けること、そして探求の目標として絶えず確実性を念頭に置くことの重要性を強調する。その際、確実な認識の模範として数学を提示する。ヴォルフのこうした考え方は、「悪い意味での信じ込み」と「臆見（Meinung）」とのマイヤーによる区別立てにおいても出てくる。しかしながら、マイヤーはバウムガルテンに倣って、「悪い意味での信じ込み」に対して、美学が扱うような「良い意味での信じ込み」を対置する。ここにはヴォルフ主義者の独自の思想が認められる。一方、ヴォルフの敵対者であったクルージウスは、悟性よりもむしろ意志の傾向性の内に認識の誤謬の原因を認める。それゆえ、認識の確実性に向けて悟性認識を近づけようとするに先立って、まずは認識に対して有害な影響を及ぼすような腐敗した意志を克服することが、蓋然性理論においてきわめて重要となるのである。さらにクルージウスは、18世紀において通常は論理的蓋然性の最高の度合いを意味していた「道徳的確実性（moralische Gewißheit）」の概念の中に、論理的意味合いだけではなく、道徳的根拠に基づくような蓋然性をも認める。したがって、論理的確実性とは異なるこうした道徳的確実性を獲得するためにも、認識を阻害する腐敗した意志の克服という倫理上の問題が一層重要となるのである。両概念verisimile とprobabileの区別立てに関する以上の第一章の研究に基づいて、とくに二つの重要な要因が指摘できる。一つは、ヴォルフによる「蓋然性（Wahrscheinlichkeit）」概念の明確化と数学的限定であり、二つ目には、当該概念のヴォルフによる矮小化に対するクルージウスの対抗である。

以上の両概念の歴史的研究を踏まえて、第二章及び第三章においてカントの思考の発展を辿る中で明らかにするのは、次のことである。カントが蓋然性理論において、ドイツ啓蒙の思想家たちからいかなる点を受容し、またいかなる点では彼らと袂を分かち、独自の思想を展開していったのか。問題提起は以下の三つである。①マイヤーの『論理学綱要』（1752年）に対する、カント自筆遺稿中のレフレクシオーンの中で、両概念の区別立てが初めて出てくるのはいったいいつであるのか（第二章）、②またそのきっかけは何であったのであろうか（第二章）、③カントはその区別立てを思考過程においていかにして発展させていったのであろうか（第二章及び第三章）、ということである。最初の①と②の二つの問いに対する答えは、次のようになる。すなわち、専門用語verisimilitudoと「蓋然性（Wahrscheinlichkeit）」との区別は、『レフレクシオーン』2591番（これはアディッケスの年代設定によれば1764年から1775年に属する）において登場する。そこで「蓋然的（wahrscheinlich）」という概念が充足理由との関連で扱われている点は、ヴォルフからの影響であると言うことができる。また懸賞論文（1762/1764年）における数学的方法と哲学的方法とのカントによる区分が、両用語の区別においても重要な契機となっていると言える。当『レフレクシオーン』の年代設定はさらに立ち入った研究を要する。③の問いに関しては、以下のような論述が展開される。カント遺稿中の論理学についての関連のあるレフレクシオーン、及び論理学講義録の講読の結果わかることは、まず、カントは1770年直後には区別立ての着想を展開しており、その点でヴォルフやヴォルフ主義者らとは袂を分かつのであるが、その一方で「仮象的（scheinbar）」という概念に関しては、ドイツ講壇哲学におけるverisimileの概念から、多くの要素をとり入れているということである。このことは、カントがその思考発展過程において、同時代の思想家からきわめて多くの影響を受けているということを物語っている。カントは、「仮象性」の中にとくに二つの要素を認める。一つは、探求の始めの状態であるという側面であって、この点はクルージウスのverisimileの概念との類似性を示す。二つ目は、不確実性の意識を欠如しているという側面である。一つ目の点は「臆見」の概念によって、二つ目の点は「信じ込み」の概念によって、しだいにはっきりとした定式化がなされることになる。その後、カントの独創性が現われてくる。すなわち、カントは徐々に、「蓋然性（probabilitas）」における真理の一部としての側面と、「仮象性（Scheinbarkeit）」における「仮象」としての側面を前面に出し、両者の間に境界性を引くようになるのである。

一方、「仮象性」の領域に属するものとしての「臆見」と「信じ込み」

の両概念に関しては、以下のような注目すべき展開が見られる。1770年代の初めの頃は、カントは論理学講義において、マイヤーに倣って、「臆見」と「信じ込み」とを対置する。すなわち、後者においては前者とは反対に不確実性の意識が存立しない、と。したがって、マイヤーに則した両概念の区別立てがなされている。「信じ込み」の概念を巡る続いての本研究における考察の中心は、蓋然性を脅かす要因について論じたドイツ啓蒙の著作家たちから、カントがいかなる点を受容し、またいかなる点では離反したのかという点に置かれる。影響を受けた点としてとくに注目すべきことは、「美感的（ästhetisch）意味での信じ込み」が意志の傾向性に基づくとするカントの説明が、認識の誤謬の原因が腐敗した意志にあるとするクルージウスの叙述ときわめて類似しているということである。

そして、「信じ込み」と「確信（Überzeugung）」とを明確に区別する、カントの思考過程が探求される結果、なぜカントは、「仮象性」の領域において、ヴォルフやマイヤーらとは異なる境界設定の基準を求めたのかということが明らかにされる。さらに、「確信」の状態を示すところの「道徳的確実性」の概念についての研究を通して、カントが「信じ込み」と「確信」との区別の判定尺度を巡って、どのような追求をしていったのかが明らかにされる。1770年代初頭頃にはまだ、「美感的信じ込み」と「道徳的確実性」とにはっきりとした区分はなされていない。『純粋理性批判』出版前後の頃、カントは「道徳的確実性」に関して次のような二つの思想に至った。一つには、道徳法則の実践的必然性を出発点とすること、二つ目には、人間の本質的目的に関わる「道徳的信仰」にこそ人間の心情に対する特別の影響力を認めることである。二つ目の思想に至った原因は、カントが1770年代初頭以降、マイヤーにおける「実践的（praktisch）」という概念と対決したことにあったと思われる。この二つの点が、「信じ込み」と「確信」との明確な区別立てに最後の決着を付け、ひいては「仮象性」の領域での判定尺度を手にしたことにより、「仮象性」と「蓋然性」との明確な区別も可能になったのだと思われる。

### c) verisimilitudoとprobabilitasのカントによる区別立てを巡る研究の状況

両概念verisimilitudoとprobabilitasの区別立てに至ったカントの思考過程をドイツ講壇哲学との関連で論じた研究は、ルイギ・カタルディ・マドンナ（Luigi Cataldi Madonna）の他にはほとんど見当たらない。ただし以下の論述ではカタルディ・マドンナのドイツ語刊行物だけを考慮する。カタルディ・マドンナは、18世紀における蓋然性理論の意義をすでに次のように強調している。「18世紀は確実性の世紀であるばかりでなく、[…]とりわけ蓋然性の世紀でもあった。」「[…] 18世紀の論理学のためのほとんどすべての教本は、蓋然性概念を扱っている［…］」。カントはこうした思潮から自らを例外とすることはできなかったであろう[8]。たしかにカントは、著作においては、「蓋然的（probabile）」という概念にわずかにしか言及していないのであるが、遺稿中のレフレクシオーン及び論理学講義録においては、当概念をますます頻繁に使用するようになっていくのである。とりわけカントが講義において繰り返し、「蓋然的（probabile）」という概念と「仮象的（verisimile）」という概念とを対置しているということが、注目すべきであると思われる。カタルディ・マドンナは、たしかにカントの蓋然性概念を、「啓蒙の蓋然論」との関連において詳細に論じているのであるが、「仮象性」と「蓋然性」とのカントによる区別立てに関しては、十分な研究をしているとは言えない。カタルディ・マドンナは、カントによるこのような区別が、アンドレアス・リューディガー（Andreas Rüdiger）とクルージウスらの「遺産」であって、懸賞論文（1762/1764年）における「数学的方法と哲学的方法との境界設定」に依拠したものであると指摘しており、さらにいくつかの重要な区別立ての要因を挙げている[9]。しかしカタルディ・マドンナは、もっぱらライプニッツとヴォルフの方面からのみ、カントの蓋然性概念を取り扱っている。ラテン語概念probabilitasを数学的に考察するそうした思潮において、カタルディ・マドンナがさらに考慮に入れている思想家は、当該テーマに関して18世紀において指導的立場にあった思想家、つまり、ホイヘンス（Christiaan Huygens）、ド・モンモール（Pierre Rémond de Montmort）、ド・モアブル（Abraham de Moivre）、ベルヌーイ（Jakob Bernoulli）、ランベルト、ラプラス（Pierre Simon Marquis de Laplace）、フラーフェザンデ（Willem Jacob van 'sGravesande）、並びにマイヤーのようなヴォルフ学派の著作家、モーゼス・メンデルスゾーン（Moses Mendelssohn）といったヴォルフ学派に多少とも接近している著作家である。これに対して、verisimilitudoという概念に関するカタルディ・マドンナの研究は十分であるとは言えず、とくに概念史、発展史、並びに翻訳の試みについての詳細な研究が見られない。一方でまた、論理学講義の底本として用いられたマイヤーの『論理学綱要』（1752年）、並びに大『論理学』（1752年）[10]とカントがどのような対決をしたのかということをさらに詳細に描写することが重要だと思われる。

ヴォルフ哲学における蓋然性の問題に関しては、カタルディ・マドンナによる研究が詳細なものである。蓋然的なものを数学化しようとする一方で、経験的領域の偶然性という問題に直面しているヴォルフの葛藤を、カタルディ・マドンナはありありと描写している。カタルディ・マドンナにとってとりわけ肝要であることは、「今日までほとんど全く無視される対象であり続けてきた」ところのヴォルフにおける当概念の意義を明るみに出すことであった[11]。

トマジウスにおける蓋然性の問題に関しては、やはりカタルディ・マドンナの論文が考慮されるべきであろう。カタルディ・マドンナはまず、蓋然的なものを学問に組み入れようとするトマジウスの試みについて論じる。それから、トマジウスの蓋然性理論における帰納的手続きの意義を明らかにしようとする。しかし同時に、帰納的手続きによっては達しえないような理念の領域の存在にトマジウスが気づいていたことを指摘する[12]。当論文においては、蓋然性における真理の一種としての側面についての研究が前面に出ているのであるが、蓋然的なものの誤謬としての側面についての研究は背後に退いている。

# 第一章
# 17・18世紀の百科事典及び著作における verisimileとprobabileの概念
## ――概念史及び源泉史の問題

本章が論究する問題は以下のものである。

Ⅰ　verisimile とprobabileの両言語が、歴史の経過の中で、いかなる意味で用いられていたのか、また両概念はすでに明確に区別されていたのか（第1節及び第2節）。

Ⅱ　17・18世紀においてverisimile とprobabileの両概念を明確に区別したのはとくに誰であり、区別しなかったのは誰であるのか（第3節、第4節、第5節、第6節a）b）c)）。

Ⅲ 「道徳的確実性」の概念は18世紀において、いかなる意味で用いられていたのか（第6節d)）。

問題設定(I)に対しては、言語辞典及び百科事典におけるverisimileとprobabile両概念についての研究が要求される。その研究の結果、両言語が歴史の経過の中でどのように用いられていたのかが明らかになるであろう。その際とくに興味深いことは、当該概念の有する多様性である。

## 第1節　言語辞典におけるverisimile とprobabileの概念

言語辞典を通して、ある語の用語法と意味の多義性についての認識を得ることができる。

### a) ドイツ語辞典（グリムの『ドイツ語辞典』）

ドイツ語辞典が関わるのは、ある語のもつ意味だけではなく、その語源及び同義語である。

グリムの『ドイツ語辞典』（1854年～1971年） は、 項目「蓋然的（wahrscheinlich）」において、当言語の発展について次のように述べる。「16世紀においては、verisimilis, probabilisという概念は〔両者とも〕（〔 〕内、筆者挿入）通常、真理に等しい（der wahrheit gleich）と同一視されている」。17世紀と18世紀初頭には「真理に似た（der wahrheit ähnlich）」という表現が出てきており、また「真に似た（wahrähnlich）」という表現も用いられており、双方の用語がverisimilis と同一であると見なされていた。「蓋然性（Wahrscheinlichkeit）」という表現自体は、「17世紀半ば頃に、標準ドイツ語に移行し」、たったいま挙げた昔ながらの用語と並んで用いられるようになった[1]。

### b） 外国語辞典

以下の辞典は個々の外国語を出発点としており、そのそれぞれにドイツ語の使用上の意味を組み入れたものである。

#### aa） キルシュの『羅独辞典』

キルシュ（Adam Friedrich Kirsch） は『羅独辞典』（1714年） の中で、verisimile, probabileの両概念に言及する。

‚verisimile'は、「真理に似た（der Wahrheit ähnlich）」 または「蓋然的（wahrscheinlich）」と翻訳され、対応する名詞‚verisimilitudo'は、「蓋然性（Wahrscheinlichkeit）」 または「信用性（Glaubwürdigkeit）」 と翻訳されている。

キルシュは‚probabile'を「蓋然的（wahrscheinlich）」、「賞賛に値する（lobenswert）」、「気に入っていたり、 満足しているもの（etwas, das uns gefällt, mit dem, wir zufrieden sind）」と三つに訳しており、第一と第三の

用語法をキケロ（Marcus Tullius Cicero）に、第二の意味を大プリニウス（Gaius Plinius Secundus）に帰している。対応する名詞,probabilitas'は、「信用性（Glaubwürdigkeit）」、「蓋然性（Wahrscheinlichkeit）」と訳されている。

古典ラテン語の使用法については、「独 - 羅部」という所で説明される。すなわち、両ラテン語とも「蓋然的（wahrscheinlich）」という意味で使用されていた、と。さらに、「蓋然的である（wahrscheinlich seyn）」が意味するのは、「真理から離れていない（a vero non adhorrere; von der Wahrheit nicht abweichen）」、「真理により近い（propiorem vero esse; der Wahrheit näher sein）」、「真理により傾いている（ad veritatem propensiorem esse; zur Wahrheit mehr hingeneigt sein）」、「真理に近づいている（ad veritatem prope accedere; an die Wahrheit nahe herankommen）」、「真理に近似している（veritati propinquum esse; der Wahrheit nahe verwandt sein）」である、と[2]。しかし、verisimileとprobabileの両概念にはっきりとした区分はなされていない。

### bb）ゲオルゲスの『羅独・独羅辞典』

ゲオルゲス（Karl Ernst Georges）の『羅独辞典』には、,probabile'の項目があり、それは、第一には「賛同に値する（beifallswert）、承認に値する（anerkennenswert）、好ましい（gefällig）、役に立つ（tauglich）、全くがまんできる（ganz erträglich）」、第二には「受け入れられる（annehmlich）、信じられる（glaublich）、蓋然的な（wahrscheinlich）」と翻訳されている。第一の意味に関しては、大プリニウス、コルメラ（Lucius lunius Moderatus Columella）、キケロが、第二の意味に関しては、キケロ、リウィウス（Titus Livius）が挙げられている。,Verisimilis'の項目は、,similis'の項目と、,ähnlich'という独語の項目を参照するように指示する[3]。

さらにゲオルゲスは、『独羅辞典』（1865年）の中で、項目「蓋然的（wahrscheinlich）」において、veri similis 及びprobabilisという用語について述べており、前者を「物語（narratio）」、後者を「原因（causa）」、「推測（coniectura）」、「虚偽（mendacium）」と関連づけて扱う。当該箇所では、probabilisは「是認に値する（billigenswert）、受け入れられる（annehmbar）」と訳される一方で、次のような指摘がなされる。すなわち、「たぶん（vermutlich）という意味では、veri similisと書き換えられねばならない（たとえば、それを犯したのはおそらく〔wahrscheinlich〕彼であろう; veri simile est eum commisisse）」、と[4]。以上から、合成された形でのverisimileという概念は、古典ラテン語においては、probabileと区別されるような何ら独自の地位を占めていなかったということが、おのずと推論できる。これに対し、分離した形でのveri simileという表現は、「たぶん（vermutlich）」という意味で用いられていたことがわかる。

### cc）デュ・カンジュの『中世ラテン語辞典』

デュ・カンジュ（Charles Du Fresne Du Cange）の『中世ラテン語辞典』（1678年）は、とりわけ中世ラテン語における両用語の使用法について説明している。それによれば、15世紀のイギリスの年代学者オッターボーン（Thomas Otterbourne）が、a verisimileをprobabiliterという意味で用いており、それは、「正しく（recte）、賢く（sapienter）、同等であるように（ut par est）」といったことを意味したとされる。‚Probabilis'という項目においては、「正しい（rectus）、良い（bonus）、是認できる（approbatus）、すぐれた（praestans）、人目に立つ（insignis）」といった解説がなされており、9・10世紀でのいくつかの実例が挙げられている[5]。

以上の叙述から推測できることは、verisimilis, probabilisの両用語は中世ラテン語においては基本的に区別されていなかったということである。

### dd）　フリッシュの『独羅辞典』

フリッシュ（Johann Leonhard Frisch）は『独羅辞典』（1741年）の中で、verisimilis, probabilisの両用語を項目「蓋然的（wahrscheinlich）」に分

類し、それに対して「真理から離れていない（a vero non adhorrens）」という解説を付している。「ラテン語索引」の中では、verisimileは「蓋然的な（wahrscheinlich）」、「真理に似た（der wahrheit ähnlich）」、「たぶん（vermutlich）」、または「信じられる（glaublich）」と訳され、probabileの方は「蓋然的な（wahrscheinlich）」または「信じられる（glaublich）」と訳される[6]。

## 第2節　事典におけるverisimileとprobabileの概念

事典においては言語辞典とは異なり、内容上の関連事項が前面に出て解説される。

### a）ツェードラー編『学術大百科事典』

ツェードラー（Johann Heinrich Zedler）編『学術大百科事典』における該当項目は、18世紀前半における、形容詞「蓋然的（wahrscheinlich）」及び名詞「蓋然性（Wahrscheinlichkeit）」両用語の使用法を伝える。「蓋然的（wahrscheinlich）」という独語は、verosimile、verisimile、またはprobabileと訳されている。そして、ある命題が蓋然的であるのは、それに関する「若干の根拠を有するが、充足理由を有しないような場合である。つまり、他の真理と関連しているかのような真理の仮象を有しているだけである」、と言われる[7]。この定義はverisimileとprobabile双方に当てはまるものである。

一方、法律学において、wahrscheinlichという語は、「真理に似た、あるいは適った（der Wahrheit ähnlich, oder gemäß）、真理の仮象の下にある（unter dem Scheine der Wahrheit）、または強力な推測（eine große und starcke Vermuthung）を意味するのであり、われわれがより適切で十分な仕方で真理自体について確かめたり確信するまでは、こうした推測が真理の代わりを務める」と述べられる[8]。

以上と平行して、verisimilitudo とprobabilitasという表現は、名詞の項目「蓋然性（Wahrscheinlichkeit）」に分類されており、その意味は次のようなものとされる。すなわち、「感官が感受する対象の状況と全般的に一致することから、その現実性が推測できるような可能性」、または「感官による感得によって否定しえない程に認識されるのではないし、またそうした感得から不可避的に推論できるような真理であるわけではないが、最初は一つの可能性としてのみ想定することができるようなもののこと。そして、後から対象において感官を通じて知覚できるすべてのものと一致することから、現実的、あるいは真と見なすには足りるのであるが、反対の可能性も完全には否定できないようなもののことである」[9]。

ラテン語用語verisimileに対しては独立した項目は設けられていないが、第29巻（1741年）の中には‚probatio verisimilis'について次のような注記がなされている。すなわち、「蓋然的証明（wahrscheinlicher Beweiß）とは、持ち出される単なる記録や証人の内容から、あるいはまた、他の理性的推測から推論した結果として出てくるような証明のことである」[10]。これは、法律学における用語法を示している。

以上から、「蓋然的（wahrscheinlich）」という語は十分な根拠を欠く命題のことを言い表しており、この意味においてはverisimileとprobabileは同義語として用いられていたと言うことができよう。一方、「蓋然的証明（wahrscheinlicher Beweis）」という表現に対しては、とくに法律学においてverisimile、並びに「真理に似た、あるいは適った（der Wahrheit ähnlich, oder gemäß）」という用語が使用されていたと言える。

### b） 哲学専門の事典

以下の哲学専門の事典は、哲学思想史上の言語使用法を伝えている。

#### aa） ゲッケルの『哲学事典』

ゲッケル（Rudolph Göckel）の『哲学事典』（1913年）[11] においては、

verisimileあるいはprobabileの使用法に関するいかなる指摘もなされていない。

### bb)　ミクラエリウスの『哲学事典』

ミクラエリウス（Johannes Micraelius）の『哲学事典』（1653年）においては両項目が出てくる。‚verisimile'は、「たしかにまれにしか起こらないことではあるが、人がたいてい起こるものと信じ込むようなもの、または、たしかに十分な根拠はないのであるが、それが真であると確実には知らないにもかかわらず、真であると信じるようなもの」のことである。‚probabile'は、「たとえ何か偽であるようなものが含まれている可能性があるとしても、蓋然的根拠によって真である（verum cum rationibus verisimilibus, licet aliqvid falsi fortassis［fortasse］subsit）」ことを意味する[12]。

当該事典においては「伝来のスコラ哲学の学術用語だけではなく」、「近年の概念形成」も映し出されている[13]。それゆえ、以上の叙述を見るならば、verisimile並びにprobabileの両用語は、哲学的言語使用においては17世紀半ば以降、重要性をもつようになったように思われる。

### cc)　ヴァルヒの『哲学事典』

ヴァルヒ（Johann Georg Walch）の『哲学事典』（1726年）においては、「蓋然性（Wahrscheinlichkeit）」とは、「反対の可能性も成立する、それゆえ悟性が完全には確信できないという程度に真であるような臆見の性質」のことであると定義される。しかし、ラテン語の選択に際して、場合によっては必要であるかもしれないような、これといった区分はなされていない。このことはヘニングス（Justus Christian Hennings）編集の第四版（1775年）に対しても当てはまる。「ラテン語見出し語別索引（Index titulorum latinus）」においては、たしかにprobabilitas及び「蓋然性（Wahrscheinlichkeit）」という表現は見出されるのであるが、verisimilitudoという概念に関する言及はない[14]。

### dd） クルークの『哲学用語辞典』

クルーク（Wilhelm Traugott Krug）は、『哲学用語辞典』（1827年～1829年）の中で、「蓋然性（Wahrscheinlichkeit）」の項目を設け、その中でverisimilitudo並びにprobabilitasという表現にも言及する。そして、「蓋然性」について次のような説明を付している。「蓋然性とは……、真理の仮象以上のもの。真理の仮象とは、偽なるものを真と受け止めさせるような幻惑のことである。蓋然性においてはたしかに真理が見出されるのであるが、ただそれが必然性をともなって意識されていない、したがって、反対も真でありうるであろうと認められるのである」[15]。以上からわかることは、19世紀の初頭までには「蓋然性（Wahrscheinlichkeit）」という語、並びにそのラテン語の同義語は、「真理の仮象」と対置されて一般に肯定的意味合いをもつようになったということである。一方、「真理に似た、あるいは適った（der Wahrheit ähnlich, oder gemäß）」という意味でのverisimileの使用法は背後に退いている。

### ee） マウスナーの『哲学用語辞典』

マウスナー（Fritz Mauthner）の『哲学用語辞典』（1910年）は、翻訳の問題に関して次のような注釈をしている。「17世紀までは、『真理に似た（der wahrheit ähnlich）』、『真に似た（wahrähnlich）』といったようなverisimileに関する厳格な翻訳が試みられていた。……Probabilitas……は、最初は『真理の仮象（Schein der Wahrheit）』と厳格に翻訳されていた。しかし〔その後〕、もともと『吟味されたもの、役に立つもの、賛同に値するもの（das Geprüfte, Tauglich, Beifallswert）』を意味していたラテン語のprobabilisに関しては、古代人にあっては通俗的な副次的意味でのみ使われていたような数学的概念〔が前面に出るようになる〕までに至る奇妙な道が続くのである」[16]。このように、マウスナーは、probabilis

という語の使用法について、数学的解釈と関連するところの大きな変化を指摘する。以上から、18世紀において、それまで並列的に用いられていたverisimile とprobabilisの両概念が、まずはprobabilisの方の数学的使用法にともない、しだいに分離されていったということが推測できる。

本章冒頭の問題設定(II)は、言語辞典及び事典の以上の解読から推測できたことを、ドイツ啓蒙を代表する著作家についての研究を通して確かめることを意味する。その結果、verisimileとprobabile両概念の歴史的理解が可能になり、18世紀のドイツ哲学において両概念が区別されるようになったことの重要な要因が明らかになるであろう。

ここで、ラテン語からドイツ語へと専門用語が移行していく17・18世紀における、注目すべき状況について、手短に述べておきたい。1688年、トマージウスが初めてドイツ語での講義計画を掲示し、ドイツ語で講義を行った。それまでは、大学での講義はもっぱらラテン語でなされていたことを考えると、これは画期的なことであった。その後、カント以前にすでに、ほぼ50年にわたって、17・18世紀のドイツの著作家は、ラテン語用語をドイツ語へ翻訳することで苦心惨憺した。ドイツ語の概念形成への道は、「一直線の」ものではなく、「長年にわたる、石だらけの道」であった。それは、「多くの興味深い中間的歩み、エピソード、行程」によって特徴づけられるのである[17]。1989年、日本で出版された『羅独—独羅学術語彙辞典』は、ドイツ語概念が形成されていく移行期の状況をありありと描出している。当該辞典は、「目標を定めた発展というよりは、むしろ、実り豊かな混沌といった光景」を呈示している。それゆえ、定訳といったものがあったわけではなく、同一の学術用語に異なる概念が当てられたり、同一の著作家においても揺れ動きがあったということがわかる[18]。このことは、両ラテン語verisimileとprobabileについても当てはまる。

形容詞‚verisimile‘に対しては、「蓋然的（wahrscheinlich）」（フロベシウス〔Johann Nicolaus Frobesius〕、マイヤー）、あるいは「狭くて低い意味で蓋然的なもの（Wahrscheinliches in der engern und geringern Bedeutung）」（クルージウス）といった翻訳がある。また‚verisimile'もしくは‚verisimile significatu strictiori'に対しては、「仮象的（scheinbar）」（カント、エーベルハルト〔Johann August Eberhard〕）という翻訳も認められる。名詞‚verisimilitudo'は「蓋然性（Wahrscheinlichkeit）」と訳されるが（フリッシュ、マイヤー）、しかしカントにおいては、「仮象性（Scheinbarkeit）」並びに「真理の仮象（Wahrheitsschein）」と訳されている。形容詞‚probabile'に関しては、通常は「蓋然的（wahrscheinlich）」と訳されていたということがわかる。例として挙げられているのは、ヴォルフ、マイスナー（Heinrich Adam Meißner）、ルードヴィキ（Carl Günther Ludovici）、フリッシュ、フロベシウス、マイヤー、エーベルト（Johann Jakob Ebert）、カント、クルークである。あるいは「狭義の蓋然的」と訳されている場合もある（エーベルハルト）。しかし当該用語は同時にまた、「信じられる（glaublich）」（フリッシュ）、「信頼できる（zuverlässig）」（クルージウス）とも翻訳されている。名詞‚probabilitas'は、一般に「蓋然性（Wahrscheinlichkeit）」と翻訳されている。例として、フリッシュ、フロベシウス、ヴァルヒ、カント、クルークが挙げられている。そして‚probabilitas claritatis'も「蓋然性（Wahrscheinlichkeit）」と翻訳されている（クルージウス）。一方、‚probabilitas'はまた「信憑性（Glaubhafftigkeit）」とも訳されている（フリッシュ）。用語logicaと結びついたところの‚logica probabilium'という形に対しては、多くの著作家は「蓋然的（wahrscheinlich）」という概念を用いている。たとえば、「蓋然性の論理学（Logik der Wahrscheinlichkeit）」（カント）、「蓋然的なものの論理学（Vernunfft-Kunst des wahrscheinlichen, Vernunft-Kunst des wahrscheinlichen）」（マイスナー、ルードヴィキ、ヴォルフ）、「蓋然的学術的認識の論理学（Vernunftlehre der wahrscheinlichen gelehrten Erkenntniss）」（マイヤー）である。しかし同時にまた、「臆測術（Muthmaskunst oder Muthmassungskunst）」（フロベシウス）といった別の翻訳も認められる[19]。以上から、verisimile、verisimilitudo、probabile、probabilitasといった用語に関しても多様な翻訳の試みがなされていたと言うことができよう。二つのラテン語概念verisimile、probabileに対して、wahrscheinlichという訳語が当てられる一方、他の異なった訳語が使われていることも注目すべき点と言える。

## 第3節　クリスティアン・トマージウスにおけるverosimile（wahrscheinlich）とprobabile（probabel）の概念――前者の概念が有する二つの側面

ドイツ初期啓蒙時代の指導的思想家トマージウスは、「蓋然性」を表す二つのラテン語概念を用いる。

まず、「論証」と「蓋然性」が区別される。『宮廷哲学入門』（1688年）において、「論証（demonstratio）」とは、ある主張が真理の第一基準と必然的に連結するものとされる。「論証」との区別において、「蓋然性（probabilitas）」は、次のように定義される。「蓋然性とは、ある肯定命題が、必然的な連結ではない仕方で示されることをいう」（*IPA* VIII, § 5, S. 151）。このラテン語概念「蓋然性（probabilitas）」と、もう一つの「蓋然的なもの」を意味するラテン語verosimileとが結びつくものとされる。すなわち、「蓋然的（verosimile）なものは、蓋然的（probabile）な根拠によって、臆見を生じさせる」と述べられる（ebd. V, § 11, S. 108）。そして、ラテン語原著とドイツ語訳を対比してみるならば、verosimileはwahrscheinlichによって、probabilitasはProbabilitätで翻訳されていることがわかる（*EV* V§ 11, S. 129）。

「蓋然的（verosimile）」の方の概念には、肯定的な意味と否定的な意味が与えられる。「それゆえ人は、真理の一種である蓋然性vero simileと、真理に似たものではあるが、偽の一種であり得る蓋然性vero simileとを混同してはならない」（*IPA* V, § 12, S. 108）。そして、後者に対して次のような例が挙げられる。「このように農夫にとり、月が他の星よりも大きいということは蓋然的（verosimile）である」（ebd.）。以上の論述から、おそらく17世紀までは、「蓋然的（verosimile）」という用語は否定的並びに肯定的意味合いで使われていたことが推測できよう。

1691年のドイツ語の著作『論理学入門』で、トマージウスは、「蓋然的（wahrscheinlich）」の概念を以下のように定義する。「それ〔自然的には知りえないこと〕が、偽よりも真に近いならば、それは蓋然的（wahrscheinlich）であると言われる」（*EV* IX, 29, S. 218）。そして、この意味の蓋然性と、もう一つの意味の蓋然性、すなわち、「真理の根本規則を知らない人のだれもが、真であるとか偽であるとか思い込むもの」が区別される（ebd. IX, 4, S. 221）。トマージウスが蓋然性の概念を用いるときには、基本的には後者のことを言ってはいない。「この〔後者の〕蓋然性（Wahrscheinlichkeit）については、『世界は臆見で支配される（Mundus regitur opinionibus）』という格言が当てはまろう。……しかし、われわれが関わっているのはそれではない。なぜなら、このような臆見は誤謬、もしくは誤謬によって導かれたものに他ならないからである。……われわれが蓋然的なものについて語ろうとする場合の臆見においては、人は誤謬には陥ってはいない。人間悟性は、それが単なる臆見であって、確実性には至りえないということを認識している」（ebd. X, 5, 6 u. 7, S. 221）。このように、蓋然性の二つの側面を区別する際、トマージウスはその違いを不確実性が認識されているか否かという点に見ていると言えよう。そして、真理が確実には論証されえないような場合、ある臆見とその反対との比較が、すなわち、双方の側の「理性的理由」の比較考量が重要となる（ebd. X, 14, S. 223）。

トマージウスにおいては、「論証」と「蓋然性」との区別立ての方が何よりも重要なものとして前面に出ていると言えよう。蓋然性における二つの側面の区別の方も、真理の認識が論証に至りうるか否かの洞察に還元されている。そして、論証されえないにもかかわらず、確実性に至ったと思い誤る側の蓋然性が否定的意味で用いられ、その不確実性を認識している方の蓋然性が肯定的意味で用いられている。本来の肯定的意味の蓋然性においては、比較考量がなされる。

そのような比較考量の結果、ある臆見に対してより多くの根拠が見出されるならば、それは「蓋然的、もしくは真により近いものと、反対の臆見は、非蓋然的、もしくは偽により近いもの」と見なされる（ebd.）。もし、双方の根拠が均衡を保つならば、事柄は蓋然的とも非蓋然的とも見なされず、「認識されない」ものと見なされる（ebd. X, 15 u. 16, S. 223）。その実例として、実体の認識が挙げられる（vgl. ebd. X, 16 u. 77, S. 224 u. 239）。

以上の考察からわかることはこうである。肯定的意味合いをもつ蓋然性においては、認識の不確実性の洞察が成立している。したがって、そこではまず、事物がそもそも人間悟性によって認識されうるか否か、そして真理は論証されうるか否かという問いが立てられるのである。不確実な認識においていかなる措置をとらねばならないかは、この問いに対する洞察しだいとなるのである。もしこの洞察を欠くならば、それは、蓋然的なものと真なるものとの混同の、また真なるもの、もしくは偽なるものとの思い込みの原因になるのである[20]。このように不確実性の洞察を基点にして、トマージウスは、否定的な「蓋然性」から肯定的な「蓋然性」を守ろうとしたことがわかる。

## 第4節　クリスティアン・ヴォルフにおける ドイツ語「蓋然性（Wahrscheinlichkeit）」と ラテン語「蓋然性（probabilitas）」の同一視

二つのラテン語概念verosimileとprobabileを用い、それぞれにドイツ語のwahrhscheinlichとprobabelを対応させたトマージウスとは異なり、ヴォルフは、verisimileの使用を避け、もっぱらドイツ語Wahrscheinlichkeitを用いる。そして、それに対してラテン語probabilitasを当てている。

### a) Wahrscheinlichkeitとprobabilitasの同一視

まず、ヴォルフによる「蓋然性（Wahrscheinlichkeit）」の定義を見る。『ドイツ語形而上学』（1720年）において、次のようにいう。「ある命題に対するいくつかの根拠があっても十分な根拠がなければ、その命題は蓋然的（wahrscheinlich）である。なぜなら、それはただ他の真理と連関があるかのような見かけだけを有するものだからである」（*DM* § 399, S. 242）。『ドイツ語形而上学注解』（1724年）においては、こうである。「真理に必要なすべての根拠を知る場合、事柄の真理は確実に認識しているが、いくつかの根拠を知っており残りを知りえないならば、……私は事柄を蓋然的（wahrscheinlich）なものと見なす」（*ADM* § 127, S. 205）。さらに次のように言われる。「何かが蓋然的であると確実に言うことができるには、それに先立って……、現前する真理根拠から事柄が帰結すると確実性をもって証示することができなくてはならない」（ebd. § 128, S. 209）。たとえば、植物が月で生育する「蓋然性」を判定するためには、植物生育のための十分な根拠として、「土、空気、日光、雨、露、そして最後に種子」が必要であるということをそもそも認識しておかなくてはならない。そして、根拠に関する、こうした十分な認識に基づいて蓋然的推論は導き出されるのである（ebd. § 127, S. 205 f.）。『ラテン語論理学』（1728年）においても、「真理に必要なすべての根拠」という用語を用いて、次のように定義される。「真理に必要なすべての根拠、もしくは充足理由を知った者は、その都度、個々のケースにおいて蓋然性（probabilitas）を判定することができる」（*Lateinische Logik* § 1160, S. 813）。このように、真理に必要なすべての根拠の知であるところの「確実性」との関連で「蓋然性」概念を取り扱うのが、ヴォルフの特徴である。このような定義の仕方は、大きな影響力を及ぼした。つまり、論理学において蓋然性を扱う分野「蓋然性の論理学（logica probabilium）」において、もはやトマージウスにおけるような否定的意味合いを併せもつverisimileの概念は登場しなくなった。ドイツ語wahrscheinlichは、もっぱら肯定的意味合いのあるラテン語probabile

に置き換えられて用いられるようになったのである[21]。

### b)　蓋然的なものの領域への数学的方法の適用

「蓋然性」を「確実性」との関連で扱おうとしたヴォルフの意図は、いったいどこにあるのだろうか。概念史研究の枠内にあっても、概念形成を巡るこうした問いかけの理解に役立つ限り、実質的内容に立ち入ることは理に適ったことである。そこで次に、ヴォルフにおける方法論の問題を手短に論究する。

「蓋然性」概念のヴォルフの扱い方には、蓋然的なものの領域に数学的方法を拡張しようとの意図が反映していると考える。数学的方法とは、次の三つの構成要素から成る方法のことである。すなわち、概念の正確な定義、証明の厳密な遂行、前提（principia）の入念な確保である（*AN* § 25, S. 61 f.)。ヴォルフによれば、確実な「論証（demonstratio）」と「蓋然的証明（probatio probabilis）」との違いは、前提（principia）のみにあるのであって、三段論法に基づく厳密な証明は、「論証」においても「蓋然的証明」においても同じように遂行されなくてはならない（*Lateinische Logik* § 588, S. 440 f.)。すでに1713年の『ドイツ語論理学』において、証言の信憑性の問題を巡って次のような論述がされている。「誤謬を避けようとするならば、人は、常に判明な（deutlich）概念を獲得しようとしなくてはならない。その可能性が認められないようないかなる説明も受け入れてはならず、その正しさを前もって証明できないようないかなる前提も大目に見てはいけない」(*DL* Kap. 7, § 17, S. 203)。さらにまた、『ドイツ語形而上学』では次のようにいう。「当然のことながら、人は蓋然的題材においてもなんら新しい推論形式を用いる必要はなく、確実な題材において通常行われている形式をそのまま保持していればよい。ただし、前提を提示するものには別の基本命題を使用する。そして、その蓋然性を認識し、蓋然性の度合いを正しく規定するためには、特別な規則を要するのであるが、それは蓋然性の論理学が取り決める」(*DM* § 403, S. 246)。

このように、ヴォルフにとり数学的方法は普遍的意味をもつのであって、確実な前提が得られないということ以外は論証と同一である。その前提の蓋然性の度合いも正確に計ろうとしている。したがって、蓋然的なものの領域にも数学的方法を適用しようとするヴォルフの意図は明らかである[22]。

### c) 「根拠のある臆見」と「根拠のない臆見（妄想）」のヴォルフによる区別

数学的方法を蓋然的なものに適用しようとするこうしたヴォルフの意図を、蓋然的認識を表す「臆見（Meinung）」と、それを阻むものとしての「妄想（Wahn）」との区別を手がかりにさらに明らかにしたい。『ドイツ語論理学』において、ヴォルフは「臆見」の概念を次のように定義する。「可能的に見える定義を採用し、推論においては一見正しそうな、いくつかの前提を大目に見るような場合、……われわれは臆見にたどり着く」（*DL* Kap. 7, § 19, S. 204）。したがって、「臆見」においては、不十分に解明された概念、もしくは不確実な前提が出発点となる。そしてヴォルフは、「信じ込み（Überredung）」を「誤った妄想（falscher Wahn）」であるとし、「妄想」の原因は、「確実な証明のために必要なもの」の洞察の欠如にあるとする（ebd. Kap. 13, § 13, S. 235 f.）。さらに、こうした「妄想」を避けるため、「論証された真理」を提示できるところの「数学」が模範とされるべきことが説かれる（ebd. Kap. 13, § 14, S. 236）。

『ドイツ語形而上学』では、「妄想」は、「認識の確実性に関する、根拠のない臆見」のこととされる（*DM* § 394, S. 240）。それゆえ、「妄想」は「臆見」の特別な場合を言う。これに対し、「根拠のある臆見」においては、「妄想」とは異なり、不確実性が意識される。「臆見を有する人は、完全な確実性にはまだ何かが欠けているということを認識する。しかし妄想を有する人はそれを認識しない」（ebd. § 394, S. 240）。ヴォルフは、「根拠のある臆見」と、「根拠のない臆見（妄想）」とのこの区別の重要性を強調する。「妄想と臆見は同じであると見なす人がいることを私は知っている。しかし注意してみるならば、人はその違いに気づくであろう」(ebd.)。

『ドイツ語形而上学注解』では、「妄想」について次のように説明される。「妄想において、人は自分の下した判断に関して確実ではないにもかかわらず、確実であると思い込む」(*ADM* § 125, S. 199)。これに対し、「根拠のある臆見」の方は、蓋然的命題が論理的推論によって相互に結びつけられることによって形成される (ebd. § 122, S. 196)。ここに「根拠のある臆見」と蓋然的認識との連関を見て取ることができよう。さらに、確実性と「妄想」を区別する文脈において、後者につながる、ある種の「臆見」に「強情に (hartnäckig)」執着することが警告される (ebd. § 125, S. 199 f.)。

以上から、ともに不確実な認識であるところの「根拠のある臆見」と「妄想」とが、区別されていることがわかる。前者においては、確実な認識に至るために何が欠けているのかの洞察が成立しているが、後者においては成立していない。蓋然性において必要とされる十分な根拠を知ることの重要性をヴォルフが強調したのは（本書第一章、第4節a）参照)、おそらくそのことではじめて、真理根拠がどれだけあり、まだどれだけが欠如しているかの判定が可能となるからであったのだと思われる。またそうした知が、「蓋然性」を「妄想」から守ることを可能にするからだと思われる。ここにトマージウスとヴォルフの違いが認められよう。トマージウスにおいては、「蓋然的なもの (verosimile/ wahrscheinlich)」における肯定的と否定的の二つの側面が、確実な論証に至りうるかどうかの認識が成立しているか否かで区別された。真理が論証されえない場合には、二つの命題のそれぞれの根拠の比較考量だけが重要となった（本書第一章、第3節参照)。これに対し、ヴォルフにおいては、命題と反対命題との比較考量よりも、むしろ、ある命題の蓋然性と十分な根拠との連関が前面に出て強調されるのである。

しかし、充足理由という尺度、すなわち、すべての真理根拠の知が手に入らない場合、いったいいかにして蓋然的臆見を妄想から守ることができるのか、という問いがおのずと浮かんでこよう。この問いを扱うために、ヴォルフにおける「哲学的仮説」の考察を辿る。ヴォルフによれば、「哲学的仮説（hypothesis philosophica）」とは、「説明するためにはそうでなくてはならないような仕方では、まだ証明されえないような想定」のことをいう（*Discursus praeliminaris* § 126, S. 60）。それゆえ、不十分な証明によって提示されるこのような哲学的仮説は、臆見の一種であると言えよう。仮説は、「現象（Phänomene）」の根拠を示さなくてはならない（ebd.）。サイコロによる賭けや、上述の月での植物の生育の例とは異なり（本書第一章、第4節a）参照）、蓋然性の尺度であるところの、すべての真理根拠を前もって枚挙することを哲学的仮説に対しては必ずしも要求することができない[23]。そして、仮説から導かれることと経験との一致が確かめられるとするならば、その蓋然性は大きくなり、仮説がすべての現象と一致するならば、それは真であることになる（vgl. *Discursus praeliminaris* § 127, S. 61）[24]。しかし、哲学の証明において、不確実な基本命題、もしくは仮説に留まることは許されない。なぜなら、それは、確実性の学としての哲学の理念に矛盾するからである（ebd. § 127, S. 62）。「数学的方法と哲学的方法との同一性」と欄外の見出しにある『哲学一般についての予備的序説』の第139節で、ヴォルフは、「仮説」においても確実な真理の認識に至りうるまで、絶え間なくその探求がなされなくてはならないことを強調する。「もし成果が必ずしも至る所ですぐには望んだとおりのものにならない場合、われわれは暫定的に仮説を認めるが、仮説は、最終的にわれわれが求めている純粋真理に到達するまで、絶え間ない勤勉努力をもって完全なものにされなくてはならない」（*Discursus praeliminaris* § 139, S. 70）。

以上からわかることはこうである。すなわち、数学的方法を蓋然的なものに適用しようとしたヴォルフの意図は、「仮説」の取り扱いにも反映しており、「仮説」と「確実性」との関連がやはりここでも強調されている、ということである。

ヴォルフは、おそらく、「根拠のある臆見」、とくに「哲学的仮説」と、「妄想」とを対置することで、次のような実践的帰結を導き出そうとしたものと思われる。すなわち、前者においては、探求は不確実性の意識と結びついており、そこでは、認識が完全な確実性に至るまで続けられる。これに対し、後者においては、確実性の思い込みのためにさらなる探求が阻まれている、と。蓋然性を確実性に移行するという目標設定は、おそらく、蓋然的なものの数学化のための不可欠の条件であったのであろう[25]。

以上、ヴォルフにおける蓋然性を巡る考察は、後に、マイヤーにおける「臆見」と「信じ込み」の概念の考察に際して重要性を帯びてくる。またカントも、このマイヤーにおける二つの概念に、時の経過とともに、自らの「仮象性（verisimilitudo）」概念の二つの要素を見出していくのである。

## 第5節　バウムガルテンとマイヤーにおけるverisimileとprobabileの概念

### a)　アレクサンダー・ゴットリープ・バウムガルテン

#### aa)　バウムガルテンにおけるverisimileとprobabileの概念 ――美学との関連におけるverisimileの概念の価値引き上げ

フランクフルト大学正教授として教職に就き、ヴォルフ学派、とりわけドイツ美学の祖として知られているバウムガルテンは、そのラテン語の著作『美学』（1750/1758年）において、「蓋然性」に対して二つのラテン語概念を用いる。蓋然性理論においても、バウムガルテンは、いわゆるヴォルフ学派であっても、きわめて独立した独創的な思想家であることを示すのである。

まずバウムガルテンは、probabileを次のように定義する。「蓋然的（probabile）なものとは、拒否に対してよりも同意に対して多くの根拠があるもののことである」（*Aesth.* § 485, S. 310）。probabilitasにおいて、「論理的蓋然性（probabilitas logica）」と「美感的蓋然性（probabilitas aesthetica）」とが区別される。「疑いの根拠であれ、承認に対する賛同や反対の根拠であれ、それが判明に（dictincte）認識されるなら論理的蓋然性が帰結する。それが感性的に（sensitiue）認識されるなら美感的蓋然性が生じる」(ebd. § 485, S. 311)。このように、二つの蓋然性の区別立てを決定するものは、同意の根拠が悟性に由来するのか、それとも、感性的真理に由来するのかということである。

次に、バウムガルテンによるverisimileの定義はこうである。「完全な確実性に達しえないが、それでも偽であるとは意識していないようなものが、蓋然的なもの（verisimilia）である」(ebd. § 483, S. 309)。「美感的真理（veritas aesthetica）」が、この「蓋然性（verisimilitudo）」と言い換えられる。「美感的真理は、その本質的意味において、蓋然性（verisimilitudo）である」(ebd. § 483, S. 309)。このように、バウムガルテンは美感的真理を「蓋然性（verisimilitudo）」に組み入れる。それは、論理的確実性を示していないが、偽を表しているわけではないもののことを指す。この扱い方によって、「蓋然性（verisimilitudo）」の概念は、その価値が引き下げられるのではなく、むしろ美学との関連において重要な意味をもつことになるのである。つまり、「蓋然性（verisimilitudo）」は「感性的に確実なもの(sensitiue certa)」と「美感的に蓋然的なもの（aesthetice probabilia）」を含み、それらとの結びつきによって、真理の側面を提示するものとなるのである（ebd. §§ 485 u. 486, S. 310 f.）。

バウムガルテンによれば、verisimilitudoの領域は、probabilitasの領域を含み、それよりも広い（vgl. ebd. § 485, S. 311)。そして、次のような論述がなされる。「論理的にはひょっとして疑わしい、いや非蓋然的なもの（improbabilia）であっても、美感的に蓋然的なもの（verisimilia aesthetica)」でありさえするならば、それは美感的に真でありうる（TÄ § 486, S. 117)。

以上から推測できることはこうである。バウムガルテンは、論理的には蓋然的ではないものであっても、verisimileの概念を「美感的蓋然性(probabilitas aesthetica)」と結びつけることによって、その概念の重要性を高めようとしたのではないか、と[26]。

『論理学講読』(1761年）では、「蓋然的（probabile)」という用語が次のように定義される。「その真理について必ずしもすべての真理を知っているわけではないが、反対の真理よりも多くの必要な根拠を知っているならば、われわれはそれを蓋然的なもの（probabilia）と見なす」（*Acroasis logica* § 350, S. 102 f.）。つまり、「蓋然的な（probabilis）」認識とは、確実ではないが、反対より多くの真理根拠があるもののことをいう。同書においては、ラテン語 probabile に対して、ドイツ語の wahrscheinlich、もしくは zuverlässig という用語が当てられている（ebd.）。このように、バウムガルテンはヴォルフと同じく、「真理に必要な根拠」という用語を手にして「蓋然的（probabile）」の概念を取り扱っている。また、同書においては、「蓋然的（verisimile）」という用語は登場しない。「蓋然的（verisimile）」という用語は、美学の枠内においてのみ用いられる。以上の考察から、二つのラテン語概念、すなわち、美感的真を意味する verisimile と、反対よりも多くの真理根拠を有することを意味する論理的 probabile の関係については、次のように言うのが適当であろう。論理的に probabile なものはすべて、同時に verisimile になりうる可能性があるが、verisimile なものは必ずしもそれ自体として論理的 probabile なものでありうるわけではない、と。

### bb）バウムガルテンによる「真なる信じ込み（persuasio vera）」と「偽なる信じ込み（persuasio falsa）」の区別 ――ヴォルフの「信じ込み（Überredung）」概念からの離脱

「信じ込み（persuasio/ Überredung）」の概念は、美感的表象の有する作用に関わる、美学における根本概念である。まず、「別の表象の確実性を付加物として保有する表象は、信じ込ませるもの（persvasoria）であるか、もしくは確信させるもの（convincens）である」、とされる（*Met.* § 531, S. 186）。そして、「確信（cinuictio）」と「信じ込み（persuasio）」は、次のように区別される。「真理の判明な意識は確信（cinuictio）であり、不分明ではあるが、感性的な意識は、信じ込み（persuasio）である」（*Aesth.* § 832, S.

571)。それゆえ、二つの概念の区別の決定的な基準は、真理の意識が悟性に基づくのか、それとも感性的知覚に基づくのかということである。

バウムガルテンは、「真なる信じ込み（persuasio vera）」と「偽なる信じ込み（persuasio falsa）」を区別する。ここには、ヴォルフの「信じ込み」概念から一線を引こうとする意図が認められる。そしてバウムガルテンは、自らの「信じ込み」を「真なる信じ込み（persuasio vera）」と呼び、ヴォルフのそれを「偽なる信じ込み（persuasio falsa）」と呼んでいる（ebd. §§ 831, 832 u. 833, S. 571 f.）。ヴォルフにおいては、蓋然的認識は、不確実なものである限り、「誤った妄想（falscher Wahn）」であるところの「信じ込み（Überredung）」になる危険性があった。そのため、ヴォルフにとって、「根拠のある臆見」と「妄想」とを明確に区別することが重要であったのである（本書第一章、第4節c）参照）。バウムガルテンにおいて、verisimileなものである美感的真理は、それだけでは論理的確実性を示していない（本書第一章、第5節a）aa）参照）。したがって、バウムガルテンにとり肝要だったのは、verisimileなものと結びつく「美感的蓋然性（probabilitas aesthetica）」が、「悪い意味の信じ込み」ではなく、「真なる信じ込み」を生じさせるということを示すことだった。否定的な意味である「信じ込み（persuasio）」の方は、次のように定義される。「論理学者の言うところによれば、信じ込みは、確実性についての誤った臆見のことであり、確実であると誤謬によって信じている心の状態のことである」（*Aesth.* § 830, S. 569 f.）。これに対し、「真なる信じ込み」のためには、二つの条件が求められる。すなわち、美感的「蓋然性」と「そのために必要な〔真理の〕光」である。「美感的に信じ込む者は、自らの働きに対して、……蓋然性（verisimilitudo）……と、そのために必要な光を与えることを心得ている……。というのも、この二つのものが与えられるならば、われわれが求めている別の信じ込みが生じるからである」（ebd. § 839, S. 575）。

この「美感的信じ込み」は、「感性的確実性」を示す。それは、学には一層適した、判明な論理的確実性よりも、外延的には大きく、「徴表」がより多いのである（ebd. § 844, S. 579)。そして、「美感的に蓋然的なもの（aesthetice probabilia)」は、「美感的信じ込み」を生じさせる（ebd. § 845, S. 580）とされるのであるが、これは、この「信じ込み」には、反対の臆見よりも多くの根拠がある、ということを意味する（本書第一章、第5節a）aa）参照)。以上からわかることはこうである。バウムガルテンは、論理的に不確実なものであるverisimileの領域で、「美感的信じ込み」を「美感的に蓋然的なもの」に結びつけることにより、それに肯定的意味をもたせ、「悪い意味の信じ込み」とそれを分離しようとしたのではないか、ということである。

### b）ゲオルク・フリードリヒ・マイヤー

次に、マイヤーが二つのラテン語概念verisimileとprobabileをどのような意味で用いたのか、そして、それらは明瞭に区別されているか、また、いかなる文脈で「蓋然性」概念が取り扱われているのかを論じる。同時に、その扱い方からうかがい知ることのできるマイヤーの意図も明らかにしたい。

#### aa）マイヤーにおけるドイツ語「蓋然的wahrscheinlich」に対する二つのラテン語概念verisimileとprobabile<br>——ヴォルフとの対比において弱められたところの、蓋然性概念と充足理由との関係性

バウムガルテンの弟子であり、ハレ大学の哲学正教授であったマイヤーは、バウムガルテンに倣って二つのラテン語概念を用いる。

まず、『すべての美しい学問の基礎』(1748/1750年）における「蓋然的(wahrscheinlich)」の定義はこうである。「必ずしも完全な確実性をもっては認識されないが、それが間違いであるとも明瞭に認識されないものは、蓋然的真理（wahrscheinliche Wahrheit）と呼ばれる」(*Anfangsgr.* Bd. 1, § 95, S. 202)。この定義は、バウムガルテンの『美学』におけるverisimileの定義と一致している（本書第一章、第5節a）aa）参照)。また、マイヤー

は、ドイツ語「美感的蓋然性（aesthetica Wahrscheinlichkeit）」に対して、ラテン語のverisimilitudo aestheticaを当てている（*Anfangsgr.* Bd. 1, § 95, S. 202）。そして、この蓋然性を示すものとして、次のようないくつかの例が挙げられている。「神は存在するという命題」は、判明な認識によって完全に確実であると同時に、感性的認識によっても確実、すなわち、「美感的に蓋然的（aesthetisch wahrhscheinlich）である」（ebd. Bd. 1, § 99, S. 207 f.）。「すべての惑星には理性的住民がいるという想定」は、論理的にも感性的にも蓋然的である。「この世界には始まりがある」という主張は、理性によれば疑わしい。また「この世界の拡がりには限界がある」という命題は、理性によれば非蓋然的なものである。しかし、両方ともに、「感性的には蓋然的である」（ebd. Bd. 1, § 99, S. 208 f.）。

次に、カントが40年余りに亙って論理学講義の底本として用いた『論理学綱領』（1752年）において、マイヤーは、「蓋然性」概念を次のように定義する。「われわれが正・不正の若干の徴表のために、不確実な認識を想定したり退けたりするとき……、退けるよりも想定するための根拠がより多く、より強力な場合、われわれの認識は蓋然的（wahrscheinlich）である（cognitio probabilis, verosimilis）」（*Auszug* § 171, S. 47［XVI $427_{25\text{-}28}$］）。ここでは、慣例に倣い、二つのラテン語が、ドイツ語表現の後に括弧に括って挿入されている。そしてそれらは区別されずに並置されている。退けるよりも受け入れるための根拠がより多く、より強力な認識は、蓋然的なものとされる。こうした定義は、バウムガルテンの『美学』におけるprobabileの定義と一致する（本書第一章、第5節a）aa）参照）。以上からわかる、マイヤーのこの定義に見られる特徴は、以下の二点である。ひとつに、「より多くの、より強力な根拠」という表現は、反対との比較を表している。そこでは充足理由との関係性が弱められている。もうひとつには、「蓋然的認識（wahrhscheinliche Erkenntnis）」に対して、二つのラテン語概念がただ並置して当てられていることである。

同年の1752年に出版され、ほぼドイツ語だけで書かれている、いわゆる『大論理学』において、マイヤーは、『論理学綱要』における上述の第171節をさらに詳細に論述している。まずマイヤーは、ヴォルフ主義者において慣例であったところの、認識の度合いによる区分に関連づけて次のように論じる[27]。ある対象についての意識を生じさせ、その他の対象との区別を可能にするための十分な徴表がある場合、それは「明晰な（klar）認識」といわれる。反対の状態は、「あいまいな（dunkel）認識」といわれる（*Vernunftle.* § 155, S. 184）。一方、「判明な（deutlich）認識」においては、意識は対象の全体に向けられるわけではなく、表象の個々の部分と、その識別可能性に向けられている。マイヤーは、その反対概念を「不分明な（undeutlich）、もしくは混乱した（verworren）」認識と呼ぶ（ebd. § 168, S. 214）。以上の二つの認識よりも高次のものは、「周到な（ausführlich）認識」と呼ばれる。ここでは、当該の対象をある特定の対象からだけではなく、あらゆる状況において考えうるすべての対象から区別するために十分な「明晰な徴表」が存在する（ebd. § 181, S. 240）。そして、「われわれが真理を真理として認識するために必要なすべての徴表を認識している」場合、それは「周到な確実性（ausführliche Gewißheit）」とされる。それは、「反対の一切の恐れを駆逐する」ものであり、事柄を他の一切の対象から区別するための十分な徴表を有するものである（ebd. § § 191 u. 192, S. 255 f. u. 258 f.）。「蓋然性」の領域ではこうした条件が満たされえないがゆえに、マイヤーは「蓋然性」を「非周到な確実性」に組み入れる（ebd. § 203, S. 281）。つまり「蓋然性」においては、認識は「事柄の真理を意識するために」必要な「十分な徴表」を含まず、徴表の欠如が確認されるのである（ebd. § 191, S. 256 f.）。

引き続いてマイヤーは、ある命題の「蓋然性」を、反対命題との比較において取り扱う。そして、ヴォルフを想起させる実例を挙げ、次のように説明する（本書第一章、第4節a）参照）。「地球以外のすべての惑星と同じく、月にも理性的住民がいるということは蓋然的（wahrscheinlich）である。というのも、この命題を、完全で、周到な確実性に至らしめることができないとしても、そこでは反対命題よりは、より多くの、より強力な根拠が挙げられうるからである」(*Vernunnftlehre* § 203, S. 281)。

以上の考察から推測できることはこうである。マイヤーは、充足理由という尺度を手にして蓋然性論理学を扱おうとしたヴォルフの試みを補おうとしたのではないか。「蓋然性」を「非周到性」に組み入れたマイヤーの意図は、場合によっては必ずしもすべての表徴が知られえないような領域があるということを指示しようとする点にあったのであろう。しかし、たとえ弱められた形ではあっても、確実性の充足理由との関係性は、マイヤーの「蓋然性」概念にも認められるのである。つまり、認識の度合いに基づく区分の中で、「周到な確実性」が最高の度合いを示すものとして位置づけられており、こうした区別立ての文脈において「蓋然性」概念が登場する限り、それはやはりこの論理的確実性を尺度として扱われていると言わなくてはならないだろうからである。この尺度をどちらもが共通してもつ限り、二つのラテン語概念verisimileとprobabileをことさらに区別する理由は、マイヤーにはなかったのだ[28]。

以上マイヤーにおける「蓋然性」理論は、後に、カントの、論理学講義に対する『レフレクシオーン』2951番、並びに、懸賞論文(1762/1764年)を考察する際に、理解の鍵を握る重要な背景をなすものとして、引き合いに出されることになろう(本書第二章、第8節及び第9節参照)。

### bb) マイヤーにおける「臆見」と「信じ込み」の区別 ——ヴォルフの「妄想」概念との決別

この小節において、まず、ヴォルフとマイヤーの「臆見」及び「信じ込み」概念の共通点を、それから、両者の蓋然性理論の相違点を明らかにしたい。

マイヤーは、『論理学綱要』において、「臆見」と「信じ込み」を以下のように区別する。「臆見(Meinung/ opinio)とは、われわれが確実ではないと……認識する限りの、あらゆる不確実な認識のことをいう」。これに対し、「われわれが確信していないのに確信していると思い込んでいるところの誤謬は、悪い意味における信じ込み（persuasio malo significatu）である」（*Auszug* §§ 181 u. 184, S. 51 f.［XVI $461_{22-24}$ u. $473_{25-27}$］）。この区別立てにおいて決定的なことは、不確実性が意識されているか否かという点である。この点は、ヴォルフによる「根拠のある臆見」と「妄想」との区別立てと一致する（本書第一章、第4節c）参照）。

「学識ある臆見（gelehrte Meinung）」に対して、マイヤーは八つの規則を挙げているが、その中でもとくに次のものは注目に値する。「1）どんな学識ある臆見であってもそれを確実なものと見なしてはならない。確実な真理に対して許されるほどには、それに熱中してはならない。……4）あらゆる類の学識ある臆見に関しては、正しくないことが発見されるや否や、それを断念する覚悟ができていなくてはならない。5）学識ある臆見は、ある程度の蓋然性をもたらすまで、それを……想定してはならない。……6）臆見を確実な認識に変えようとの、絶え間ない努力がなされなくてはならない」（*Auszug* § 183, S. 51［XVI $463_{31-33}$ - $464_{22-33}$］）。

『大論理学』においては、さらなる詳細な論述がなされている。マイヤーは、上の1）の規則に対する違反を「誤謬」の一種であるとする。「どんな学識ある臆見であってもそれを確実なものと見なしてはならない。なぜなら、それはある種の誤謬（Irrthum）であるからである」（*Vernunftle.* § 215, S. 304）。「誤謬」とは、自分の臆見に夢中になること、囚われることをいう。「自分の臆見にひどく夢中になることは、学者にとかくありがちなことである。彼は、それが真であってほしいとの望みを抱く」（ebd.）。さらに、4）の規則に関しては、「強情さ」、「独善」が警告される。「多くの学者は、偏見により自らの臆見に著しく囚われており、それを維持するために、歴然たる真理が、いや諸現象がそれに矛盾するような場合にも、そちらの方をむしろ否定するのである。これは、くだらない強情さ（Hartnäckigkeit）、独善（Rechthaberey）という。それは、真理に対する愛にとって損害となるものである」（ebd. § 215, S. 306）。ここには、ヴォルフの「強情さ」に対する警告との類似性が見て取れよう（本書第一章、第4

節c）参照)。

6）の規則に関しては、ヴォルフにおけるのと同様に、次のような主張がなされている。「ある臆見が蓋然性をもたらしたからといって、人は満足してはならない。臆見を確実な認識に変えるように、われわれは真理愛によって駆り立てられなくてはならない。すなわち、探求を頻繁に繰り返すことによって、それが真であるか偽であるか、確実性をもって発見するという形で」(*Vernunftle.* § 215, S. 307 f.、並びに本書第一章、第4節c）参照)。マイヤーは、「信じ込み」のもたらす弊害をとくに、探求を途中で中断させて真理の獲得を妨げる点に見る。「信じ込み（Überredung）は、きわめてたちの悪い誤謬である。なぜなら、それは、学識ある認識がもつべき主たる完全性の獲得を妨げるからである。すなわち、真の確信の獲得を妨げるのである。いつも単に信じ込む傾向のある人は、自分で確信したと見なすや否やそれ以上進まなくなる。そのため、より確実な認識を獲得しうるし獲得すべきところで、表面的で不確実な認識を保持するのである。そこで彼は、非難に値する認識の不確実性にありがちな不愉快な状態に陥るのである」(*Vernunftle.* § 216, S. 309)。またマイヤーは、「信じ込み」の原因として、実際の学科における「確実な認識」の習得の欠如を挙げている。「徹底的で確実な認識を欠くためか、あるいは、これまで一度も確実な認識を手にしたことのないような人は、信じ込みに気をつけるということがまったくないか、あるいは、きわめて困難である」(ebd. § 216, S. 310)。

そこでマイヤーは、「悪い意味での信じ込み」という誤謬を回避するために、絶えず真の確信の感情をありありと思い浮かべ、どんな認識であっても、それがこの感情を呼び起こすものであるかどうかを吟味することを勧める。「自らの内的感情に基づいて確信とはどのようなものであるかを知っている人は、ある認識が確実なものと申し立てられるようなとき、この感情によってそれを吟味することができる。そして、単なる信じ込みからは容易に身を守ることができるのである」(ebd.)。「確信」とは、「周到で論理的な確実性を引き起こすこと」をいう（ebd. § 195, S. 261)。「臆見」と「悪い意味での信じ込み」を区別するための、確信の感情を獲得するための範例として、この「周到な確実性」が機能する。そこでマイヤーは、ヴォルフと同じように、そのような確実性の模範としての数学に対して、しかるべく注意を向けることを勧めるのである（ebd. § 216, S. 311、並びに本書第一章、第4節c）参照)。

以上のように、マイヤーは、ヴォルフの蓋然性理論から、不断の探求の要求、強情さへの警告、模範としての数学といった、さまざまな考え方をとり入れていることがわかる。

一方、これまで述べられてきたような「悪い意味での信じ込み」に対して、「良い意味での信じ込み」が対置される。これは、美学において取り扱われるものである（*Vernunftle.* § 216, S. 309)。ここに、このような区別がなされなかったヴォルフとの違いが見出されよう。マイヤーによるこの区別は、おそらくバウムガルテンにおける「真なる信じ込み（persuasio vera)」と「偽なる信じ込み（persuasio falsa)」の区別に遡ることができる（本書第一章、第5節a）bb）参照)。

『すべての美しい学問の基礎』において、「美感的確実性」、つまり「美感的蓋然性の生き生きとした（lebhaft）認識」が、「良い意味での美感的信じ込み（aesthetische Überredung im guten Verstande/ persuasio aesthetica bono significatu)」と呼ばれる（*Anfangsgr.* Bd. 1, § 151, S. 352)。そして、こうした「美感的信じ込み」の効果について、キケロの語りを例に次のように述べられている。「この〔キケロの〕語りはすべてをさらっていってしまう激しい水流のようなものである。心情は征服され、ある種の威力によって、この偉大な雄弁家の演説に賛同するように仕向けられるのである」(ebd.)。「美感的蓋然性の生き生きとした認識」は、「徴表」が数多く豊かなものである（ebd. Bd. 1, § 124, S. 268)。このことが、ここで示されているような、主観の心情に強い作用力を有するという卓越した性質を、「信じ込み」に対して与えるのである。さらに、マイヤーはバウムガルテンと同じく、「美感的信じ込み」に対する二つの規則をあげる。すなわち、この「信じ込み」のためには、表象は「美感的に蓋然的」で、かつ「生き生きとした」ものでなければならない、と（ebd. Bd. 1, § 152, S. 354、並びに本書第一章、第5節a）bb）参照）[29]。

以上のように、マイヤーはヴォルフとは異なり、美感的蓋然的認識を表す「良い意味での美感的信じ込み」に対しては、主観への強い影響力を有するという肯定的側面を認めており、美感的な意味を有するverisimileの概念に対して、その価値を引き上げようとしていることがわかる。

『人類の先入観論』（1766年）は、その先入観の分析が、ドイツ啓蒙思想の中でも最も優れたものの一つである。その中で、マイヤーは、「蓋然性」概念を取り扱っている。そして、先入観の原則が「蓋然性」、とくに「美感的蓋然性」並びに「信じ込み」に適用できると述べられる。「私が今探求している先入観（Vorurteil）は、人が蓋然性の論理学で、またすべての美感的蓋然性と信じ込みにおいて見事に使用できる原則である」（*Beyträge* § 23, S. 47）。先入観の基本的原則とは、次のものである。「これまでの……われわれが真とみなす認識のすべてに一致するものは、……真である」、と（ebd. § 21, S. 43）。さらにマイヤーは、17・18世紀においてよく知られていた「真理に似た」という表現を使って、次のように「蓋然性」の概念を説明する。「彼〔語り手など〕が、これまで、真と見なしたものと似たもの」は、蓋然性の領域に属する、と（ebd. § 23, S. 47）。ヴォルフにおいては、先入観は誤った「妄想」を誘因するものとして、もっぱら否定的な役割を演じていた[30]。これに対し、マイヤーにおいては、先入観は、蓋然性の領域の基本命題としてその使用が許されるのである[31]。そして、ホメロスの例を挙げて、古代ギリシアの人々の先入観も、「詩的蓋然性」のための基本命題として使われることが指摘されている。「ホメロスを評価しようとする者は、その当時の思考様式に遡って身を置いてみなくてはならない。そして、当時のギリシアの人々が真と見なしたものすべてを真と見なさなくてはならない。このようにして、ホメロスはいかなる場合に詩的蓋然性を遵守し、いかなる場合にそれを破ったかを根本的に判定することができるのである」(ebd. § 23, S. 47 f.)[32]。それに引き続き、マイヤーは同時に、「危険な先入観」、すなわち、蓋然的なものを性急に論理的に真と見なす先入見を警告している。それは、「どんなに蓋然的なものであっても、偽でありうる」からである（ebd. § 23, S. 48)。

おそらく、マイヤーが美学に対して肯定的着想をもっていたがゆえに、美的に真なるものを「蓋然性」概念にとり入れることや、先入観を蓋然的なものに適用することが可能になったのだろう[33]。

## 第6節　クリスティアン・アウグスト・クルージウスにおける verisimileとprobabileの概念

### a)　verisimile（mutmaßlich）とprobabile（zuverlässig）の区別 ——ヴォルフの蓋然性概念からの離反

ヴォルフの敵対者、クルージウスは、初期のラテン語の著作『認識の腐敗に関する哲学論考』(1740年）において、自分自身に対する大きすぎる「信頼の先入観（praeiudicium confidentiae)」を論じる箇所で、二つのラテン語verumとsimilitudoを分離して使用する。「このような形で、われわれの諸力の驚くべき偉大さという臆見は、真理に似たもの（veri similitudinem）を生み出すだけではなく、このまがい物の蓋然性（Probabilitas）の増加は計り知れない」(*De corruptelis* § 57, S. 63 [CHW IV.1, S. 93])。このように、クルージウスは、veri-similitudoの概念を、自分自身に対する大きすぎる信頼の先入観に基づくものとして否定的意味で使用する。ただし、ここではveri-similitudoとprobabilitaとの明確な区別はしていない。veri-similitudoはprobabilitaの偽造されたものという形で取り扱われている。一方、クルージウスはveri-similitudoに対して、一見だけの先入観を対置し、こちらは「蓋然性の規則（regulas probabilitatis)」に基づくとする（ebd. § 56, S. 62 [CHW IV.1, S. 92])。『決定根拠律の、あるいは通俗的には充足理由律の使用と限界に関する哲学論考〔＝『根拠律論文』〕』(1743年）において、クルージウスはprobabilitas

を次のように定義する。「蓋然性（Probabilitas）とは、ある命題を反対命題に比べ、証拠なしに想定する度合いが少ないことをいう」（*De usu* § 32, S. 212 [CHW IV.1, S. 242]）。

『人間の認識の確実性と信頼性への道』〔＝『論理学』〕（1747年）において初めて、verisimile とprobabileが明確に区別される。根拠律論文と同様に、まず蓋然性は次のように定義される。「それ〔蓋然性（Wahrscheinlichkeit）〕は、ある命題が反対命題に比べ証拠なしに想定する度合いが少ない論理的可能性[34]を有する、という性質である」（*Weg* § 366, S. 648）。クルージウスは、充足理由に関係づける、ヴォルフの蓋然性概念の取り扱いから離反する。「ある命題に関して充足理由を把握していないが、充足理由の中で認識していない部分よりもより多くの部分を認識している点に蓋然性の本質がある、と主張する人の教説のどこまでが真でどこまでが偽であるかがここで判断される」（ebd. § 367, S. 649）。ヴォルフの扱い方は認識根拠には適用されうるが、実在根拠には適用されないのである（vgl. ebd.）。しかも充足理由の単なる部分の認識だけでは蓋然性の判定には十分ではない場合がある（vgl. ebd.）。たとえば、正方形の充足理由は、「四直線と四直角と四つの線分の長さの等しさ」である（ebd.）。このうち単に二つの性質、たとえば、四直線と四直角を知るだけでは正方形が成立しているかどうかという蓋然性の問いに何ら寄与するものではない。というのも、この言明は長方形にも等しく当てはまるからである（vgl. ebd. § 367, S. 649 f.）。このように、クルージウスはヴォルフのやり方から離反する。とりわけ、ヴォルフが前もって決定されるべき充足理由を出発点とすることから離反するのである。

クルージウスは、蓋然性（Wahrscheinlichkeit）の中で、二つのラテン語verisimileと probabileとを明確に区別する。「Verisimileは、ある命題に対して、反対よりも単により可能か、反対よりも真と見なされうる場合に成立する」（ebd. § 361, S. 641）。より可能であるということは、ある命題に「なんら内的非蓋然性がないだけではなく、……そこで主張される命題の根拠のうち一つ、あるいはもう一つだけを知る」場合にも成立する（ebd. § 406, S. 723）。この意味においてverisimileは、単なる「憶測（Muthmassung）」と同一視される（ebd. § 361, S. 641）。これに対し、probabileは、ある事柄を疑念なしに認容するような度合いにおいて真と想定されうることである（ebd.）。probabileは「信頼できる（zuverlässig）」と翻訳される（ebd.）。したがって、verisimileは、ある命題に対して、反対よりも多くの根拠を有するが、単により可能であると提示されるにすぎない、低い度合いの蓋然性を表す。これに対し、probabileは、ある事柄を疑念なしに認容する、より高い度合いの蓋然性を表す。

ドイツ語の対応語の使用において、クルージウスは、数多くの例を挙げている。数学的方法に対するクルージウスの否定的態度を反映する文脈では、蓋然性（Wahrscheinlichkeit）は憶測（Muthmassung）、すなわち、verisimileに段階づけられている。憶測（Muthmaßung）の同義語としてvermutenが[35]、『論理学』における賭け事の例が出る文脈で登場する。「……特定の数の可能性のうち、ある数を出さなくてはならない場合、可能な数が多ければ多いほど、成立はより少なく推測さ（vermuthen）れうる……。たとえば、ある人があるカードゲームで勝つことを目論むとき、一緒に賭ける人が少ない場合よりも多い場合の方が望みが少なくなる」（ebd. § 375, S. 662）。類似した事例が起こる期待に関しては、「これまでたいてい生じたことは、ある個別事例においても反対よりは推測さ（vermuthen）れうる」（ebd. § 387, S. 684）。蓋然性の数学的計算やこれまでの頻繁な経験に基づく期待は、推測（Vermutungen）を提示する。上述されたことに基づくならば、これらの例はverisimileの領域に位置づけられよう。証言[36]の価値を論じる文脈において、憶測すること（muthmaßen）は、蓋然性の低い度合いを示すものとされる。「後者〔間接的証人の蓋然性〕においては注意が必要である。すなわち、公的文書などの他者の信憑性のある経験を基礎にしているか、あるいは単に憶測（muthmaßen）しているのか注意しなければならない……」（ebd. § 620, S. 1064）。

物理学に関する著作『自然現象に関して秩序立って、慎重に熟考するための入門』(1749年)において、クルージウスは、価値の低い概念である憶測(Muthmassung)に対して信頼性(Zuverlässigkeit)を対置する。「この道〔蓋然的なものの道〕において認識される事物は常に憶測(Muthmassung)であったり、単なる蓋然性でなくてはならないと思う必要はない。全面的に信頼でき(zuverlässig)たり、道徳的確実性を有する場合もありうる……」(*Anleitung* § 11, S. 23 f. [CHW IV.1, S. 521 f.])。たとえば、ある特定の出来事が起こる証明において歴史的伝承を用いる場合、事物が起こる可能性の根拠を論じるような、単なる物理学的説明に依拠することは合理的ではない(vgl. ebd. § 27, S. 51 [CHW IV.1, S. 549])。こうした場合、物理学的説明は確実性に導くとは限らず、「単なる臆見」にとどまるのが常である(ebd.)。

いったいどのような場合にクルージウスは信頼性(Zuverlässigkeit)の概念を用いているのだろうか。『偶然的な理性真理に対立する限りでの必然的理性真理の構想〔=『形而上学』〕』(1745年)においてはまず、その概念は神の存在証明や奇跡の判定の文脈で登場する(vgl. *Entwurf* § 233, S. 421)。

『論理学』においては、類似した事例が繰り返される期待も、それらが共通の本質や両事例の恒常的外的原因に対する洞察に基づく場合には、信頼性や確実性の度合いを獲得しうると述べられる(vgl. *Weg* § 384, S. 676 f.)。歴史的蓋然性を扱う文脈では、信頼性の概念は確実性と若干の蓋然性の間に位置する認識の度合いとして用いられる(ebd. § 627, S. 1078)[37]。解釈学的蓋然性[38]に関しては次のことが当てはまる。「解釈が信頼できるものになるためには、それらはすべて論理的に最も厳格に正当化されうるのでなくてはならない。すなわち、少なくとも現実的客観的蓋然性を有すると、最も厳格に証明されなくてはならない」(ebd. § 634, S. 1088 f.)。

これらの実例からわかることは、クルージウスは、蓋然性のさまざまな領域において憶測(Muthmaßung)、憶測する(muthmaßen)、推測

(Vermutung)、推測する（vermuten）といった用語を低い度合いを示すものとして否定的意味で用いており、これに対し、信頼できる（zuverlässig）を高い度合いを示すものとして肯定的意味で用いているということである。単なる憶測（Muthmassung, verisimile）に蓋然性（Wahrscheinlichkeit）の概念が狭隘化されることに対抗し、他の源泉に遡及することで、当該概念の豊穣さを示そうとしたと考えられる[39]。

### b)　蓋然的なものの領域への物理学的・哲学的方法の適用

クルージウスによる二つの概念の区別についての以上の叙述に引き続き、これらの概念的区別といかなる内容上の問題が関連しているのだろうか、という問いがおのずとわいてくる。当節においてこの問いに取り組みたい。

根拠が単により多いということでverisimileの事態を生じさせる安易な可能性と、真正な蓋然性とを混同しないように警告される（ebd. § 411, S. 733)。安易な可能性は、誤謬である「誤認された蓋然性」を生み出す（ebd.)。誤謬の高次の根拠として、クルージウスは、「悟性をあまりに少なく用いることや党派的に用いること」をあげる。「そこで、人は、怠惰や、ある種の傾向性や、習慣となった先入観のために、事柄を十分に、あらゆる側面から熟慮しなくなる」(ebd. § 411, S. 734)。このように、クルージウスは、ドイツ啓蒙の多くの著者と同じく、怠惰、傾向性、先入観という、認識の確実性を脅かす要素をあげる[40]。自己欺瞞は蓋然的なものの領域においては他の領域におけるよりも危険であるがゆえに[41]、クルージウスは、内的感覚を厳密に練り上げることの必要性を強調する。「ここで人が陥る自己欺瞞は、他の所での自己欺瞞よりも危険である。なぜなら、証明が最終的にそこに帰するところの内的経験の要請は、蓋然的な素材においては、他の素材においてより繊細であり……、そのため蓋然的なものの認識の道は、学者らによりほとんど練り上げられていないのが常であるため、判明な反駁や誤謬の判定が、他の所よりも困難になるからである」(ebd. § 411, S. 734)。クルージウスによれば、「可能的事物や現実的事物の……最高の特徴」は、「可能的ではないあるいは現実的ではないものが、考えることができない、という悟性の本質」のうちにある（*Entwurf* § 15, S. 27)。したがって、この第一の特徴は論証的推論だけではなく、蓋然的推論の基礎にもある（vgl. ebd.)。とりわけ「現実的なものの特徴」は、「われわれの悟性においては感覚」である（ebd. § 16, S. 28)。感覚は、クルージウス哲学において傑出した役割を演じる[42]。それは、「なにかが存在すると考えるように直接強いられる悟性の状態」である（ebd.)。クルージウスの蓋然性理論においても、現実性に対する感覚の重要性が示されている。前節におけるような概念的区別をしたのは、内的経験に基づく蓋然的なものの、信頼できる度合いをつくり上げ、欺瞞や誤謬を防ごうとしたからだといえる。ここで、クルージウスの蓋然性理論における内的経験の役割について論じようと思う。

ある命題の蓋然性を、反対との関係において規定したあと、クルージウスは哲学において勢力をもってきている分析の方法を慎重に用いることを訴える[43]。「ある概念を部分と状況に分析し、それを数えたからといって達成したと考えることは徒労に終わるであろう」(*Weg* § 370, S. 653)。というのも、まず、分析においては、繊細さのために多くの恣意的なものが紛れ込むからである。それから、内的経験を示す、たった一つの根拠が、事柄をきわめて蓋然的にすることが起こりうるからである。さらに、状況によっては、内的経験が示す証明力に度合い上の相違がありうるからである（vgl. ebd.)。以上からわかることは、クルージウスは、概念の部分や状況を単に数え上げるやり方に対して、内的経験の信頼性を対置しようとしているということである。これはおそらくヴォルフに対する当てこすりであろう。ヴォルフは、問題となるケースの蓋然性を、それに与する根拠の数と真理根拠の総数との関係から規定しようとした[44]。上の第一の点において、クルージウスは、分析における注意深さの重要性を強調する。また、繊細さが十分でないために、重要な徴表や識別点を見逃すことがありうる（vgl. ebd. § § 95 u. 197, S. 168 u. 371)[45]。これらが問題にしているのは、示される根拠のうち、度合い上の相違に基づいて重要なものを規定するということである。その際、内的経験が重要な役割を演じる。この手続きはとりわけ物理学においては、綜合的方法によって遂行される。すなわち、事柄に関する経験に基づいて知られる結果とその諸性質を出発点として、そこからその原因、さらに遠く離れたところにある結果、またそれらの関係の発見に至る方法である（ebd. § 580, S. 1007）。すなわち、この綜合的方法は、原因から結果に向かうだけではなく、結果から原因に向かう[46]。そこで問題となるのは、単なる状況の列挙ではなく、証明力や諸状況間の関係の考察に基づいて、最も重要な状況を発見することである[47]。クルージウスは、「実在に関係する、前提命題から推論する」物理学的綜合的方法と、「可能的存在の概念から」推論する数学的綜合的方法とを区別する（ebd. § 578, S. 1004 f.）。

クルージウスは、「単に可能的仕方で仮説と」一致する単なる現象[48]と、「相互的にも」一致する調和的現象とを区別する。後者は、「これまで解明された蓋然的なものと矛盾しないで何かを言おうとするならば、現象を唯一の仮説から導出しなくてはならなくなるような事情のうちにある」（ebd. § 391, S. 693）。クルージウスによる例をひとつあげれば、「届いた手紙がある友人からのものである」という仮説は、「彼はいつも手紙を書いてくるのに、最近長く書いてこなかった」という熟考から正当化される（ebd.）。仮説と現象に矛盾がないということだけでは、なんら蓋然性を提示できず、単なる可能性を示すにすぎない（vgl. ebd. § 390, S. 692 f.）。クルージウスによれば、これらの「単なる観念的可能性」の「あまりにも多くのもの」が考案され[49]、「他の仮説も同等の根拠で考え出される」（*Anleitung* § 48, S. 81 f. ［CHW IV.1, S. 579 f.］）。これに対し、「調和的現象」は「仮説の実在性」を証明する（ebd. § 49, S. 86 ［CHW IV.1, S. 584］）。上述の例を用いるならば、手紙がその友人からのものであるという想定には別の状況も指摘できる。すなわち、封印上の名前の頭文字が友人のものと等しい、と（vgl. *Weg* § 391, S. 693）。諸現象においてはその数だけではなく、その「強さや弱さ」も考慮されなくてはならない（ebd. § 394, S. 698）。ここでクルージウスが重要な要素として強調するのは「実在性の度合い」を勘案することであり、「その判定は内的経験の要請に基づく」ということである（ebd. § 394, S. 702）。調和的、「あるいは相互に一致する諸現象」は「最も強力なもの」として、われわれに唯一の仮説を想定させる（ebd. § 393, S. 698; vgl. ebd. § 392, S. 695）。クルージウスが調和的現象に到達するためのやり方としてとくにあげるのが、「区別立ての道（via disjunctionis）」である（ebd. § 530, S. 943）[50]。ただし、実在的結合の取り扱いは、矛盾律とは別の原則に基づく（vgl. ebd. § 379, S. 668 ff.）[51]。ヴォルフにおいては、前提の確保のために、仮説の確実性の要求が前面に出る。できる限り多くの現象と一致することが、仮説を蓋然的なものにする。すべての現象と一致すれば、仮説の確実性が証明される。クルージウスにおいては、仮説と可能的な仕方で一致する状況の列挙は、原因と結果の相互的実在的関係を把握するためには十分ではない。それは、単なる観念的可能性を提供する。クルージウスは、物理学的綜合的方法を用いて、おそらく諸現象間の実在的結合をより強く考慮に入れようとしたのだろう。そこでは、唯一の仮説への道を切り開くための、内的経験の特別な意義が強調される。以上からわかることは、クルージウスは、二つの方法を対置する。一つは、分析の方法、及び仮説と単なる現象との一致であり、もう一つは、内的経験に基づく物理学的哲学的綜合的方法である。まさしく蓋然性にとり重要なのは後者である。この着想こそが、verisimileとprobabileの概念上の区別を誘引したといえる。

### c)　蓋然性のための悟性の病との戦い――意志の改善の必要性

以上のように、クルージウスの蓋然性理論においては、内的経験に大きな意義が割り当てられる。クルージウスが強調することは、論証におけるより蓋然性においてその意義が大きいということである。なぜなら、蓋然的なものにおいてこそ欺瞞の危険があるからである。自己欺瞞は、単なる推測と、真正な蓋然性との混同に導く。悟性の病について考察する他の箇所で、クルージウスは同じような方向性で論じる。「蓋然性においては、纖細さのために、内的経験が錯誤の危険に瀕している」(*Weg* § 454, S. 812)。それゆえ、悟性の病に対する戦いは蓋然性理論において重要性を帯びてくる。クルージウスは、「怠惰」、「傾向性」、「先入観」といった要素を、真の蓋然性を脅かすものとしてあげ、それを、論理的問題としてではなく、むしろ倫理的な問題として論じる。すでに初期の『認識の腐敗に関する哲学論考』の中で、こうした着想が先入観の分析において散見する[52]。クルージウスが認める過誤のうち、最も多い頻度のものは、「事物を単に一つの側面からのみ……考察する習慣」である(*De corruptelis* § 36, S. 44 [CHW IV.1, S. 74])。「単に悟性の誤謬に基づく」「理論的先入観(praeiudica theoretica)」と、「実践的先入観(praeiudica practica)」とが区別される(ebd. § 52, S. 59 [CHW IV.1, S. 89])。実践的先入観の原因は、とりわけ「欲求(cupiditates)」のうちにある(ebd.)。認識すべきことが関心に対抗する場合、認識は容易に関心によって妨げられる。「反対の可能性の考えが、蓋然性や客観の確実性による説得に矛盾することがある。すなわち、その考えは欲求に対抗しており、強力に作用する欲求によって阻まれる」(ebd. § 43, S. 51 [CHW IV.1, S. 81])。関心に支配される人は、劣悪な認識状態にあるのである。同著作においてクルージウスは、実践的先入観は理論的先入観よりも克服するのが困難であると強調する。前者では、意志の抵抗に対抗しなくてはならないからである。「理論的先入観は、実践的先入観より比較的容易に駆逐できる。このことは理性並びに経験が示している。……これに対し、実践的先入観の根絶に対しては、理性と経験だけではなく、別の原因、すなわち意志と意志の規定が対抗する」(ebd. § 53, S. 60 [CHW IV.1, S. 90])。『根拠律論文』においてクルージウスは、決定根拠律の擁護における、とりわけ意志の過誤を非難する。「決定根拠律をあまりに熱心に擁護する主な原因は、多くの場合、意志の過誤のうちにあるといえる」(*De usu* § 19, S. 196 [CHW IV.1, S. 226])。「しかし、望んでいるものを信じたり、それを望むからといって信じたりすることは、賢い人のしるしではない」(ebd. § 19, S. 197 [CHW IV.1, S. 227])。『理性的生活の手引き〔=『倫理学』〕』(1744年)において、クルージウスは、人間の悟性の腐敗に関して、「腐敗した意志」を基に考究する(vgl. *Anweisung* § 100, S. 120)。「衝動(Trieb)」や「欲求(Begierde)」が悟性へ及ぼす有害な影響について次のように叙述される。「ここからなぜ衝動が、簡単に信じるように、そして事柄を傾向性に適った側面からしか考察しないように誘引するのかの根拠が見出される。なぜなら反対表象を、われわれが忌み嫌うからである。それゆえ欲求に従って行為している限り……、われわれは不愉快な反対表象を阻むのである」(ebd.)。欲求に従う人は、賛同を自分の望み通りに与える(ebd.)。しかし、「事柄の真理の証明」は反対の可能性も十分に熟慮したかどうかにかかっている(ebd.)。それゆえ、傾向性のために、対象の一面しか考察せず、反対を無視することは、われわれの真理の認識にとってきわめて有害なものであるといえる。同著作の先入観を扱う文脈においてクルージウスは、『認識の腐敗に関する哲学論考』におけるように、思考の習慣に基づく先入観と、「意志の傾向性」による先入観とを区別する(ebd. § 259, S. 313)。とくに後者の克服は困難である(vgl. ebd.)。道徳的悪が及ぼす有害な帰結についての考察において、悪徳に起因する人間の心情における状態が究明される(vgl. ebd. § 269, S. 331 f.)。そこでは、規則正しい徳の支配の欠如のために「数え切れない欲求と刺激」が支配する(ebd. § 269, S. 332)。その結果どうなるかについて次のように述べられる。「さらにそれ以上に、悪徳がますます大規模な習慣に変貌していくということを考慮に入れておくべきである。すると、強情さが増していく。そして人はますます、適当な表象を想定したり、公平に考量したりする気がなくなる。その一方で、先入観の威力はますます大きくなる」(ebd. § 269, S. 332 f.)。強情さへの警告はヴォルフやマイヤーにおいても、「臆見」と「信じ込み」の区別の文脈で見られた。一方、クルージウスは、強情さの原因を探求し、それが人間の意志の状態にあることを明示したのである[53]。またクルージウスは、『論理学』において、悟性の病を回復するためには論理学だけではなく、実践哲学が必要であると説く。前者は悟性における過誤に対する洞察を可能にするが、後者は認識の過誤の意志の内にある原因の駆逐を目指す（*Weg* § 455, S. 814）。論理学においては主に、自らの悟性の力の強い点と弱点を自覚することや、他者の一般的観念の学習、熟考のために時間を割くこと、ある臆見の賛成根拠と反対根拠を吟味することなどの提案がなされる（vgl. ebd. §§ 455 u. 458, S. 815 u. 819）。さらに、悟性における公平さのための根本的な徳の不可欠性が指摘されるのである（vgl. ebd. § 459, S. 820）。

このようにクルージウスの蓋然性理論では、真正な蓋然性が誤認された蓋然性から守られるために、意志の腐敗の発見と改善が不可欠のものとされるのである[54]。

### d)　クルージウスの蓋然性理論における「道徳的確実性」の概念とその二義性

18世紀において一般に蓋然性の最高の度合いを言い表していた道徳的確実性の概念を[55]、クルージウスは必ずしも一義的に用いていない。『根拠律論文』では当概念は次のように定義される。「事物が矛盾律に基づいて証明されない場合であっても、理性の他の両原則、……あるいはばく大な、少なくとも大きな蓋然性に基づいており、他の証明が示されない場合、道徳的確実性が成り立つ」（*De usu* § 32, S. 212［CHW IV.1, S. 242］）。実例として次のような命題があげられる。「たとえば、将来ライプツィヒで予定されている見本市に見知らぬ商人が来るだろう。ローマという都市は存在した。ジュリアス・シーザーはかつて存在した。これらは、道徳的に確実である」（ebd.）。これと同じような、大きな蓋然性を示すものの実例は、『倫理学』や『形而上学』においても見られる。「ばく大な蓋然性は、ある事柄に対する探求が進めば進むほど根拠が増大するような場合に成立する」（*Anweisung* § 341, S. 413）。『形而上学』の神の存在証明の文脈において、「計り知れない蓋然性の有する確実性」が話題にされる（*Entwurf* § 207, S.357）。クルージウスによればこの確実性は、「幾何学的論証と等しく」妥当する（ebd.）。クルージウスは多くの神の存在証明のうち第六のものとされる「世界の規則性から、神の現実性を証明」することを試みる（vgl. ebd. § 208, S.360）。世界の「秩序と規則性」に対する驚嘆の念は、「人がそれを観察すればするほど恒常的に増大する」、と（ebd. § 222, S. 390）。クルージウスはそれを、理知的原因である神に帰する（vgl. ebd. § 221, S. 388）。『論理学』、『根拠律論文』、『倫理学』、『形而上学』の歴史的蓋然性の文脈においても、道徳的確実性の概念が用いられる。クルージウスの究明によれば、「根拠づけのある報告と、作り事とを区別するために求められる蓋然性が、歴史的蓋然性と呼ばれる……。それが数多くの場合、道徳的確実性に移行しうるということは、人の生活において示される実例に対する内的感覚が教える」（*Weg* § 605, S. 1042）。同著作における他の使用例はこうである。「……調和的現象から結果として生じる蓋然性は、あらゆる蓋然性のうちでもっとも強力なものであり、すぐにも道徳的確実性に移行しうる。たとえば、相前後して現れる十の言葉が一つの意味につながる場合、これらの言語の根底にある意味は調和的現象を形づくっており、筆者の正しい意味を言い当てる場合が多い」（ebd. § 393, S. 698）。ここでクルージウスは、道徳的確実性という言葉を解釈の蓋然性、すなわち解釈学的蓋然性に対して用いる。クルージウスによる説明は以下のとおりである。「……これ〔＝解釈〕は、論証の効果に匹敵するような道徳的確実性をもちうることがある……」（ebd. § 634, S. 1088）。

『根拠律論文』においてクルージウスは、幾何学的確実性に対して、「神の誠実さ、及び神に対するわれわれの義務に基づく確実性」を対置する（*De usu* § 32, S. 213 [CHW IV.1, S. 243]）。また、「自由な作為」のア・プリオリな認識が否定され、「ア・ポステリオリに認識されなくてはならない」とされる（ebd. § 42, S. 224 [CHW IV.1, S. 254]）。クルージウスによる説明はこうである。「なぜなら、十分な決定根拠をもたない自由な作為は、有限な悟性には蓋然的にしか予見できないからである」(ebd.)。決定根拠に基づくア・プリオリな認識根拠とは異なる、ア・ポステリオリな認識根拠に依拠する、というこの自由の蓋然的証明の着想は、後期の著作において一層明確に表明される。『倫理学』では次の自由の証明が示される。ひとつ目は、神的法則を前提とし、そこから神的法則に対する服従を可能にする能力としての自由を導き出すものである（vgl. ebd. § 42, S. 53 f.)。一方、神的法則の確実性は、法則の認識に対する衝動であるところの「良心の衝動に基づいて、ア・ポステリオリに」証示される（ebd. § 169, S. 212; vgl. ebd. §§ 132 u. 136, S. 157 f. u. 163-166)。二つ目に、『論理学』において、道徳的確実性は同時に道徳的根拠に基づくことが強調される。「これ〔＝道徳的確実性〕は単に悟性のうちに見出される蓋然性の根拠や、あるいは、ある究極目的との結合、つまり怜悧や正義の拘束性にも依拠しうる……。たとえば、道徳的目的のための手段を無駄にしない、誰かの権利に損害を与えない、誰かと不等な交際をしない、といったことである。これらの拘束性は、〔悟性に拠れば〕中程度の蓋然性をもちうるような解釈に対して、人がそれに基づいて行為するよう強いられるような、つまり確実であるような……重要性を与えることができる……」(ebd. § 634, S. 1088)。同著作でクルージウスは、自由な活動のために蓋然性が不可欠であることを強調する（vgl. ebd. § 412, S. 735)。自由な活動が論証されうるならば、それは決定根拠に基づいて証明されることになるだろうが、これは矛盾することである。なぜなら、かりにそうであるならば、自由な活動は消失するからである（vgl. ebd.)。自由は蓋然性理論において取り扱われなくてはならない。すべての領域で論証的に振る舞おうとする人をクルージウスは次のように批判する。「時間が経てばすべての認識が論証されうる、もしくは論証の途上にもち上げられると思い描く者は虚栄的である。なぜなら、この道を辿ることによって、自由な活動が世界において破棄され、世界はその善性を失うからである……」(ebd.)。数学的確実性という目標設定と、蓋然性を数学化しようとすることは、クルージウスによれば、自由の概念と矛盾する。賛同のための「合法的拘束性」が発生し、「蓋然性という源泉」に基づいて存在が確実に導き出せる場合があることが示される。「それ〔＝蓋然性〕がきわめて大きいものであって、もっとも重要な義務に関係する場合がある。……たとえば、魂の不死や自由の蓋然的証明の場合のように」(ebd. § 417, S. 746)。同著作においては、『根拠律論文』や『倫理学』におけるのと同じように、自由がア・ポステリオリな認識根拠に基づいて良心衝動から証明される（vgl. ebd. § 547, S. 966)。これまでの論述を踏まえるならば、クルージウスによれば、自由の蓋然的証明は道徳的確実性に帰属するといえる[56]。

以上の諸著作の分析において、道徳的確実性の概念は、計り知れない蓋然性や、調和的現象におけるようなきわめて高い度合いを有する蓋然性、もしくは、中適度の蓋然性や、比較的大きな蓋然性であってもそれが道徳的根拠に基づいて増大するような確実性に対して使用される。そうした確実性はとりわけ自由の確実性の証示において傑出した役割を演じる。なぜなら、それは決定根拠に基づく論証に対して真っ向から対抗するからである[57]。

腐敗した意志による認識の損害に対抗することが、道徳的確実性の考究において重要である。『倫理学』の「悟性と意志に関する、神に対する義務としての理性的信仰」という章で、神への服従の拘束性に基づいて、論証的には把握不可能なものが、少なくとも蓋然的に証明される限りにおいて想定されるべき場合があるとされる（*Anweisung* § 352, S. 430 f.)[58]。「すべての真理が完全な賛同をもって想定される場合」に「理性的信仰」が成立する。「それを否定したり疑い続けようとするならば、われわれは神に対する義務に反して振舞わなくてはならないことになる……」(ebd. § 354, S. 434)。クルージウスが強調することは、理性的信仰[59]のため、意志が悟性に及ぼす有害な影響を阻止することの重要性である。この影響は、性急で不公平な判断を生じさせ、われわれの理性的信仰への道を妨げる（vgl. ebd. § 355, S. 434)。さらに、「誤った、不確かな良心」の回避について論じている180節において、クルージウスは、いくつかの具体的な対抗措置をあげる（ebd.）。そこではわれわれの認識の不十分性は、第一義的に倫理的問題なのである。良心における欠陥が判断の性急さと不公平を生じさせるからである。認識の欠陥と不完全性に対して、最初に、あいまいな概念、誤った推論が提示される（vgl. ebd. § 180, S. 224 f.）。そして、意志に基づく誤った良心を回避するためいくつかの提案がなされる。すなわち、真に公平な吟味、「単なる願望や嫌悪と、悟性の本当の判断とを混同しない」こと、「激しい欲求や情動」を鎮めること、安らかな「欲求や情動」において熟考できるような、適当な時機を見出すこと、善いことを実行し、悪いことを避けるようにすること、傾向性に従った場合の良心の安らいだ状態を疑ってみることなどである（ebd. § 180, S. 225 f.）。第一の点で問題とされるのは、人が事柄を正しいとした認識が真正なものであるかどうかの自己吟味である。「あることを正しい、正しくない、あるいは比較的正当であると見なさなくてはならないと人が実際に感じているかどうかを、公平に自己吟味しなくてはならない……」（ebd. § 180, S. 225）。そして、行為の道徳性についての判断が正しいか間違っているかは、正義と正当性の自然的感覚を目覚めさせるかどうかにかかっている（vgl. ebd. § 136, S. 163）。ここでクルージウスが強調するのは、囚われずに率直に注視する、われわれのうちなる正義と正当性の自然的感覚である（*Weg* § 171, S. 324）。また、義務そのものが論証されずに「疑わしい場合には」、「神への服従の意図」に基づいて蓋然性に従わなくてはならないことが強調される（*Anweisung* § 180, S. 226）。しかし、このような論述は、カントの道徳的確実性の概念とは異なる。カントは、すべての疑いを払拭するような実践的に十分な信仰の力をますます際立たせ、とくに形而上学の領域において道徳的信仰に対して蓋然性概念を用いることを断固として退けるようになるのである。最後にクルージウスは、「他者の忠告や著作」を考慮に入れることを勧める（ebd. § 180, S. 226）。

このように、良心を目覚めさせ、陶冶し、改善することは、論証的には証明できないが蓋然的である命題を想定すべき、理性的信仰にとって不可欠なことなのである[60]。

第一章での考察を踏まえるならば、18世紀ドイツ哲学における verisimile と probabile の区別に関して二つの契機が指摘できよう。第一に、ヴォルフによる蓋然性概念の明確化と限定であり、第二に、クルージウスによるこうした狭隘化に対する対抗である。

以上の概念史研究に基づくことで、カントにおける二つのラテン語概念の区別が一層理解できるものとなる。カントが両概念を同義に用いていない点においては、クルージウスのカントへの影響が認められる。しかし、カントの思考の外的要因や発展を跡づけるためには、カントの概念形成の発展史研究が不可欠である。

# 第二章
# カントの思考の道程における verisimilitudo と probabilitas の概念
## ――ほぼ1770年代初頭における「仮象的（scheinbar）」と「蓋然的（wahrscheinlich）」の概念

第二章では以下の問題設定が取り扱われる。

・ マイヤーの『論理学綱要』（1752年）に対する、カント自筆遺稿中のレフレクシオーンの中で、「仮象的（scheinbar）」と「蓋然的（wahrscheinlich）」の二つの概念の区別立てが初めて出てくるのはいったいいつであるのか（第8節）。

・カントのマイヤーに対する批判点はどのような点にあるのか（第8節）。

・区別立ての外的要因は何であったのであろうか、その影響は単に専門用語上のことであったのだろうか、それとも内容上のことがあったのだろうか（第9節）。

・ほぼ1770年代初頭において、カントは「仮象的（scheinbar）」と「蓋然的（wahrscheinlich）」の概念をどのように取り扱っていたのだろうか（第10節及び第11節）。

## 第7節　統計学的言語分析

以下の言語統計による分析は、内容的分析を詳述する前に、カントの思想発展の傾向を明示するのに役立つ。

Probabile ないしは probabilitas という見出し語は、諸著作においては8回登場する。前批判期の著作の中では、マギスター論文『火について』（1755年）において2回（I 378）、教授資格論文『形而上学的認識の第一原理の新解明』(1755年) において2回 (Weischedel Bd. I, S. 492 u. 504) である。純粋理性批判出版後では、『将来の形而上学のためのプロレゴーメナ』(1783年) において1回 (A 196)、『永遠平和のために』改訂第二版 (1796年) において1回 (A 500)、『論理学』講義 (イェッシェ編集講義録) (1800年) において2回 (*Jäsche-Logik* A 126 u. A 128) である。Probabilismusという見出し語は2回確認できる。『単なる理性の限界内における宗教』(1793年) において2回 (B 288)、『永遠平和のために』(1795年) において1回 (B 108) である[1]。

Probabile、probabiliter、probabilitasという見出し語は、論理学講義録において10回、論理学講義録に対する自筆遺稿中のレフレクシオーンにおいて9回確認できる[2]。1770年代の論理学講義に関しては、『ブロンベルク論理学』[3]において4回登場するが、『フィリッピー論理学』[4]においては登場しない。『純粋理性批判』出版とほぼ同時期のものと見られる『ペーリッツ論理学』[5]と1780年代初頭のものと推測できる『ウィーン論理学』[6]においてはそれぞれ2回と1回使用されている。1789年の『ブーゾルト論理学』[7]と1790年代の『ドーナ・ブントラッケン論理学』においては、2回と1回使用されている。したがって、『ブロンベルク論理学』において相対的に使用頻度が高いことがわかる。Probabel、Probabilitätの概念は、『フィリッピー論理学』において1回、『ペーリッツ論理学』において1回、『ウィーン論理学』において2回、『ドーナ・ブントラッケン論理学』において2回登場する。論理学講義録に対する自筆遺稿中のレフレクシオーンにおいては、2回登場する。Probabilismusという見出し語は、『ドーナ・ブントラッケン論理学』において1回、レフレクシオーンにおいて2回登場する。

一方、verisimilitudoという見出し語は、出版物においては3回しか登場しない。『火について』において1回 (I 382)、『永遠平和のために』改訂第二版において1回 (A 500)、『論理学』講義 (イェッシェ編集講義録) において1回 (*Jäsche-Logik* A 126) である[8]。これに対し、verisimile、 verosimile、verisimilitas、verisimilitudoの概念が、論理学講義録において9回、論理学講義録に対する自筆遺稿中のレフレクシオーンにおいて10回見出される。したがって、著作より論理学講義録及びレクレフシオーンにおいて当該概念の使用頻度が高いことが確認できる。当該概念の見出し語は、『ブロンベルク論理学』においては1回のみ登場し、『フィリッピー論理学』においては登場しない。『ペーリッツ論理学』と『ウィーン論理学』においては、それぞれ1回と2回登場する。『ブーゾルト論理学』と『ドーナ・ブントラッケン論理学』においては、それぞれ1回と4回登場する。Probabileという見出し語と比較するならば、『ブロンベルク論理学』において使用頻度が低く、『ドーナ・ブントラッケン論理学』においては使用頻度が高い。このことから、カントが講義活動を進めていく中で、ますますverisimileの概念と取り組むようになったことがわかる。この概念はカントにとりどうでもいいものではなかったのである。Probabileの概念と取り組むに従い、ますますverisimileの概念を明確化することが重要になったのだろう。

## 第8節　「仮象性（verisimilitudo, Scheinbarkeit）」と「蓋然性（Wahrscheinlichkeit）」との区別の最初の登場——『レフレクシオーン』2591番

『レフレクシオーン』2591番（アディッケスによれば、1764年秋－1770年、1773年－1775年）において、論理学講義録に対する自筆遺稿中のレフレクシオーンの中で初めて、蓋然性（Wahrscheinlichkeit）の概念が充足理由との関連において定義され、仮象性（verisimilitudo, Scheinbarkeit）と区別されている。「蓋然性（Wahrscheinlichkeit）においては、事柄の根拠は反対の根拠とではなく、確実性である充足理由と比較されなくてはならない。前者〔＝反対との比較〕は、単に仮象性（verisimilitudo, Scheinbarkeit）を構成する」（XVI 432$_{11\text{-}14}$）。この叙述は、マイヤーの『論理学綱要』第

171節と関連づけることで理解できる。そこでは、二つのラテン語概念の明確な区別はされていない[9]。『レフレクシオーン』2591番において、カントはこのマイヤーの着想を批判しているのである。不確実性の中で、蓋然性（Wahrscheinlichkeit）と仮象性（verisimilitudo, Scheinbarkeit）は区別されなくてはならない、ということである。

以上から、ヴォルフによる「蓋然的（wahrscheinlich）」の概念の充足理由との関連づけと、クルージウスによるverisimileとprobabileの区別が、『レフレクシオーン』2591番における専門用語上の取り扱い方に影響を与えた、ということがわかる。このことに関連して、ベルリン・アカデミー懸賞論文『自然神学と道徳の原則の判明性』（1762年執筆／1764年出版）が詳しく分析されるべきであろう。

## 第9節　懸賞論文（1762/1764年）における数学と形而上学との方法論的区別

当節においては、『レフレクシオーン』2591番における専門用語上の区別立ての背景にあるところの方法論の問題を明確にし、カントによるマイヤーに対する批判の内容上の根拠を確かめ、それが当該『レフレクシオーン』に対して及ぼした影響を叙述する。

カントは、懸賞論文において、数学と哲学の二つの学問の区別を論じる。第一に、ヴォルフにより指摘されるところの、数学的方法の三つの主要要素に倣った論述がされる[10]。すなわち、概念形成に関して、数学における定義の仕方と哲学におけるそれとが比較される。数学は、概念を「任意的結合」、つまり「綜合」によって定義する（*Deutlichkeit* A 71）。概念は「何よりもそれ〔＝定義〕によってはじめて生じる」(ebd.)。こうした性質のため、数学は定義に基づいて構築される（vgl. ebd. A 77）。これに対して、哲学はすでに与えられている概念を出発点とする。その概念は「混乱しているか、もしくは十分に規定されていない」(ebd. A 71)。したがって、概念を分析によって「分解し……、この抽象的な思想を周到かつ確定的ならしめなくてはならない」(ebd.)。このように、カントは数学的方法のヴォルフ主義の伝統を踏まえつつ、それらの伝統とは異なり数学と哲学との区分の場面でそれを活用している。また、カントは証明の手続きにおける数学と哲学との相違に言及する。すなわち、数学的証明は直観的記号の「一層明晰かつ一層容易な」表象に還元されるが、哲学は一般的なものの抽象的熟考を強いられる（ebd. A 74)。そして、数学の前提においては、「分解できない概念及び証明できない命題」は稀なことであるが、哲学においてはそれらが見渡しがたいほど多い（ebd. A 75 f.)。さらに、「数学の対象は容易かつ単純」に把握可能である。たとえば、「一に対する百万兆の関係は、……まったくはっきり理解される」。これに対し、哲学の対象は、把握するのが困難である（ebd. A 78)。

第二に、次のような慎重で控えめな主張がなされる。「まだまだ形而上学において綜合的に手続きすべき時期ではない。分析がわれわれを助けて判明かつ周到に理解された概念を得させたときにのみ、綜合が、数学におけるごとく、複合的認識をもっとも単純な認識に従属させうるであろう」(ebd. A 87)。

第三に、カントは数学的確実性と哲学的確実性との相違を明確にする。まず、「客観的にとるならば、真理の必然性の徴表における充足的なもの」(ebd.）に関して両者は区別される。すなわち、数学は定義に含まれないような徴表が出てくることを恐れる必要はない（vgl. ebd. A 88)。これに対し、哲学においては、定義に「一つのあるいは他の一つの徴表」が欠けていることが起こりうる（ebd.)。そして、確実性が「主観的に考察されるかぎりでは」、認識の明証性は哲学におけるより数学において大きい(ebd. A 89)。

懸賞論文では、両学問の確実性の相違はますます前面に出して論じられる。一方、マイヤーとは異なり、カントはこの相違を単に認識の度合いの相違に還元しない[11]。決定的なことはむしろ、数学は綜合的道を歩み、哲学は分析的道を歩む、ということである。

『レフレクシオーン』2591番において、さらなる注記が見出される。「蓋然性は、哲学的事柄においては計量できないのであって、感じられるものである」(XVI $432_{11\text{-}14}$)。ここでカントは、蓋然性を数学と哲学の対置において取り扱っている。両学問の相違に関して、懸賞論文の思想の水準に達しているといえる。このことから、当『レフレクシオーン』は、懸賞論文後の時期に設定しうるとの示唆を得ることができよう[12]。カントはおそらく、当『レフレクシオーン』において、確実性である充足理由と関係しうる数学的蓋然性を、他の信憑の種類から区別しようとしたのだと思われる。当『レフレクシオーン』の短いメモには、詳細な説明は見出されない。ここで解釈を試みるならば、区別のもっとも重要な根拠の一つに次のことが指摘できる。数学の領域においては、定義に含まれないような徴表が出てくることの恐れなしに、比例関係に関する明晰な表象を手にして蓋然性を規定しうる。これに対し、哲学は徴表を欠く可能性があるため、特定の蓋然性を規定することができない。

懸賞論文『自然神学と道徳の原則の判明性』に対するクルージウスの影響はすでに何人かの研究者によって強調されてきた[13]。ここでは私は、蓋然性理論と関連性がある限りでの、そうした側面について言及したい。カントのクルージウス哲学に対する態度は、肯定的であると同時に、否定的である。哲学に矛盾律とは別の原則が必要であることを強調した点においては、クルージウスはたしかに、哲学に功績に値する方法を導入した（vgl. *Deutlichkeit* A 91)。哲学は証明できない、実質的第一命題に依拠しなくてはならないとされる（vgl. ebd. A 91 f.)。たとえば、「私が存在すると考えることのできないものは、かつて存在しなかった、とか、おのおのの物は何らかの場所にそして何らかの時に存在するのでなくてはならない、等々」（ebd. A 91）といった命題である。また、「私が真として以外に思考しえないことは真である」という、クルージウスの根本規則は、証明根拠ではなく、単なる告白である（ebd. A 93)。「数学においては定義が……第一の証明できない概念」であるのに対して、形而上学においては、「さまざまな証明できない命題」が「第一の所与」として与えられなくてはならない（ebd.）。

数学と物理学の相違、及び数学と哲学との相違に対するクルージウスの洞察は、verisimileとprobabileの区別に反映されていた。数学的方法に対する否定的態度により、数学的計算に基づく蓋然性は「憶測（Muthmassung）」、すなわち verisimileに位置づけられた[14]。クルージウスは、哲学的方法としての物理学的・綜合的方法の重要性を強調し、一方で、実在的事物を考察するための感覚の重要性を強調した[15]。これに対し、カントは『レフレクシオーン』2591番では、ヴォルフのprobabilitasの概念を蓋然性（Wahrscheinlichkeit）に割り当てている。また、verisimileとprobabileの専門用語上の区別立てのために、数学と哲学の相違がカントとクルージウスにおいては重要な役割を演じているが、クルージウスにおいては、懸賞論文におけるような分析的道と綜合的道との明確な区別が見出されない。その限りにおいて、カントにおけるverisimileとprobabileの区別に対してクルージウスが実質的かつ直接的影響を与えた、という言明は制限を要するであろう。そして、カントはクルージウスにおける実質的第一原則に対してはっきりと疑念を表明する。「……私は、クルージウスがあげた原則のうちのさまざまなものが、相当の疑いを許すものだと思う」（ebd. A 92）。また、クルージウスが推論の第一原則[16]から導き出すさまざまな実在的命題には、たとえば、以下のようなものがある。「あらゆる力は主観のうちにある。生起するものはすべて十分な原因から生じる。その非存在が考えうるところのものはすべて原因を有し、かつて生起したものである。あらゆる実体は何らかの場所に存在する。時間を広い意味でとるならば、存在するものはすべて、何らかの時、すなわちある時間に存在する……」（Crusius, *Weg* § 256, S. 468 f.）[17]。クルージウスによれば、こうした実在的命題は、「公理及び推論の規則」としてさらなる推論に導くものである（ebd. § 267, S. 483）。それらは推論の第一根拠と一緒になって、論証的推論様式たけではなく、蓋然的推論様式の基礎になる（vgl. ebd. § 270, S. 489 f.）。

以上からわかることは、数学と哲学との区別の文脈においてクルージウスがあげる実質的第一原則に対してカントが向ける疑念は、経験的学問における個々の推論のやり方に対するものなのではなく、むしろ、推論の出発点となるはずの第一原則そのものの妥当性に対してである、ということである。

本章の始めにあげた二番目の問いである、カントのマイヤーに対する批判[18]に関しては、さらに以下の点が考察されるべきであろう。

・カントは講義活動のさまざまな時期において、いかなる意味で、両概念「仮象的（scheinbar）」と「蓋然的（wahrscheinlich）」を用いているか。両概念に関するカントの説明には、外的要因が考えられうるか。区別立ての転換期はいつであるか（第10節、及び第三章第13節、第16節）。
・マイヤーとの対決を通じて、カントはどのように区別立てを発展させたか。「臆見（Meinung）」と「信じ込み（Uberredung）」の概念はいかなる発展を辿るのか（第11節、及び第三章第14節）。
・「仮象性（verisimilitudo）」の領域での尺度をカントはどこに見出すのか。カントのその思考はどのように発展するか（第12節、及び第三章第15節）。

## 第10節　ほぼ1770年代初頭における「仮象的（scheinbar）」と「蓋然的（wahrscheinlich）」の概念

カントは講義活動の最後に至るまで、両概念の区別を主張する。この区別はなぜそのように重要であったのだろうか。以下は、この問いに答えることを試みる。また、カントは講義活動において、verisimile及びverisimilitudoの概念に対してさまざまな説明を用いる。この点に関してもカントの思考の足跡を辿り、verisimilitudoの概念の多様性を明示することを試みる。

### a) 『ブロンベルク論理学』における「仮象的（scheinbar）」と「蓋然的（wahrscheinlich）」の概念

ほぼ1770年代初頭までのものと見られる『ブロンベルク論理学』では、verisimilitudoがScheinbarkeitではなく、Wahrscheinlichkeitで翻訳されている（vgl. XXIV $196_{2\text{-}3}$）。しかし、これが学生の筆記ミスによるものであることは排除できない[19]。「蓋然的（wahrscheinlich）」の概念には次のような定義がなされる。「……真理の度合いが反対の根拠よりも大きい場合、認識は蓋然的（wahrscheinlich）である」（XXIV $143_{25\text{-}27}$）[20]。そして、「蓋然的（wahrscheinlich）」の概念は、「充足理由」との連関で扱われる。「蓋然性においては実際に充足理由が現存する。しかしこの真理根拠は反対の根拠より大きく、それを凌駕している」（XXIV $143_{29\text{-}31}$）[21]。このカントの概念規定はおそらく、ヴォルフによる、充足理由の確実性との関連における蓋然性概念の取り扱いに遡ることができるであろう[22]。「仮象的（scheinbahr）」の概念については、次のように定義される。「認識が単に不十分な真理根拠に基づく場合、すなわち、事柄の反対よりも多くの根拠が把握されるような場合、認識は仮象的（scheinbahr）である」（XXIV $194_{10\text{-}12}$）[23]。つまりそこでは、確実性との直接的関係が成立しない。「認識根拠と確実性のいかなる関係も見出されない場合の、一切の判断は蓋然的ではなく、仮象的（scheinbahr）である」（XXIV $145_{30\text{-}32}$）。それゆえ事柄に対する根拠が、論理的確実性の尺度なしに反対根拠と比較されるにすぎないとき、認識は単に「仮象的」である。以上から、カントはほぼ1770年代初頭には、両概念の区別立ての着想をもっており、その限りにおいてヴォルフやヴォルフ主義者たちから袂を分かっているといえる。カントは、両概念を比較することで、新たな洞見を獲得し、それぞれの概念の異なる特性を見出そうとする。両概念に共通なことは、どちらも不確実性である不十分な根拠を出発点にすることである（vgl. XXIV $194_{9\text{-}15}$）[24]。ヴォルフにおいては、数学的方法を蓋然的なものの領域に適用することが前面に出ていた。ヴォルフは「蓋然的（wahrscheinlich）」の概念をprobabilitas

と等置した[25]。何人かのヴォルフ主義者においては、probabilitasもverisimilitudoも不確実ではあるが反対を凌駕する根拠をもつような事態を表しており、そこでは、論理的確実性が尺度として機能していた[26]。カントは、遅くとも1770年代初頭までには、両概念の相違を認識しており、蓋然性を仮象性と区別して、安定した事態として把握する。「一方、すべての仮象的判断は、事柄に与する根拠の認識の多さによって、また、事柄に反する根拠の認識の多さによって、日々変化する。これに対し、蓋然的なものはすべて、いわば永遠に蓋然的である。というのも、蓋然性の根拠はたしかに不十分なものではあるが、反対の可能的根拠より大きいからである」(XXIV $197_{4\text{-}9}$)[27]。カントは蓋然性をまた次のように定義する。「すなわち、蓋然性においては現実的なものではないが、ある条件の下で可能的なものが判断される」(XXIV $197_{21\text{-}23}$)。ここではおそらく、数学的計算に基づく蓋然性が念頭に置かれているのだろう。蓋然性を扱う文脈において、数学と哲学の対置に言及される。「数学だけは、われわれが事物の充足理由において認識しうるような性質の学問である。ところが、哲学においては、このことは成り立たない。それゆえ、哲学におけるすべての認識は、……けっして蓋然的ではなく、常に仮象的にとどまる」(XXIV $197_{15\text{-}21}$)[28]。こうした叙述は、懸賞論文の立論の路線上にある。そこでは、両学問の相違が、真理に必要な十分な徴表との関連づけにおいて明確にされていた[29]。数学的に規定できる可能性は、「一つの同一の条件の下に常に不変である」(XXIV $197_{24\text{-}25}$)[30]。一方、カントはたとえば、月における生物の生存の可能性についての認識といった、十分な探求がなされる前の認識状態を「仮象的」であるとする。月における生物の生存の可能性の認識は、ヴォルフやマイヤーにおいては、蓋然的と見なされていた[31]。これに対し、カントは、それを仮象的と見なすのである。「人は月を照り輝く小物体であると考える。……その後、人は月の大きさを測り始め、われわれの地球よりも小さく、そこには山や谷があることを発見した。それどころかそこに住民がいると憶測する天文学者がいたが、他の者は生物は存在しないと考えた。月に関するこうした認識はきわめて可変的なものであり、まさにそれゆえに蓋然的ではなく、仮象的である……」(XXIV $197_{31\text{-}39}$)[32]。仮象的判断は、探求の当面の状況に応じて変わりうる（vgl. XXIV $197_{4\text{-}6}$）。データがあまりに少ない場合、臆見を蓋然的と見なすには時期尚早なのであって、さらなる研究を要するのである[33]。まだ事態の十分な探求がなされる前に不十分な根拠から真と見なすことを「仮象的」であるとするカントのこの規定は、クルージウスにおけるverisimileの概念規定との大きな類似性を示している。クルージウスは、仮説が単なる現象と一致する事態を観念的可能性とし、月に住民がいる可能性を論理的可能性に組み入れる[34]。カントは、真理根拠の十分な探求がなされる前の事態を仮象性と言い表すのである。「根拠について、真理のより大きな、もしくはより小さな度合いがあるかを探求しないで真と見なすことは仮象性である……」(XXIV $143_{23\text{-}25}$)。この探求の始めの事態であるということが、仮象性の一つ目の意味を表す。

次にカントは、この時期、仮象性に「誤謬（Irrtum）」の面を認める。「仮象性においては実際に誤謬が見出される。しかも不十分な根拠を意識しないという形で」(XXIV $194_{20\text{-}22}$)。このようにカントもドイツ啓蒙の伝統に則り、認識の確実性を脅かす要因を認める。ドイツ啓蒙の大抵の思想家たちは、「妄想」、「信じ込み」、「誤謬」、「怠惰」、「傾向性」、「先入見」といった、われわれの認識を脅かすものを論じている[35]。カントも、「仮象的」の概念に、誤謬に導く要素を認め、しかもそれを根拠の不十分性についての意識の欠如にあるとする[36]。それゆえカントは、不確実性の意識の重要性を強調するのである。「第一の規則はこうである。すなわち、すべての、とくに真の認識においては、人は何よりもまず、不十分な根拠から生じたり、生じるうる不確実性を意識しようとしなくてはならない」(XXIV $194_{22\text{-}25}$)。ここでの考察においては、認識の真偽如何よりも、むしろ不確実性の意識の成立如何が問われていることは注意すべきであろう[37]。以上の誤謬の面は、カントにおける仮象性の二つ目の意味を表し、後に、「信じ込み（Überredung）」の概念についての考察の際に、さらに詳しく論じられよう[38]。

また当論理学講義でカントは、客観的及び主観的という表現に言及する。しかしこれはカントの専門用語の中でももっとも多義的なものに属する[39]。充足理由は客観的であり、不十分な根拠が主観的であると述べられた後に（vgl. XXIV 145$_{17\text{-}18}$）、カントは仮象性と蓋然性の両概念を次のように説明する。「蓋然性は……客観的根拠である。仮象性は主観的根拠である。すなわち、蓋然性と非蓋然性は、認識されるべき客観のうちにある（liegt in dem Objekt）。これに対し、仮象性は、事柄のいかなる認識も有しない者の中にある」（XXIV 145$_{34\text{-}39}$）[40]。充足理由においては、対象のうちにあるところのすべてのものが認識される。蓋然性との関連においては、客観的という用語は、客観のうちにあるという意味で用いられている[41]。「これ（＝充足理由）は、当然のことながら事柄のうちにあるすべてのものを含む」（XXIV 145$_{24\text{-}25}$）[42]。蓋然性は客観的根拠に基づく限り、事柄のうちにある根拠の認識次第で決まる。しかし、客観のうちにあるという表現を通じて、客観的根拠における認識論上の側面は見逃されてはならない。上述のように、カントは蓋然性の概念を確実性である充足理由と関係づけて取り扱っている[43]。確実性は、「私が有する認識根拠と充足理由の全体とが等しい状況」にあることで成立する（XXIV 144$_{34\text{-}36}$）[44]。したがって、蓋然性の根拠の考察においては、認識する主観との関係が重要な役割を演じる[45]。仮象性においては、事柄のうちにある根拠の認識は問題とならず、単に主観の内にある根拠が問題となる[46]。

### b）『フィリッピー論理学』における「仮象的（scheinbar）」と「蓋然的（wahrscheinlich）」の概念

ほぼ同時期のものと推測される『フィリッピー論理学』でも、充足理由との関係での「蓋然的」の概念規定が繰り返される[47]。同時に、当論理学講義においては、根拠と反対根拠を単に比較することに対する明確な疑念が表明される。「人は根拠を相互にではなく、充足理由と比較しなくてはならない。したがって、論争においては、根拠と反対根拠が比較されるだけでは十分ではない。それらは信憑の充足理由と比較されなくてはならない」(XXIV $433_{14-17}$)。

『フィリッピー論理学』では、『ブロンベルク論理学』と同じように、主観的と客観的という区別立てのための基準が用いられる。同時に、詩作を例にとる説明がなされている。「信憑の客観的根拠は、客観のうちにあるがゆえに、すべての人に妥当する。仮象性はただ個別的主観にだけ妥当する。人間が死後消滅するであろうことは常に仮象的である。詩人はまたそれをそのように表象する」(XXIV $436_{27-30}$)[48]。ここでカントが念頭に置いているのは、おそらくバウムガルテンとマイヤーの美学におけるverisimilitudoの概念であろう[49]。引き続き、カントは、蓋然性に悟性を、仮象性に感官、仮象、現象を割り当てる（vgl. XXIV $433_{31-34}$)。さらに、次のような例があげられる。「古人にとり、またすべての普通の人々にとり、太陽が地球の周りを回っているというのは仮象的である」(XXIV $437_{11-13}$)。この概念規定には、トマージウスにおける、否定的意味を有する方のverosimileの概念、及び18世紀初頭までドイツ語では「真理に似た（der Wahrheit ähnlich)」という語で翻訳されたverisimileの言語使用法との類似性を示している[50]。このように、カントの論理学講義においては、ドイツ啓蒙の思想家たちのさまざまな概念規定が登場する。このことは、カントが「仮象性」概念に関して、ドイツ啓蒙哲学から多くの影響を受けているということを物語る。上に引用された箇所においては、カントは、仮象性の根拠を単に私的妥当性を有するところの、信憑の主観的根拠に組み入れる。「主観的」という概念は、ここでは、「単に主観の性質との関係にあるということを意味する」(XXIV $437_{9-10}$)。これに対し、上の引用文で、蓋然性の根拠は、普遍妥当的である客観的根拠に組み入れられる[51]。そして、カントは、すでに多元論（Plurarismus）の考察において、ドイツ啓蒙思想研究において中心テーマの一つとなっているところの、真理の外的基準を手にして[52]、普遍妥当的認識を単なる私的妥当的仮象に対置するのである。「第二の基準は、われわれの主観の認識と他の主観の認識との一致である。あらゆる人に妥当するものは一般に真であり、単に私的妥当性を有するものは仮象である」(XXIV $389_{35\text{-}38}$)[53]。以上からわかることは、仮象性の単なる私的妥当性に対置されるところの、蓋然性の普遍妥当的根拠の考察において、カントは、とりわけ真理の外的基準を念頭に置いている、ということである。カントは真理のこの基準に二つの機能を求める。一つは、認識の豊穣化と、もう一つは認識の是正である。「人間の悟性は、認識をおよそ可能な限り拡張するという自然的法則を備えているがゆえに、悟性が真なるものと偽なるものとを区別するための手段は禁じられてはならない。そうした手段によって、悟性は、認識を豊穣化するだけではなく、是正することができるのである」(*Logik Blomberg* XXIV $93_{8\text{-}12}$)[54]。カントがここで強調することは、ある判断を知らせること、及び伝達することの必要性である。「人は判断を知らせること、すなわち、判断を晒すことが必要である。それに対する万人の洞察のいかなる妨げもしない、ということである」(XXIV $93_{13\text{-}15}$)。「われわれの臆見に対する他者の賛同、そして、他者の意向に即したわれわれの思考の吟味は、他者の悟性を頼りにするというわれわれの悟性のきわめて卓越した論理的試みである。人間は正しく判定しうるためにも、認識のこうした伝達、及びコミュニケーションを大いに必要とするのである」(XXIV $150_{20\text{-}26}$)[55]。ヒンスケが叙述するように、外的基準の思想の根底には、普遍的人間理性の理念があり、その理念は長い前史をもち、事柄上はドイツ初期啓蒙の「折衷哲学(philosophia eclectica)に行き着く」[56]。ヒンスケはカントの「普遍的人間理性」の理念に関して、二つの側面を指摘する。第一は、人間は「普遍的」人間理性の担い手として、誰もが多かれ少なかれ真理に与っていること。第二は、その認識は、「人間」理性の有限性のために、真理全体への完全な洞察は示しえないことである。ここから、真理全体に一歩一歩近づくために、他の見解に真理の要素を認める必然性が生じる[57]。

以上をまとめるならば次のように述べられよう。カントは1770年代初頭の頃、「仮象性」の概念を、低い度合いの推測、美感的に真なるもの、感性的仮象という意味で用いる。そこにカントは、探求の初めの認識状態という面と、不確実性の意識の欠如のため、誤謬に導くという二つの側面を見る。また、仮象性の事態と蓋然性の事態を対置するならば、後者は根拠の不十分性の意識のために再三再四探求を企てることを要しており、そこでは論理的確実性への要求が常に念頭に置かれる[58]。

## 第11節　1770年代初頭における「臆見」と「信じ込み」の概念——マイヤーとの対決

第9節の終わりに設定された第二の問題点に関して、とくにverisimilitudoの概念に関するカントとマイヤーの相違を明らかにするために、「臆見（Meinung）」と「信じ込み（Überredung）」の概念分析が役に立つであろう。その区別立てとの関連において、仮象性の二つ目の側面とその源泉がさらに探求されるべきである。同時に、この文脈で登場するところの、警告や行為規則も考察されるべきである。

『ブロンベルク論理学』において、仮象性と蓋然性の概念が取り扱われた後、カントは、信じ込み概念を用いて仮象性について次のように説明する。「認識の仮象に基づく信憑は、信じ込みと呼ばれる」（XXIV $143_{32\text{-}33}$）。当論理学講義において、マイヤーに倣った「臆見」と「信じ込み」の対置が見出される。「この節〔＝§181〕において筆者〔＝ マイヤー〕は臆見一般について語っている。しかし臆見は信じ込みに矛盾対立する。両者〔＝臆見と信じ込み〕においては不確実な認識がある。しかし信じ込みにおいては、人は認識を確実なものと見なす。これに対し、臆見においては認識を確実なものとは見なさない」（XXIV $218_{16\text{-}20}$）[59]。論理学講義の教本であるマイヤーの『論理学綱要』における「臆見」と「信じ込み」の区別が、カントにこの思想に取り組み、発展させるきっかけをつくったといえよう。カントは信じ込みを蓋然性にではなく、仮象性に組み入れる。「蓋然性の尺度に従った判断は信じ込みではない。単なる仮象性からの判断が〔そうである〕」(XXIV $143_{37\text{-}39}$)。信じ込みの要素としての誤謬は、カントにおいてますます前面に出て論じられる。「ここ（＝信じ込み）においては、人は、反対の根拠の方が真理のより大きな度合いを有するのではないかということを探求することなしに、ある認識に賛同するための真理のありとあらゆる度合いを想定する。……こうした信じ込みは、一種の眩惑である。というのも、そこでは人は常に一方の側面だけを考察して、他方の側面はいささかの熟考もしないからである。このことはきわめて有害である」(XXIV $143_{34}$-$144_{3}$)。このように、信じ込みは、反対根拠を探求することなしに、想定を賛同する点にその本質がある[60]。

仮説は、臆見の領域に属し、「哲学的臆見の特殊な種類のもの」である(XXIV $220_{1\text{-}2}$)。仮説は、現象と帰結との一致に依拠する（vgl. XXIV $220_{7\text{-}8}$)[61]。カントはある特定の条件の下に、仮説にも一種の確実性、すなわち、相対的確実性を認める。「仮定された仮説から導かれるすべての帰結が真であり、所与のものと一致するならば、それはもはや臆見ではなく、確実性である。（中略）あらゆる前提にはおよそ無限の帰結がありうる。しかし、賛同の根拠が反対のすべての根拠を凌駕するならば、それは相対的確実性（Comparative Gewisheit）である。反対が不可能、もしくは不合理である場合には、絶対的確実性が成立する」(XXIV $220_{17}$-$221_{2}$)。他の箇所では、二つの確実性が次のように説明される。「相対的確実性は、信憑の根拠と反対の根拠との比較である。確然的確実性は絶対的であり、信憑の根拠と充足理由との比較において成立する」(XXIV $225_{23\text{-}26}$)。それゆえ、仮説においては、充足理由との直接的関係性は除外されているが、仮説の考察においては、確実性という目標設定が認められる。「最終的に、根拠が、帰結に含まれる以上の規定には十分ではないが、そのすべての規定に十分である場合、それはもはや仮説であることを止める。その根拠は理論、すなわち、確実性になる」(XXIV $222_{1\text{-}4}$)。ここでは、ヴォルフとマイヤーとの類似性が認められる。両者においても、仮説における確実性の目標設定がなされていた[62]。

またヴォルフやマイヤーにおけるように、仮説に執着する強情さが警告される[63]。「……すべての仮説は徹頭徹尾、問題的（problematisch）に想定される。したがって、いかなる仮説に対しても強情に（hartnäckig）執着してはならない。人がその偽や不確実性を洞察するや否やそのまま進ませることはできなくなるからである」(XXIV $224_{11\text{-}15}$)。マイヤーの蓋然性理論における強情さ概念に関する詳述が、ここでカントに強い影響を与えていることは明らかである。マイヤーと同様に、カントは、信じ込みが真理の発見に及ぼす有害性を、とくに見かけの確信のせいで起こるところの探求の停滞のうちに認める[64]。仮説においては、まずもって蓋然性に関する認識論的考察がなされる。すなわち、蓋然的臆見と現象との一致が問われる[65]。一方、この強情さへの警告は認識論というよりは、むしろ経験的心理学ないしは人間学に属する観点であろう[66]。論理学講義においてこうした論述の視点の移行がなされるのは、カントがヴォルフやマイヤーと同じく、不確実な認識における誤謬の面を指摘し、しかもそれを不確実性の意識の欠如に帰し、そこに人間の認識を脅かす一つの根本問題を認めたからだといえる[67]。すなわち、意識もしくは主観の態度の文脈における、こうした論究が重要性を帯びることになるのである。

引き続きカントは、信じ込みの論理的側面だけでなく、美感的側面を強調する[68]。「信じ込みは論理的根拠から発するものと、美感的根拠からのものとがあり、後者は悟性や理性に因るのではなくて、ある種の傾向性から生じるものである。われわれはある事柄を真と思うか、偽と思うか無関心ではいられないことが多く、その場合、ある認識を信じ込んでしまう重大な根拠が現存するのである。人間はそもそもきわめて多くの眩惑に服しており、それらが人間をボールのように弄ぶのである」(XXIV $227_{10\text{-}17}$)。この文章には、この時期におけるカントの美感的確実性に関する見解が反映されている。美感的確実性が生じるのは、とくに人が自分の臆見の反対を単なる習慣や快適さのために不可能と見なすことに因る（vgl. XXIV

$198_{23\text{-}25}$)。この確実性の実例としてカントは、宗教と死後の生に対する信仰をあげる（vgl. XXIV $198_{25\text{-}27}$)。美感的確実性は、満足及び不満足の感情に訴える。「ここでの確実性は単なる感情に基づく。あるものが誰かを満足させる、あるいは不満にさせるかに応じて、それは受け入れられたり退けられたりするのである。このように人間の心情は多くの眩惑とまやかしに服している。つまり、あるものが気に入っているからといってそれを確実と見なしたり、気に入らない、不愉快にするからといってそれを不確実と見なすようなことがたびたび起こるからである」(XXIV $198_{27\text{-}34}$)。もっぱら快・不快の感情に基づく確実性は紛れもなく主観的なものであって、それは人間に固有の快適さから生じる。「この〔＝美感的〕確実性もしくは不確実性は客観的なものではなく、むしろ主観的なものである。それは事柄の反対とその根拠を正当化したり探求したりする気持ちを人から削ぐ。（中略）われわれは、事柄の反対を探求するのが労が多く煩わしいがために、たびたびあるものを安楽に真と見なす。また、反対を探求する気が進まないからといって、それを不可能と見なす」(XXIV $198_{34}$-$199_{5}$)[69]。このように美感的確実性においては、反対論拠を探求しようとする気持ちをまったく欠く。こうした信じ込みにおける誤謬の問題は人間学の対象である。ここにはクルージウスにおける論述との大きな類似性が示されている。つまり、ある臆見を想定するか否かが、まったくわれわれの意志の傾向性次第となり、反対の考えが単なる嫌悪の感情のために探求されない、ということである[70]。カントは1770年代初頭の頃、クルージウスのように、信じ込みにおける誤謬の面を目の当たりにして、強情さの警告だけでは納得せず、さらに人間の意志の状態を明確にしようとしたのだろう[71]。

また『ブロンベルク論理学』において、カントは、マイヤーに倣って、次のように確信を定義する。「充足理由に基づく……認識の意識は、確信と呼ばれる」(XXIV $144_{4\text{-}5}$)[72]。

主観への影響に関しては、信じ込みも確信と同じくらい強く作用する。「その認識が単なる信じ込みであるか、あるいは確実な真理すなわち確信であるか否かの、主観における状態は同一である」(XXIV $146_{1\text{-}3}$)。仮象性の領域において、識別のための適当な基準を見出すことにカントは困難を感じる。「信じ込みと確信の区別はかなり困難であって、正当に規定されることはごく稀である。これが生じるのは、人はとかく真の確信ではなく、見かけの確信のために労するからである」(XXIV $218_{26\text{-}29}$)[73]。この文脈でカントは「数学」の効用を説く。すなわち、マイヤーに倣って、数学が真の確信には何が必要かについての感覚を呼び起こすものとする(vgl. XXIV $146_{31\text{-}35}$)[74]。そして、カントは事柄を反対の視点から考察することがいかに重要であるかを強調する。この行為規則は、すでにドイツ啓蒙思想研究において中心テーマの一つとなっているところの、真理の外的基準[75]から導かれる、「自らを他者の立場に置く」というもの[76]である。カントが出版の自由を根拠づけようとした際の証明を、三段論法の形式で定式化するとするならば、自らの臆見を他者に差し出すという義務は、その前提を形づくる。この規則は、後に「拡張」の格律(vgl. *KU* B159 f.)、及び自由な思惟様式(vgl. *Anthr.* B167)と呼ばれるものになっていく。仮象性の文脈において、この格律は、認識の不確実性の意識を呼び起こすために活用される。「仮象性においては実際に誤謬が見出される。しかも不十分な根拠を意識しないという形で。それゆえ第一の規則は、すべての、つまり真の認識においてすらも人はまずもって不十分な根拠から生じる、いや生じうる不確実性を意識しようとしなくてはならないということである。それゆえ、いわば敵対者の置かれている状況に身を置かなくてはならない。この疑念を抱く者は、認識の反対を主張するための十分な根拠をもつと信じている……」(*Logik Blomberg* XXIV $194_{20\text{-}27}$)[77]。したがって、当行為規則は信じ込みの発見に役立つ。「私が賛同するものと同じだけ多くの重大な根拠を認識の反対にも見出すならば、私の認識はいささかも確信ではなく、信じ込みが確信の現象を映し出していたにちがいないということを私は洞察するのである」(XXIV $146_{18\text{-}23}$)[78]。一方カントは、マイヤーによる「信じ込み」と「確信」の概念の取り扱いには満足を見出していない。「この節〔＝§184〕で筆者〔＝マイヤー〕は言う、人はありとあらゆる誤った認識を防止すべきである、人は見かけの確信または見かけの信じ込みを避けるべきであると。しかしこのことは誰でも知っていることである。筆者は、もしいかなる徴表によって信じ込みが確信から区別されうるかということを示していたなら、何か卓越したことを言っていたであろうに」(XXIV $226_{26\text{-}32}$)。マイヤーにおいては、むしろ美感的蓋然性、並びに信じ込みのための原則である先入観の効用が強調されていた。美感的信じ込みに対しては、それが主観の心情への強い効果を有するという肯定的な面が強調されていた。もちろん同時に危険な先入見は警告されていたが、しかしその警告は、論理的に不確実なものを論理的に確実なものとは見なさないようにとの、論理的蓋然性における警告と区別されるものではない[79]。マイヤーでは、論理的確実性が蓋然性に対してのみならず、信じ込みに対する尺度としても機能しているのである。カントは、このマイヤーによる単なる警告には満足を見出さず、信じ込みが支配する領域に、論理的確実性とは別の尺度の必要性を認めていたといえる。

カントは、実践的道徳の領域において、信じ込みと確信を区別するための徴表が見出される可能性を感知する。「われわれは実際には人倫の理論、人間の道徳的態度に関する思索を有するが、真の実践的道徳を有しているわけではない。それゆえ、誤った信じ込みと真の確信とを区別するしるしを示すべきだと誰も要求できない。これはいずれ発見されるはずである」(XXIV $227_{3\text{-}9}$)。以上からわかることは、カントは、信じ込みと確信を区別する問題を単なる思弁の問題としてではなく、実践的、いや道徳的問題と見なしていたということである[80]。

『フィリッピー論理学』でも、カントはまず、マイヤーに倣って臆見と信じ込みを解釈する。「臆見は不確実であることを意識している限りの不確実な認識である。不確実な認識を確実であると見なす場合には、信じ込みとなる。信じ込む者は、確実性と蓋然性の相違を洞察しない。いったいどこに欠陥があるかを知る意志がある場合には、真の確信を識別するにちがいない……」(XXIV $439_{12\text{-}17}$)[81]。臆見においては不確実性の意識があるが、信じ込みにおいては確実性の思い込みがある。当論理学講義において、カントは「仮象的に確実である認識」を信じ込み[82]、「悟性に因る……確実性」を確信と呼ぶ(XXIV $437_{14\text{-}16}$)。

カントは帰結からその根拠へと進む仮説的推論に、接近があることを認める。「帰結の真から認識の真へは、接近(Approximation)によって推論される。しかし、論理的明証性が所有されるわけではない。たとえば、コペルニクスの体系及び他のすべての仮説の正当性は、真の帰結が多いことから推論される」(XXIV $392_{32\text{-}36}$)[83]。また、仮説の道において完全な確実性に至ることの困難について叙述される。「臆見がすべての帰結の説明に十分である場合には、完全な確実性が成立する。しかし、そのためには人はすべての帰結を知らなくてはならない。これはいかなる場合にも成し遂げられないだろう……」(XXIV $439_{36}$-$440_{2}$)[84]。ここでカントはおそらくヴォルフと袂を分かっている。ヴォルフは、仮説にとどまることをよしとはしなかった[85]。

以上、両論理学講義の考究から以下の結論が導かれる。カントはほぼ1770年代初頭の時期、マイヤーでは蓋然性に属する要素を仮象性に組み入れ、ますます単なる信じ込みに滑り落ちる危険性を認める。一方、仮象性の領域において、識別のための適切な基準を見出すことの困難と必要性を感じている。そして、ひとつ目に強情さの警告と二つ目に反対意見の矮小化といった心理学的ないし人間学的観点が叙述される。この第一の点は、ヴォルフやマイヤーにおいても臆見と信じ込みの区別の文脈で見出された。第二の点は、悟性認識に意志が及ぼす有害な影響に関するクルージウスの見解との著しい類似性を示す。さらに、信じ込みの発見のために、敵対者の立場に身を置くことの重要性が強調される。これは、ドイツ啓蒙思想の根本思潮の一つから導出される行為規則である。こうした措置は、尺度であるところの論理的確実性の目標を見失わないようにする。しかし、カントは、ヴォルフやマイヤーとは異なり、仮象性のための判定尺度をさらに実践的道徳の領域に求める[86]。

## 第12節　ほぼ1770年代初頭における「道徳的確実性」の概念の不明確さ

第9節の終わりにあげた第三の点に関しては、仮象性の領域における尺度を探求するカントの試みを跡づけるために、「道徳的確実性」の概念分析が役に立つ。同時に、カントのこの概念に導いたところの外的要因も考察する。

『レフレクシオーン』2625番（1764年秋－1770年、1773年－1777年）において、カントは、実践的確実性の中で、実用的確実性と道徳的確実性を区別する（vgl. XVI $442_{3\text{-}4}$）。『レフレクシオーン』2626番（1764年－1768年、1773年－1778年）において、道徳的確実性が次のように説明される。「それを破棄するならば、すべての道徳性が破棄されるようなことは、道徳的に確実で（moralisch gewiß）ある。たとえば、次の二つの命題は道徳的に確実である。すなわち、神は存在する。他の世界は存在する」（XVI $442_{6\text{-}9}$）[87]。

『ブロンベルク論理学』においてカントは、たいていの著者が、当該概念を人間の態度への関連づけなしに取り扱っていることを批判する。「たいていの、いやほとんどすべての著者は、道徳的確実性の概念をまったく知らない。かれらはありとあらゆる蓋然性をその概念に割り当てる。たとえば、月に住民がいることは不確実であるが、幾分蓋然的であることが常である。ある者はこれを道徳的に確実であると想定する。しかし、これは成立しない。なぜなら、こうした判定は態度に何の影響も及ぼさないからである。それは論理的蓋然性、すなわち、単なる思弁である」（XVI $200_{35}$-$201_{3}$）[88]。ただし、これはマイヤーに対する批判ではないだろう。マイヤーは、『大論理学』において、道徳的確実性の概念を人間の態度に関連づけて取り扱っている。「ほぼ周到な確実性であるほどにまで、蓋然性がきわめて大きいものになることがありうる。道徳的確実性と呼べる程度の蓋然性が存在する。なぜなら、それは、われわれの賢明で理性的で有徳な態度に関連づけることによって、数学的確実性に等しいと評価しうるものだからである」(*Vernunftle.* § 207, S. 287 f.)。マイヤーは実践的確実性に思弁的確実性を対置する。「認識はわれわれをある行為をするように、あるいは止めるように著しく動かす限りにおいて、実践的である(cognitio practica)。実践的でない、すべてのより完全な認識は、思弁的認識(coginitio speculativa, speculatio)と呼ばれる」(*Auszug* § 216, S. 61 [XVI $516_{20-22}$ – $517_{1-2}$])。マイヤーは、実践的認識をわれわれの態度と意志に影響を及ぼすもの、ないしはわれわれの行為がそこから生じるところの衝動と解釈する(*Vernunftle.* § 247, S. 363)。またマイヤーは、理論的認識と対置して、実践的認識を次のように定義する。「あることをなすべき、もしくは止めるべきと思い浮かべるところの認識は……実践的と呼ばれる。それは理論的認識(coginitio theoretica, theoria)」に対置される……」(*Auszug* § 217, S. 61 f. [XVI $517_{25-28}$])。このように実践的認識には、意志に影響を及ぼし、何が起こるべきかを指示するという意味が含まれる。『論理学綱要』第30節では、学術的実践的認識に関して、次のような定義がなされる。「学術的認識は、われわれの自由な行為の用意に寄与するものである限り、実践的である(cognitio erudita practica)……」(ebd. § 30, S. 9 [XVI $108_{26-28}$])。『フィリッピー論理学』では、カントはマイヤーに倣って、「認識の実践的完全性」をわれわれの活動ないしはわれわれの選択意志に影響を及ぼすものとして取り扱う(XXIV $368_{11-12\ u.\ 26-27}$)[89]。カントはまた、主観的実践的認識と客観的実践的認識とを区別する。前者は「感性の動機」を示しており、われわれを実際に動かしうる。後者は、「いかにわれわれは振舞うべきか」あるいは「人は何をすべきか」を提示する(XXIV $368_{26-33}$; $369_{10-12\ u.\ 16-19}$)[90]。カントは、道徳的確実性の概念に実践的認識の要素を組み入れる点で、マイヤーに与するが、同時にカントは、実践的認識に、主観的側面と客観的側面の二つの側面を認める。さらに、カントは手段と目的という概念を用いて実践的認識を説明する。「……すべての実践的認識は、目的の認識であるかあるいは手段の認識であるかである。後者は前者と区別されなくてはならない。実践的幾何学は目的を、すなわち、行為への動因を何ら教示しない。それは、ある目的に到達するための手段を教示するだけである。たとえば、測定に関する目的が成し遂げられるための条件を提示する」(*Logik Blomberg* XXIV 250$_{17\text{-}23}$)[91]。幾何学における線分を引く例は、マイヤーの『大論理学』にも登場する[92]。そこでは実践的認識が扱われ、行為の規則が指示されてはいる。しかし、実践的という概念が意志に影響を及ぼし、われわれを動かすという意味で用いられるとするならば、「それは単なる思弁である」(*Vernunftle.* § 248, S. 365)。カントは、マイヤーと同じく、熟練の実践的認識は「ある行為へのいかなる動因も」含まないものとして説明する。一方、行為への動因を含むものは、明確に目的に関係づけて論じられる。「……すべての動因はつまり、目的から導出される」(*Logik Blomberg* XXIV 250$_{34\text{-}35}$)。とくに、人倫の教説は「目的の実践的認識」を提示する(ebd. XXIV 250$_{25\text{-}26}$)[93]。

『レフレクシオーン』2625番と同じように、『ブロンベルク論理学』において実践的確実性の中で、実用的確実性と道徳的確実性とが区別されている。この点はマイヤーとは異なる(XXIV 200$_{7\text{-}8}$)[94]。カントの説明はこうである。「それ自体蓋然的認識が怜悧の規則に従って、完全に確実である場合と同じような確かな行為根拠であるとするならば、それは実用的確実性(pragmatische Gewisheit)である。しかし、それ自体蓋然的認識が人倫の規則に従って、完全に確実である場合と同じような確かな行為根拠であるとするならば、それは道徳的智恵[95]である」(XXIV 200$_{9\text{-}15}$)。ここではクルージウスとの類似性と同時に、ずれも認められる。クルージウスは、怜悧の拘束性及び合法的拘束性を示すことによって、それ自体蓋然的認識を、道徳的に確実であると見なした[96]。一方、カントにおいては、道徳法則に基づくところの道徳的確実性の取り扱いが前面に出て論じられる[97]。『ブロンベルク論理学』において、『レフレクシオーン』2626番に対応する箇所が認められる。「実践的信憑であり、確実であるような信仰も存在する。すなわち、それを破棄するならば、実践的意志、全道徳、人倫の教説、神学、宗教等の一般的・必然的法則のいっさいが、つまり崇高なものとして考案されるもののいっさいが破棄され、摩滅されるようなものである。そうしたものはすべて堅固な信仰である。たとえば、次のような命題がある。……神が存在する。……他の世界が存在する」(XXIV $148_{39}$-$149_{1}$)。カントは道徳的信仰をとくに主観への強い影響を及ぼすという観点から究明する。実践的に十分な（vgl. XXIV $148_{33}$）信仰は、「いっさいの疑念を払拭する力」（XXIV 1492-3）を有する。「こうした信仰は、認識の多くの確然的確実性よりもたびたび強力である」(XXIV $149_{2\text{-}3}$)[98]。実践的根拠に基づく信仰のこうした優位は、その内的威力のうちにある（vgl. XXIV $149_{23\text{-}32}$）。道徳法則に従う信仰のもつ強力な作用はとくに、危険、いや死をも甘受するような覚悟をもたせることに示される。「実践的法則、とりわけ道徳法則に従う信仰は圧倒的力を有し、その主観を完全な確信で強め、決心が彼の禍福に関わる場合にすら、危険と不幸にもかかわらず、相変らずその信仰を堅持するような事態にまで至らせる。人が道徳的命題に賭けて死ぬのを見る」(XXIV $149_{38}$-$150_{5}$)[99]。道徳法則と関連づける、道徳的確実性に関するこうした論述が前面に出る場合にも、詩作の文脈での次のような例もあげられる。「詩人は、あれこれの事柄に関して、ただ道徳的に確実にのみなりうる」(XXIV $199_{26\text{-}27}$)。そのことはとりわけ、信じ込みの発見には重要なことなのであるが、道徳的確実性に基づく信仰には、反対意見に耳を傾ける心づもりがない[100]。「信仰において、私は敵対者の根拠に耳を傾けるつもりがない。というのも、信憑に対する私の根拠はそこでは実践的に十分であるからである」(XXIV $148_{31\text{-}33}$）[101]。

これまでの考察をまとめるとするならば、こうである。カントは、この時期、道徳的確実性の概念を実践的問題であるとし、主に道徳法則との関連で取り扱っている。個人に対するその作用の側面を強調し、また美感的要素もそれに付け加える[102]。したがって、道徳的確実性と美感的確実性との明確な区別はなされていない。

『フィリッピー論理学』では、判断のみならず決断において疑いに屈する将軍の例が登場する（vgl. XXIV 433$_{29\text{-}32}$）。『大論理学』においてマイヤーは、道徳的確実性概念の定義に引き続いて将軍の例を用いている。すなわち将軍は、勝利が数学的に確実ではないが十分に蓋然的である場合、部隊を戦場に送る、と（vgl. *Vernunftle.* § 207, S. 288）。一方、カントはこの将軍の例を、論理的に不確実であるにもかかわらず、行為においてまったく断固たりうる、ソクラテスの例とは一線を画する。「思弁において単に不確実であるにもかかわらず、行為においてまったく断固たることが認められる。ソクラテスは別の世界があるかどうか不確実であった。にもかかわらず、それが確実であると知っているかのように行為した」（XXIV 433$_{32\text{-}35}$）[103]。当論理学講義において、カントは歴史的信仰[104]に、道徳的確実性に基づく信仰を対置する。前者は論理的確実性に至りうるが、後者はそうではない。「〔歴史的〕信仰は、理性認識に基づく確実性に対立しない。なぜなら、もし対立するとするならば、非合理なもしくは歴史的認識であるにもかかわらず、信仰が成立しなくてはならないだろう。ところが、そうした認識にも確実性は存在する。たとえば、マドリッドはスペインの首都であることは確実である。〔一方、道徳的〕信仰には依然、一種の〔論理的〕不確実性がある。人間が善行に対する報いを完全に知るとするならば、その道徳性は純粋ではないだろう」（XXIV 421$_{26\text{-}33}$）[105]。歴史的蓋然性に関連づけて道徳的確実性概念を使用することは、クルージウスにおいても認められた[106]。カントにおいてはしかし、論理的確実性に至りうる歴史的信仰と、道徳的信仰とが明確に区別される。

# 第三章
# カントの思考の道程におけるverisimilitudoとprobabilitasの区別
## ——ほぼ『純粋理性批判』出版の時期における「仮象的（verisimile; scheinbar）」と「蓋然的（probabile; wahrscheinlich）」の概念

## 第13節　ほぼ『純粋理性批判』出版の時期における「仮象的（verisimile; scheinbar）」と「蓋然的（probabile; wahrscheinlich）」の概念

### a）『レフレクシオーン』2595番における「仮象性（verisimilitudo）」と「蓋然性（probabilitas）」の概念、及び『レフレクシオーン』2698番における「仮象性（verisimilitas）」の概念

『レフレクシオーン』2695番（1769年、1771年、1773年－1775年）において、カントは、「仮象性（verisimilitudo）」の「暫定的判断（vorläufiges Urteil）の根拠」としての側面を強調し、「……規定的判断（bestimmendes Urteil）」の根拠であるところの「蓋然性（probabilitas）」に対置する（XVI $434_{2\text{-}4}$）。『レフレクシオーン』2698番は、verisimileのもう一つ別の側面の定義を提供する。アディッケスの年代設定によれば1776年－1789年に属する、いわゆるs付記の形で、カントは、一面的根拠だけを有し、反対論拠を知らないか探さないような信憑を「仮象性（verisimilitudo）」であるとする（vgl. XVI $475_{11\text{-}12}$）。そこで問われるのは、人が反対の根拠を知らないかどうかということだけではなく、そもそもそれを探そうとしないかどうかということである。ここには、1770年代初頭の論理学講義での信じ込みの誤謬に関する人間学的考察が反映している[1]。

### b) 『レフレクシオーン』2209番における「仮象性（verisimilitudo）」と「蓋然性（probabilitas）」の概念――マイヤーの「部分的真理（partiale Wahrheit）」の概念に対するカントの注意書き

カントは時間を追うごとに、真理の一部としての「蓋然性」の側面と、仮象としての「仮象性」の側面をますます前面に出して論じるようになる。『レフレクシオーン』2209番（1773年－1778年）において、「蓋然性（probabilitas）」との区別立てにおいて、「仮象性（verisimilitudo）」は仮象であるとされる（vgl. XVI $272_{4\text{-}5}$）。当『レフレクシオーン』は、アディッケスの指示によれば、マイヤーの『論理学綱要』の第100節並びに第101節に向けられている。第100節ではとくに、次のような「部分的真と偽（veritas et falsitas partiales）」の概念が扱われる。すなわち、われわれの多くの認識は一部は真、一部は偽である、と（*Auszug* § 100, S. 25［XVI $263_{37\text{-}38}$］）[2]。そうした例として、マイヤーは「さまざまな宗教の学説体系」をあげる（ebd. § 100, S. 25［XVI $264_3$］）[3]。異教においても、多くの偽と同時に、多くの真の要素が見出される（vgl. *Vernunftle.* § 128, S. 140）[4]。それゆえ、人間の認識の多くの事例においては注意が必要である。つまりある認識に真が多く見出されるとしても、人はまったくの真であると見なしてはならない。また偽が多く見出されるとしても、まったくの偽であるとして退けてはならない（*Auszug* § 100, S. 25［XVI $263_{38}$ – $264_{26\text{-}27}$］）[5]。マイヤーはとくに、たとえば、自分の子どものよい面だけを見て、悪い面を見ようとしない母親のように、なおざりなことやある傾向が強いことを警告する。「自分の子どものよい面だけを見て、その間違いに注意を払おうとしない無思慮な母親のように、なおざりなことやそうした大きすぎる傾向から、これ〔＝過誤〕」が生じるのである」（*Vernunftle.* § 128, S. 142）。ここで、過誤の原因は部分的真をまったくの真であると見なすこと、とりわけその傾向性にあるとされる。また、学説体系における偽の側面を認めることを拒むような激情や党派性が非難される。こうした性質のため、一部が偽である事柄をまったくの偽であると見なす過誤が生じる（vgl. ebd.）[6]。

まさにこの「部分的真理」の概念には、次のようなドイツ啓蒙思想の一つの根本思潮が反映している。すなわち真理は程度の差こそあれすべての人間に分け与えられている。したがっていかなる考えも、十把ひとからげに間違いであると決めつけてはならない。むしろ一歩一歩、完全な真理に近づくために、あらゆる見解において何が真であり何が偽であるかを探求することが必要である[7]。『論理学綱要』の第100節では、内容上、折衷哲学が問題になっている。ドイツ初期啓蒙思想の根本思潮の一つとして、肯定的意味で使われていたこの概念は、カントの「普遍的人間理性」の理念の分析において、ドイツ啓蒙思想研究の中心的テーマの一つとなった[8]。『レフレクシオーン』2209番において、カントはマイヤーの部分的真理の概念のより厳密な確定を試みる。すなわち、部分的真理に関する二つの理解が可能である、と。一つは、普遍的命題を制限する、ということである。普遍的に偽であると供述される命題の、多くの点に関して正しいことがありえる。二つには、ある命題はよい根拠をいくつか有するが、十分な根拠がなく確実ではない、という可能性である。これは、真理の度合いの制限に関わることである（vgl. XVI $272_{2\text{-}4}$）。こうした文脈の中でカントは、『レフレクシオーン』2209番において、部分的真理のある特定の種類であるところの「蓋然性（probabilitas）」を、仮象である「仮象性（verisimilitudo）」に明確に対置しているのである（vgl. XVI $272_{4\text{-}5}$）[9]。このことからわかることは、「蓋然性」においては、たしかに部分的にではあるが真なる思考が、一歩一歩真理の全体に近づく過程にあるということである[10]。

### c）『ペーリッツ論理学』における「仮象的（verisimile; scheinbar）」と「蓋然的（probabile; wahrscheinlich）」の概念

『純粋理性批判』出版とほぼ同時期のものと見られる『ペーリッツ論理学』において、カントは、ラテン語のverisimileを、真理に属するものとしての「蓋然性（probabilitas）」との対立において、明確に「仮象的（scheinbar）」と翻訳する（XXIV $556_{28\text{-}29}$）。『レフレクシオーン』2595番の類似箇所が当論理学講義において見出される。「仮象性は暫定的判断を提供する。蓋然性は確然的ではないが規定的判断を提供する」(XXIV $555_{7-9}$)。このことから当『レフレクシオーン』がほぼ1770年代後期以降のものであると推測することができよう。探求の始めの認識としてのverisimile概念の考察は、当論理学講義において、「暫定的(vorläufig)」という概念によって明確に定式化される[11]。他の箇所で、暫定的判断と規定的判断について解説される。暫定的判断は、探求に先立ってなされる。一方、規定的判断は探求に従ってなされる(vgl. XXIV $546_{25-27}$)[12]。当論理学講義では、「思い込み(Überredung)」、「熟考(Überlegung)」、「探求(Untersuchung)」という概念が究明される。まず、思い込みをカントは次のように説明する。「これ〔=思い込み〕は、客観的であるか主観的であるか知らないような、不十分な根拠に基づく信憑である」(XXIV $559_{24-26}$)[13]。それから、熟考と探求が話題とされる。「思い込みの次に熟考が続く。すなわち、認識がどのような認識能力に属するものであるかがわかっている。その次に探求がある。そこでは、客観に関する根拠が十分であるか、不十分であるかがわかっている」(XXIV $559_{29-32}$)。80年代の初めのものと推測できる『ウィーン論理学』では、さらに次のような補足がなされる。熟考においては、「信憑の原因がわれわれの感官にあるのか、すなわちわれわれの傾向性に関わるのか、悟性が客観の知に基づいて信憑を獲得しているのか」を言うことができない(XXIV $889_{34-36}$)。暫定的判断を提供するという仮象性についての上述の説明を考慮に入れるならば、次のことが推論できよう。カントは仮象性に、「探求に先立つが、熟考をともなう」暫定的判断の要素を組み入れている、と[14]。

『ペーリッツ論理学』において、「蓋然的なものの認識(Erkenntniß des Wahrscheinlichen)と蓋然的認識(wahrscheinliche Erkenntniß)」の区別が認められる(XXIV $554_{28-29}$)。前者は、問題となる客観が蓋然的であると見なされるとしても「確実でなければならない。すなわち、それが蓋然的であることを私は確実でなければならない」(XXIV $555_{27-28}$; vgl. XXIV

$554_{30\text{-}31}$)。したがって、蓋然的なものの認識は、蓋然的なものの確実な意識となるものである。一方、蓋然的な認識並びに仮象性においては、充足理由の確実性との直接的関係は成立しない。「ここ〔＝仮象性〕では、私はそれ〔＝不十分な根拠に基づく認識〕を充足理由と比較せず、反対の根拠と比較する。それゆえ、蓋然的な認識におけるのと同じように、確実性のためにどれだけ必要であるかを知らない」(XXIV $555_{4\text{-}7}$)。それでも蓋然的な認識は、論理的には十分ではないが、実践的には十分でありうる (vgl. XXIV $555_{1\text{-}2}$)[15]。これに対し、すべての蓋然性においては、確実性が尺度として機能しなくてはならない。「すべての蓋然性においては、常に尺度は確実性でなくてはならない。しかし、それは各人各様である。ある者は他の者よりも多くを要求する」(XXIV $555_{13\text{-}15}$)。カントは、すでに1770年代初頭の論理学講義において、ヴォルフとマイヤーにおける蓋然性の概念と対決していた[16]。しかし、『レフレクシオーン』2209番と類似する、『ペーリッツ論理学』における次の箇所は、思想上の発展を示す。「蓋然性は部分的真理である。仮象は真理に対立するが、蓋然性は〔そうではない〕。真理に関する、不十分ではあるが確実な根拠に基づく判断は蓋然的である。不十分なものが充足理由に属するのと同様に、蓋然的なものは真理に属する。なぜなら、蓋然的なものにより多くの根拠が付け加わるならば、それは真になるからである」(XXIV $555_{23\text{-}28}$)[17]。以上から、『レフレクシオーン』2209番は1770年代後半以降のものであることが推測できる。「自らを他者の立場に置く」という真理の外的基準の考察は、1770年代初頭の論理学講義において登場した。それは、ドイツ啓蒙思想の根本思潮の一つを反映したものであった。しかし、カントは1770年代後半以降には、蓋然性を部分的真理の一形式に帰属させ、仮象との明確な区別立てをしたと考える。カントは、さらなる探求を通じて真理に近づきうるような、部分的真理の一形式としての蓋然性と、仮象としての「仮象性 (verisimilitudo)」の区別立てを前面に押し出そうとした。

### d) 『ウィーン論理学』における「仮象的（verisimile; scheinbar）」と「蓋然的（probabile; wahrscheinlich）」の概念

『ペーリッツ論理学』とほぼ同時期に属するであろう『ウィーン論理学』において、probabilitasがWahrscheinlichkeitで、verisimilitudoがScheibarkeitで翻訳されている（vgl. XXIV 882$_{17-18}$）。事柄がprobabelであるとしても、それを扱う認識は認識としてはverisimilisでありうる（vgl. XXIV 882$_{18-20}$）。「蓋然性（Wahrscheinlichkeit）」においては、「信憑の根拠は確実性と」比較されなければならない（XXIV 882$_{21-22}$）[18]。蓋然性概念は次のように定義される。「……すべての蓋然性（Wahrscheinlichkeit）は、信憑が確実性へ接近することを本質とする」（XXIV 884$_{12-13}$）。ここには1770年代初頭の論理学講義における、仮説並びに部分的真理に関する考察が反映している[19]。『ウィーン論理学』においては、「客観の蓋然性と認識の蓋然性」という区別が見出される（XXIV 880$_{8\ u.\ 31}$）。前者は、「ある出来事の根拠が確実性といかなる関係にあるか」に拠る（XXIV 880$_{8-9}$）。認識が蓋然的である場合、それは「信憑の探求に先立つ根拠を示し、吟味の始めの始めであるにすぎない」（XXIV 880$_{32}$ u. 881$_{4}$）。そこでは真理がさらに研究されなくてはならない（vgl. XXIV 881$_{4-5}$）。こうした叙述は、『ペーリッツ論理学』における、蓋然的なものの認識と蓋然的認識の区別に対応している[20]。

『ウィーン論理学』は、『レフレクシオーン』2698番の定義を、魂の不死を例にして説明している。「……信憑の根拠を充足理由と比較し、反対にいかなる根拠も見出さない場合、仮象性が発生する。たとえば、ある人は、思惟する存在、つまり魂は、死においても存在を止めないと述べる。というのも、魂の生命は肉体に左右されないからである、と。私は誕生の偶然性に意義を申し立てる。つまり、それは蓋然的であるのではないかと問う。この反論は何も意味しない。こうした認識は、すなわち仮象的である」（XXIV 883$_{39}$-884$_{7}$）。こうした推論様式は、自己の命題に若干の根拠があり、ある反対根拠を反駁することだけで満足する。敵対者も同じようなやり方で、その反対命題を証明できるという可能性に取り組もうとしない。この時期カントは、「仮象性（verisimilitudo）」に、超自然的存在に関する悟性推論に見受けられ、その仮象としての側面をますます露わにする要素を認めていたといえる。

## 第14節　ほぼ1780年代初頭における「臆見」と「信じ込み」の概念

1770年代初頭の論理学講義における、認識の不十分性の意識に基づくという臆見に関する説明と同じ説明が、『ペーリッツ論理学』に見出される。「われわれの定義から出てくることは、臆見は主観的に不十分な信憑である、ということである。なぜなら、われわれは、それが客観的に不十分であることを意識しているからである」(XXIV $541_{29\text{-}32}$)[21]。さらに、暫定的判断としての臆見の側面が前面に出て論じられる。「臆見は暫定的判断である……」(XXIV $541_{23\text{-}24}$)[22]。

『ウィーン論理学』においては、臆見は一歩一歩、知に至りうるという、臆見と知との結びつきが強調される。「臆見においては、常に知への歩みを辿る。というのも、それは不十分な根拠であるのであって、完全になるためには、補足がなされなくてはならないからである」(XXIV $850_{35\text{-}37}$)[23]。

信じ込みに関しては、傾向性の性癖を解明する文脈の中で、自分の子どもは悪くないと言い張る親の例があげられている。「たとえば、自分の子どもに罪はない、近所の子どもにそそのかされただけだと親は簡単に信じ込む。この性癖はどうして生じるのか。男の子はろくでなしだと他の者がわかっていても、親はそのように思い込む。こうした傾向性の性癖はきわめて重大であるため、片側の主観的、現実的根拠で満足する。他の者が有用な根拠を要求するが、それが仕立てられることは容易ではない。自分たちにはそんなにも明らかなことを他の者が受け入れようとしない場合、自分たちの根拠が習慣の第一原理であると申し立てることができないため、こうした思い込みが正当化されるのである」(XXIV $890_{32}$-$891_{3}$)[24]。信じ込みの原因は傾向性の性癖にあるとカントは考えている。このような叙述は、マイヤーの偏向的母親の実例と類似している[25]。マイヤーにおいてはさらに、信じ込みを扱う文脈において、「囚われ（Voreingenommenheit, praeoccupatio）[26]」に関する詳述がなされる。「もっとも簡単に信じ込むのは誰か。子どもである。というのも、その判断は単に主観的であるからである。子どもは、自分たちが望むことを信じる。その認識はますます拡張され、未熟さのため、自分たちの気に入ることを受け入れ、悟性が要求するものに従って探求しようとはしない。囚われの人も信じ込む。すなわち、臆見が根づいており、他の者が余地を見出すのは容易ではない。人間が囚われるのはざらにある光景である。なぜなら、青少年期の判断が最初に来て、その後、別の判断をするための余地がなくなるからである。法律において最初に所有した者[27]がもっとも幸運な者であるように、いっさいの印象から自由に何かを達成することが困難になるため、悟性もそうした状況を取り除くことはできないのである」(XXIV $854_{5\text{-}16}$)[28]。カントも、信じ込みのさらなる原因は囚われにあると考える。判断が囚われに基づく場合、感性の持ち分と悟性の持ち分を峻別することは困難である（vgl. XXIV $854_{23\text{-}26}$)[29]。マイヤーは『大論理学』の中で、信じ込みの原因を先入観にあるとし[30]、そして、「大きすぎる威信の先入観」を扱う文脈で、幼少期から臆見に囚われる事態を叙述する。「われわれの父や先生は威信のうちにあることが多い。そのため、ごく幼いときから手にした臆見を変えることは容易なことではない」(*Vernunftle.* § 202, S. 276)。『すべての美しい学問の基礎』において、マイヤーは、「威信の先入観（praejudicium autoritatis)」[31]を卓越した先入観としてあげる。なぜなら、それには「信じ込ませる莫大な力がある」からである（*Anfangsgr.* § 175, S. 412 f.)。そうした先入観として子どもの例があげられる。「幼少時代、われわれはこの先入観に従って考え行動する。そのため、幼いときからそれが習慣となり、第二の本性ともなる」(*Anfangsgr.* § 175, S. 413)。またマイヤーは、威信の先入観を美感的信じ込みのために活用しようとする。「こういう状況下では、威信が信じ込ませるあまりにも大きな力を有するため、ある人物の威信にどのように、そして、どの程度まで美感的信じ込みが基づきうるのかを探求することは、骨折りがいのあることである」(ebd.)。

## 第15節　『純粋理性批判』出版の時期における実践的に十分な「確信」と、単なる「信じ込み」との明確な対置——最終吟味としての賭け

以下、verisimilitudoとprobabilitasの区別に関して、ヴォルフ主義者及びその思想に対して、明確な対抗的態度をとるに至るカント独自の着想を明らかにする。

『ペーリッツ論理学』において、実践的に十分な「確信」と美感的「信じ込み」との区別が前面に出して論じられる。「すべての確信……は二通りある。それは伝達されうるか、つまり論理的であるか、あるいはそうではないか〔= 伝達されえないか〕、つまり単に主観的根拠に基づくもので、信じ込みで美感的なものであるか、客観的で主観的根拠に、すなわち意志を規定する根拠に基づくもの、つまり実践的信仰であるかである」(XXIV $542_{20\text{-}25}$)。ここでは、伝達可能な論理的確信と伝達不可能な確信の区別がなされている。カントはさらに、信じ込みに対して論理的に十分な確信だけではなく、実践的に十分な確信を対置する。このことからわかることは、実践的に十分な「確信」と単なる「信じ込み」との明確な区分が、『純粋理性批判』出版の時期の前後になされたということである。まず、論理学講義録、及び論理学講義録に対する自筆遺稿中のレフレクシオーンを手がかりに、この区別に対するいくつかの契機を提示したいと思う。

『レフレクシオーン』2489番（1776年－1789年）において、伝達不可能な主観的根拠に基づく信仰と、伝達可能でなくてはならず、他者の賛同を要する知が区別される（vgl. XVI $393_{15\text{-}18}$）[32]。『レフレクシオーン』2492番

（1776年－1789年）において、道徳的信仰の確信がいかなる理由で伝達できないのかに関する叙述がなされている。「この確信はどうして伝達できないのか。それは、道徳的心術を前提とするからである」(XVI $393_{2\text{-}3}$)。このように、論理的根拠に基づく伝達可能な信仰と、伝達不可能な信仰の相違は明らかである。

この時期、道徳的心術及び良心性に基づく道徳的確信概念の説明が認められる。『レフレクシオーン』2427番（1776年－1789年）において、道徳的に確実であることに関する次の定義が示される。「道徳的心術の前提のもとに確実であるものは、道徳的に確実である……」(XVI $442_{11\text{-}12}$)[33]。それゆえ、道徳的確実性は道徳的心術を前提とする。『レフレクシオーン』2629番（1776年－1789年）において、カントは説明のために良心性の概念を用いる。「道徳的確実性は主観的にすぎない。すなわち、良心性（Gewissenhaftigkeit）をともなってあるものを確実であると表明することである」(XVI $443_{4\text{-}5}$)[34]。

『ペーリッツ論理学』がはっきり示す思想は、実践的に十分な確信は、主観的根拠である関心[35]のために、思弁的確信とは異なり伝達されえないということである（vgl. XXIV $542_{29\text{-}32}$)。当論理学講義においては、1770年代始めの論理学講義と同じような叙述も認められる。感情に拠る信じ込みと確信の区別はおそらくマイヤーへの当てこすりであろう（vgl. XXIV $543_{2\text{-}3}$)[36]。カントはさらに、強い感情が主観に及ぼす側面、及び道徳性の基盤としてのその意義を強調する。「実践的確信はきわめて強力なものであって、道徳的に確実といわれるわずかの命題だけでもその能力を有する。そうした命題はいっさいの道徳性の根拠となる……」(XXIV $543_{8\text{-}11}$)。同時に、『レフレクシオーン』2629番と同じように、良心性への関連づけが見出される。「……〔道徳的に確実な命題〕は、いっさいの道徳性の根拠であり、われわれがそれに従う場合、それらの命題は良心性と合致する」(XXIV $543_{10\text{-}12}$)。カントは実践的信仰の堅固さの根拠は関心にあるという。「たとえば、神や別の世界への信仰は、一切の知よりも堅固である。それは、私たちがそれに対し関心をもつからである」(XXIV $543_{7-8}$)[37]。命法の概念[38]に拠る実践的という概念が、理論的という概念に対置されている（vgl. XXIV $564_{6-7}$）。命法の概念は、「何が起こるべきか」を提示する（XXIV $564_{7}$）。命法との関連づけにおいて規定される実践的認識は、客観的である（vgl. XXIV $564_{10-11}$）。一方、実践的認識が思弁的認識に対置される場合、それには「可能的命法への根拠」が含まれており、「生活を変化」させるような影響力を有する（XXIV $548_{8-12;\ 16-18}$）[39]。当論理学講義では、さらに、実践的認識が価値並びに尊厳の概念を用いて説明される。認識の実践的使用は、間接的な、もしくは直接的な価値を有する（vgl. XXIV $564_{26-27;\ 29-30}$）。前者は他の目的に対する手段を提示する（vgl. XXIV $564_{32}$）。後者は、「人間の尊厳」を担うものであり、カントはそれを道徳性に見出す（XXIV $564_{30-32;\ 37}$）[40]。

『ウィーン論理学』においてもまず、論理的確信が間接的であると述べられる（vgl. XXIV $854_{38}$-$855_{1}$）。それから、実践的確信が主観に及ぼす強い影響力が強調される。「信仰はそこでは堅固であり、人生の利益をあと回しにするほどに理性的人間を圧倒する。いっさいの利益を放棄するほどに義務と希望に拘束されるように駆り立てられる者は、信仰を有しているのであり、確信している。このような信憑は、主観への作用に関してもっとも大きな確実性に引けをとらないのであって、実践的確信は最高に確実なものになりうる」(XXIV $855_{19-25}$)[41]。

当論理学講義では、『レフレクシオーン』2492番や、『レフレクシオーン』2627番と同じように、道徳的信仰は道徳的心術を前提とするという記述がある。「これ〔＝実践的信仰〕は、道徳的心術の基に必然的にそれと結びつくような何かを想定する場合、まったく不変のものと見なされる」(XXIV $851_{31-33}$)[42]。また、『ペーリッツ論理学』においてと同じように、道徳的確実性に関する良心性に基づく説明がなされている（vgl. XXIV $855_{27-28}$）[43]。カントはさらに、幾何学における直線の例を用い、理論的命題と対置して、熟練の命題をそれが「何が起こるべきか」を示すという意味で実践的であると述べる（XXIV $901_{3\text{-}10}$）[44]。数学は認識の実践的使用において、「他の目的のための手段として」「間接的価値」を有し、間接的有用性、つまり市場価格を有する（XXIV $902_{26\text{-}29;\ 35\text{-}37}$）。一方、「道徳性に」基づく「人間の尊厳」は、「直接的価値」を有し、それは、世界の究極目的である（XXIV $902_{29\text{-}32}$ u. $903_{19\text{-}20}$）。世界の究極目的、すなわち道徳性への関連づけが、実践的という概念に特別の意義を与える。「したがって、われわれの意志を改善するのに役立つものが、実践的と呼ばれる……」（XXIV $903_{20\text{-}21}$）。

以上のように、1780年代の始めの論理学講義において、実践的認識を扱う文脈で、究極目的に関する叙述が際立つ。それは、思弁的とされる熟練の規則と対置される。

これまでの考察からわかることは、カントが『純粋理性批判』の出版の頃、道徳的確実性に二つの要素を認めている、ということである。一つは、道徳的心術に基づく、信仰の堅固さであり、もう一つは、良心性と合致するところの、信仰の過ちのなさである。

『ウィーン論理学』においてはさらに、信じ込みと確信の区別のための注目すべき提案がなされている。つまり、賭けが区別立ての手段として推奨されている。「賭け（Wette）は、他者が信じるものを堅固な信仰で真と見なし……ているかを試みる手立てである。賭けをしようとしない者は、あることを大胆に主張しようとはするが、そのために犠牲を払おうとはしない。1ドゥカーテン〔当時の金貨〕ですら賭けようとしない者が多い。2ドゥカーテンになればもう、人は賭けからおじけづく」（XXIV $852_{37}$ – $853_{3}$）[45]。信仰の領域においては、愛着や執拗さでもってあることが真であると見なされることがある（vgl. XXIV $852_{33\text{-}37}$）。認識におけるこうした否定的要素を回避するために、カントは賭けという可能性を指示するのである。思いきってあることをする信仰について、次のように述べられる。「あることを企てる者は、臆見に従って思い切ってそれをするにちがいない。この信仰は理性的信仰でありうる。何かを真と見なすために十分な主観的根拠がありえるため、それに従おうとの認識の決断をなしうるのである」

(XXIV $852_{15\text{-}18}$)[46]。そのような信仰においては、「とりわけその事柄に関しては、〔論理的に〕確実ではありえない」(XXIV $852_{21}$)。それゆえ、いっさいの利益の危険を冒して事柄の真を主張しなければならないと考える場合、人は動揺するということが起こりうる（vgl. XXIV $855_{1\text{-}2}$)。賭けには幸運のさまざまな状況を熟考させる作用があるのであって、人を慎重にさせると言うことができよう。これに対し、いっさいの利益を危険にさらしても人があえてしても動揺するようなものがないような場合、その信仰は完全な確信である（vgl. XXIV $855_{3\text{-}5}$)。極端な賭け、つまり人生のいっさいの利益を巡る賭けによって、主観的な完全な確信を確認することができる。

『純粋理性批判』方法論の「純粋理性批判のカノン」の章における「臆見、知、及び信仰」という節において、カントはまず、信憑の中で確信と信じ込みを区別する。前者は、「あらゆる人間に妥当」し、後者は、主観におけるある特殊な性質に基づき、その根拠の私的妥当性のために「伝達され」えない（*KrV* B 848)。それからカントは、信憑を三つの段階に区分する。第一に、「意識に関して主観的で、客観的に不十分な」信憑である「臆見」、第二に、「主観的には十分であるが、客観的に不十分」である「信仰」、第三に、主観的及び客観的に十分である「知」(B 850)、すなわち伝達可能な「知」である。さらにカントは、「確信」と「信じ込み」の区別立ての試金石として、ドイツ啓蒙思想の根本思潮の一つから導出される行為規則であり、1770年代初頭頃の論理学講義においてすでに見られた真理の外的基準を引き合いに出す。「信憑が確信であるのか単なる信じ込みであるのかの試金石はそれゆえ、外的には、それが他者に伝達され、あらゆる人間理性に妥当するものとして認められうるかという可能性である……」(B 848)。しかし、この試みは、たしかに「単なる信じ込み」の発見には役立つが[47]、「確信」を生み出すことには役立たない（B 849)。この外的基準が十分ではない領域でカントは、次の試金石として「賭け」を引き合いに出す。「あるものが単なる信じ込みであるのか、あるいは少なくとも主観的確信、すなわち確固たる信仰であるのかの通常の試金石は、賭けである。人はたびたび自分が間違っているかもしれないという危惧をまったく脱してしまったかにみえるほどに自信に満ちた、抑制しがたい抗争的態度をもって命題を主張する。賭けがかれを当惑させる。1ドゥカーデンに値踏みされうるにたる信じ込みをかれは所有することがあるが、しかし10ドゥカーデンに値するものを所有しない。なぜなら、おそらくかれは前の賭けならばするであろうが、10ドゥカーデンとなると、かれははじめて今まで気づかなかったこと、すなわち、自分が間違っていることもやはり可能的だということに気づくからである」(B 852 f.)[48]。理論的判断に信仰が関係する場合、それは、「理説的信仰（doktrinale Glaube)」である（B 853)[49]。そこでは信仰は認識の進歩しだいとなる。確実性に到達するための手段を認識が手にするならば、その信仰は「十分な根拠」をもちうる（ebd.)。理説的信仰を論じる文脈において、カントは他の惑星における生物生存の可能性の例を挙げ、賭けを引き合いに出す。「なんらかの経験による決定が可能であるとするならば、われわれのみるところの少なくともいずれかの惑星において住民がいるということに対して、私は私の所有するすべてを賭けたいとさえ思う。それゆえ他の世界にも住民がいるということは、単なる臆見ではなく、強い信仰であると言える（このことの正当性のために私は生涯の多くの利益を賭けるであろう）」(ebd.)[50]。しかし、単なる理説的信仰は「動揺すべき点」を兼ね備えている。というのも、「思弁的意図」の態度をとりつづけるならば、困難に陥るからである（B 855)。とくに全生涯の幸福を賭けることは、真剣にそれに対し、はい、かいいえ、と答えなくてはならない次元に人を引き入れる。そしてカントは、極端な賭けにおいても動揺しないような確信がありうることを認める（vgl. B 855 f.)。それはつまり、「道徳的心術」に基づく「道徳的確信」である(B 857)。実践的意図の中で、「熟練」の意図と「人倫性」の意図が区別され、前者は「偶然的目的」を「達成する条件」に関係し、後者は「端的に必然的な目的」に関係する（B 851)。道徳法則に服従する必然性が、道徳的信仰の考察の出発点となる。「道徳的信仰に関しては事情はまったく異なる。そこでは、あるものは起こらなくてはならないということ、すなわち、私はあらゆる点において道徳法則に従わなくてはならないということは絶対的に必然的だからである。ここでは目的が不可避的に確立している……」(B 856)。「最高善の理想」についての第二節において、カントは道徳法則の疑いえない存在から論述を展開する。「完全にアプリオリ（経験的動機、すなわち幸福と無関係）に、理性的存在の……自由の使用を規定するところの純粋な道徳法則が現実に存在すること、そしてこれらの法則は端的に（他の経験的目的の前提のもとに単に仮説的ではなく）命令し、したがってすべての点において必然的であることを私は想定する。私はこの命題を正当に前提しうる、というのは、私はもっとも啓蒙された道徳論者の証明だけではなく、このような法則を明確に思惟しようとするならば、あらゆる人の道徳的判断を根拠となしうるからである」(B 839)。道徳法則のこの実践的必然性が第一存在の選択に導くことが明確に述べられる。「この〔＝道徳法則の〕内的実践的必然性が、道徳法則に効果を与えるために、自存的原因、もしくは全智の世界支配者という前提へわれわれを導いたのである」(B 846)[51]。このことからわかることは、道徳法則の実践的必然性が神への信仰の不可避的前提であるということである。

引き続き、道徳的信仰は、「格律」、「心術」、「関心」という用語を用いて解明される。第三節において、カントは道徳的信仰の堅固さについて次のように述べる。「……道徳的指示が同時に私の格律であるならば……、私は不可避的に神の存在と来世を信じるであろう、そして、何ものもこの信仰を動揺させることができないことを確信している、なぜなら、もしそうならば私の道徳法則自身が転覆させられるであろうが、私は私自身の目に忌み嫌うべきものと映るようにならない限り、道徳法則を放棄するわけにはいかないからである」(B 856)。道徳的信仰は、「すべての人に無差別に植えつけられているもの」、ないしは「人間の本性の本質的目的」との関連で論じられる（B 859)。ほぼ1770年代後半の論理学講義における論述を参考にするならば、道徳的信仰においては、とりわけ人間の尊厳が問題となる。自己の尊厳の感覚は人間の心情に特別の力を付与する。これに対し、道徳法則を転覆させるならば、自分自身の目に忌み嫌うべき者として映るにちがいない[52]。「道徳的心術」を獲得することが、「道徳的確実性」のための前提となる（B 857）。道徳的信仰には、「もっとも強情な猜疑癖もそれに屈服しなくてはならない」ような力があるのである（ebd.）。そうした信仰は、「道徳性に対する自然的関心」に基づく（B 858, Anm.）。この関心は「すべての理性的存在において」共通のものである（B 857, Anm.）。しかし実際には、道徳的関心は、「善い心術の欠如のために」確立していない（B 858）。道徳的信仰が不動であるかどうかは、どこまで人間がこの関心を「確固たるものにし、拡張する」かにかかっている（B 858, Anm.）[53]。

これまでの考察から帰結として導き出せることはこうである。第一に、カントはほぼ『純粋理性批判』出版の時期には、「仮象性」の領域における重要な尺度が、道徳的心術に基づく実践的確信にあることを認める。この確信は、人生のいっさいの利益を賭けてもぐらつかないものである。第二に、道徳法則の実践的必然性が、道徳的信仰の考察において、明確に出発点とされ、その信仰は人間の本質的目的との関連で論じられる。この関係づけによって、道徳的信仰には特別の意義と力が与えられる。以上、二つの要点により、確信と単なる信じ込みの明確な区別立てが確かなものになった。道徳的関心により堅固である道徳的信仰には、最も強力な疑いにも耐えうるほどの力があるのである[54]。

## 第16節　1780年代及び1790年代における「仮象的（verisimile; scheinbar）」と「蓋然的（probabile; wahrscheinlich）」の概念

### a）『レフレクシオーン』2480番における「仮象的（verisimile）」の概念、 及び『レフレクシオーン』2604番における「仮象性（verisimilitudo）」と「蓋然性（probabilitas）」の概念

『レフレクシオーン』2480番において（アディッケスによればカントの講義活動の後期に属する、いわゆるs付記の形で）、「仮象的（verosimile）」である臆見に対して、「（私が知る）不十分な根拠が反対根拠」に比して優位である信憑、が対置される（XVI $388_{10-11}$）。『レフレクシオーン』2604番（1776年－1789年）において、さらなる区別の契機が提示される。すなわち、カントは、「仮象性（verisimilitudo）」を「信じ込みの量」とし、「蓋然性（probabilitas）」を「確信への接近」であるとする（XVI $437_{4-5}$）。以上からわかるように、カントは、「仮象的（verisimile; scheinbar）」の概念に二つの契機を認めている。すなわち、一つは、臆見の領域に属するということ、もう一つは、信じ込みと見なされるということである[55]。ここでは、当該概念に対する長年の思索が明確に定式化されている。

### b）『ドーナ・ヴントラッケン論理学』における「仮象的（verisimile）」と「蓋然的（probabile）」の両概念

表題紙に1792年の夏学期と日付が記されている、『ドーナ・ヴントラッケン論理学』において、verisimileはscheinbarで、probabileが「annehmbar（仮定できる）」で翻訳されている（XXIV $742_{14}$）。当論理学講義では、これまでの思索の総括が認められる。すなわち「仮象性（verisimilitudo）」の二つの定義がなされる。一つは、信憑の根拠と反対の根拠の比較から生まれるものであること、もう一つは、それに与する根拠は提示されるが、それに反する根拠は提示されない場合の信憑である

(vgl. XXIV $742_{9-10, 12-16}$)。後者において、『レフレクシオーン』2698番に登場した定義が、確立した地位を獲得している。一方、カントは、「蓋然性（Wahrscheinlichkeit）」を「確実性への接近」であると定義する（XXIV $743_{12-13}$）[56]。

引き続き、「蓋然性（Wahrscheinlichkeit）」の概念が形而上学の領域に拡張されることに対する明確な疑念が表明される。「それゆえ、形而上学的なもの、つまり一般にすべてのアプリオリな事柄において、理論的なものでの蓋然性は存在しない」（XXIV $743_{4-5}$）。つまり蓋然性に基づく憶測は、この領域においては常に不確実なままでなくてはなくてはならず、どれだけの根拠が差し出されるかは問題とならない。「というのも、われわれのすべての憶測は、こうした道では確実性に至ることはありえないからである。種々のいくつかの根拠がある場合でもそうである。つまり、こうしたことは、多くの不十分な根拠があるという以上のことを示さない。十分な根拠を挙げるのではなく、そうではない若干のものを申し立てるような場合、それは常に不確実性の証明である」（XXIV $743_{6-12}$）[57]。このように、当論理学講義では、形而上学の憶測の領域で蓋然性の概念を用いることは斥けられるべきことが、前面に出て主張されている。一方、確実性への接近としての蓋然性の概念には、1770年代初頭における、仮説及び部分的真理に関する考察が反映している[58]。カントは、ヴォルフ及びヴォルフ主義者による蓋然性の考察には、二つの要素が混合する危険があることを認識する。第一に、確実性への接近であるところの真理の側面、第二に、けっして確実にはなりえず、仮象に導く別の側面である。

# 結　語

カントによる「仮象性」と「蓋然性」の区別の概念史的研究及び発展史的研究の帰結は、次のようにまとめられよう。カントが仮象性の領域において尺度を探求する姿勢が、この区別に関する思想を発展させた。ヴォルフ及びヴォルフ主義者らの蓋然性理論における、たとえば論理的確実性という尺度[1]、不確実性の意識をもって絶えず探求を続けること[2]、強情さの警告[3]、模範としての数学への準拠[4]といった多くの意義をカントは認めるいっぽう、それらの要素の不十分性を洞察した。1770年代初頭の論理学講義における蓋然性の考察において、これらの点が確認できる[5]。1770年代初頭には、カントは「仮象的（scheinbar）」の概念を、まずトマージウスにおける否定的な意味のverosimileの概念と同じように[6]、感性の仮象という意味で用いる[7]。次に、バウムガルテン及びマイヤーにおけるverisimileの概念と同じように[8]、美的に真なるものという意味で用いる[9]。それから、単なる探求の初めの状態としての仮象性の説明は[10]、クルージウスにおけるverisimileの概念との類似性を示す[11]。誤った信じ込みとしての仮象性の別の説明は[12]、腐敗した意志がわれわれの認識に及ぼす有害な影響に関するクルージウスの叙述と一致する[13]。ドイツ啓蒙思想の根本思潮を映し出すところの、真理の外的基準、及び敵対者の立場に身を置くという行為規則は、1770年代初頭の論理学講義の中に確認できる。これらは、認識の不確実性の意識や信じ込みの発見のために重視される[14]。ほぼ1770年代後半には、蓋然性と、仮象としてのverisimilitudoとの区別立てのために、マイヤーにおける部分的真理の思想が明確化された[15]。これが、『純粋理性批判』の「超越論的弁証論」の冒頭（*KrV* B 349）で定式化されたのだろう[16]。1770年代初頭には、カントは、主観に対する信じ込みに確信と同程度の作用があることを認める[17]。マイヤーは美感的信じ込みが主観に対して著しい作用があることを強調する[18]。同時期のカントは道徳的確実性に美感的要素を組み入れ、それとの明確な区別をしていない[19]。『純粋理性批判』では、仮象性の領域における尺度は実践的確実性とされ、道徳法則の実践的必然性が強調され、人間の本質的目的と道徳的信仰との結びつきが示される[20]。こうした思索は、マイヤーにおける「実践的（praktisch）」の概念との対決に遡ることができよう。マイヤーでは、意志に影響を及ぼす実践的認識と思弁的認識が区別される[21]。『純粋理性批判』出版の時期、カントは、自己の尊厳の感覚に、善い行為に駆り立てる強力な力があることを認める[22]。

# 注

## 序言

1　この点に関しては、手代木2013を参照されたい。蓋然性についてのライプニッツの見解に関しては次の文献も参照のこと。Hacking 1975; Cataldi Madonna 1990, S. 103-116. ハッキング（Ian Hacking）は『蓋然性の出現（*Emergence of Probability*）』においてランベルトにも言及している（Hacking 1975, S. [ページ] 130 f. u. 152）。

2　この点に関しては次の文献を参照のこと。Oberhausen 1997, S. 42; Schwaiger 1999, S. 21-23.

3　Hinske 1998, S. 20 u. 35 f. ノルベルト・ヒンスケ『批判哲学への途上で――カントの思考の諸道程――』有福孝岳・石川文康・平田俊博編訳、晃洋書房、1996年、53頁。

4　Vgl. [参照] Hinske 1998, S. 17 f.　邦訳、50頁以下。S. a. [ここも見よ] Oberhausen 1997, S. 40; Vázquez Lobeiras 1998, S. 69-75.

5　この点に関しては次の文献を参照のこと。Oberhausen 1997, S. 41 u. Anm. 79; Vázquez Lobeiras 1998, S. 69 f. u. Anm. 195; Schwaiger 1999, S. 22 u. Anm. 22.

6　この点に関しては次の文献を参照のこと。Oberhausen 1997, S. 40 f.; Vázquez Lobeiras 1998, S. 69 f.

7　この点に関しては次の文献を参照のこと。Hinske 1998, S. 19 u. Anm. 10. 邦訳、52頁、及び原注(9)。S. a. Vázquez Lobeiras 1998, S. 70 u. 75 ff.; Schwaiger 1999, S. 23.

8　Cataldi Madonna 1993, S. 25.

9　Ebd. [同書] S. 33 u. 36 ff.

10　Vgl. Georg Friedrich Meier, *Auszug aus der Vernunftlehre* (=*Auszug*), Halle 1752 [wiederabgedruckt in: *Kant's gesammelte Schriften,* hrsg. v. der Königlich Preußischen Akademie der Wissenschaften, Bd. XVI]; ders. [同著者], *Vernunftlehre* (=*Vernunftle.*), Halle 1752.

11　Vgl. Cataldi Madonna 1987, S. 2, 27 u. 29.

12　Cataldi Madonna 1989, bes. [とくに] S. 116.

## 第一章

1　Jacob und Wilhelm Grimm, *Deutsches Wörterbuch,* Artikel ‚wahrscheinlich', Bd. 13, Leipzig 1922 [Neudruck: Bd. 27, München 1984], Sp. 994; s. a. ebd. Artikel ‚wahrähnlich', Bd. 27, Sp. 852.

2　Adam Friedrich Kirsch, *Abundantissimum cornu copiae linguae latinae et germanicae selectum* [...], Artikel ‚probabilis', Bd. 2, Augsburg 1796

(Nürnberg [1]1714) [Neudruck: Graz 1970], Sp. 2270; Artikel ‚probabilitas', Bd. 2, Sp. 2270; ebd. Artikel ‚verisimilis', Bd. 2, Sp. 2941; ebd. Artikel ‚verisimilitudo', Bd. 2, Sp. 2941; Artikel ‚wahrscheinlich', Bd. 3, Sp. 866.

3 Karl Ernst Georges, *Ausführliches lateinisch-deutsches Handwörterbuch* [...], Artikel ‚probabilis', Bd. 2, Hannover [13]1972, Sp. 1932; ebd. Artikel ‚verisimilis', Bd. II, Sp. 3425; ebd. Artikel ‚similis', Bd. II, Sp. 2672.

4 Karl Ernst Georges, *Kleines deutsch-lateinisches Handwörterbuch,* Artikel, ‚wahrscheinlich', Darmstadt [9]1969 (Leipzig [1]1865), Sp. 2632 f.

5 Charles Du Fresne Du Cange, *Glossarium mediae et infimae Latinitatis* [...], Niort 1883-1887 (Paris [1]1678) [Neudruck: Graz 1954], Artikel ‚verisimilis', Bd. 8, S. 281; ebd. Artikel ‚probabiliter', Bd. 6, S. 512; ebd. Artikel ‚probabilis', Bd. 6, S. 512.

6 Johann Leonhard Frisch, *Teutsch-Lateinisches Wörter-Buch* [...], Artikel ‚wahrscheinlich', anderer Theil, Berlin 1741 [Neudruck: Hildesheim u. New York 1977], S. 419 [eigentlich 416]; ebd. Register der Lateinischen Wörter, S. 85 u. 112.

7 Johann Heinrich Zedler (Hrsg.), *Grosses vollständiges Universal-Lexicon aller Wissenschafften und Künste* [...], Artikel ‚wahrscheinlich', Bd. 52, Leipzig u. Halle 1747 [Neudruck: Graz 1962], Sp. 1017.

8 Ebd. Sp. 1018.

9 Ebd. Artikel ‚Wahrscheinlichkeit', Bd. 52, Leipzig u. Halle 1747 [Neudruck: Graz 1962], Sp. 1020.

10 Ebd. Artikel ‚probatio verisimilis', Bd. 29, Leipzig u. Halle 1741 [Neudruck: Graz 1961], Sp. 636.

11 Vgl. Rudolph Göckel, *Lexicon Philosophicum, quo tanquam clave philosophiae fores aperiuntur,* Frankfurt 1613 [Neudruck: Hildesheim 1964].

12 Johannes Micraëlius, *Lexicon philosophicum terminorum philosophis usitatorum* [...], Artikel ‚probabile', Stettin [2]1662 (Jena [1]1653) [Neudruck: Düsseldorf 1966], Sp. 1136 ff; ebd. Artikel ‚verisimile', Sp. 1369.

13 Ebd. Einleitung von Lutz Geldsetzer, S. XI.

14 Johann Georg Walch, *Philosophisches Lexicon* [...], Artikel ‚Wahrscheinlichkeit', Bd. 2, Leipzig [4]1775 ([1]1726) [Neudruck: Hildesheim 1968], Sp. 1463; ebd. Index titulorum latinus.

15 Wilhelm Traugott Krug, *Allgemeines Handwörterbuch der philosophischen Wissenschaften, nebst ihrer Literatur und Geschichte,* Artikel ‚Wahrscheinlichkeit', Bd. 4, Leipzig [2]1834 [Neudruck: Stuttgart-Bad Cannstatt 1969], S. 465 f.

16　Fritz Mauthner, *Wörterbuch der Philosophie, neue Beiträge zu einer Kritik der Sprache,* Artikel ‚Wahrscheinlichkeit', Bd. 3, Leibzig [2]1924 (München u. Leipzig [1]1910), S. 418.

17　Hinske 1996, S. 528 ff.

18　Hinske 1996, S. 529 f.

19　*Onomasticon philosophicum latinoteutonicum et teutonicolatinum,* hrsg. v. Ken Aso, Masao Kurosaki, Tanehisa Otabe u. Shiro Yamauchi, Tokyo 1989, S. 213, 295, 387.

20　カタルディ・マドンナは、トマージウスにおいては真理と蓋然性が結びつくことを強調する。トマージウスは、蓋然性の度合いの判定ができるように、そして蓋然性を学問に組み入れようとした。「トマージウスの考えるように、まさに蓋然性と真理との結合によって、蓋然性を確定するという問題が解決される。すなわち、〔蓋然性が〕いかなる度合いにあり、人間の悟性はどこまでそこでの学問性を高めることができるかという問題が」(Cataldi Madonna 1989, S. 129. S. a. ebd. S. 119)。このように、カタルディ・マドンナは真理の一種としての蓋然性の側面を解説するが、誤謬としての側面の考察は背景に退く（vgl. ebd. S. 117, 119 u. 130 f.)。

21　以上、船木 2004, 29 − 30頁も参照。Wahrscheinlichとprobabileの同一視は、ヴォルフ主義者第一世代の文献に見出される。ゲーリッツのギムナジウムの校長であったバウマイスター（Friedrich Christian Baumeister）は、18世紀に大成功の刊行物となった『哲学概説』において、probabilitas の項目だけを設け、verisimilitudo の項目を設けていない。Friedrich Christian Baumeister, *Philosophia definitiva, hoc est definitiones philosophicae ex systemate Lib. Bar. a Wolf in vnum collectae* [...], Wien [15]1775 (Wittenberg [1]1735) [Neudruck: Hildesheim u. New York 1978, in: WW III.7], S. 147. ヘルムシュッテット大学の論理学・形而上学、後に物理学・数学の正教授であったフローベン（Johann Nicolaus Froben）は、verosimile とprobabile を同義語として使用している。Johann Nicolaus Froben, *Christiani Wolfii viri illustris Philosophia rationalis sive Logica,* Helmstedt 1746 [Neudruck: Hildesheim u. New York 1980, in: WW III.6], S. 118（章の見出し）。

22　以上、船木 2004, 30頁も参照。

23　カタルディ・マドンナは、賭け事におけるような「事象の蓋然性（Ereigniswahrscheinlichkeit)」と、仮説とその証明手続きの関係である「供述の蓋然性(Aussagenwahrscheinlichkeit)」をおそら最初に区別した者として、ヴォルフの業績を指摘する（vgl. Cataldi Madonna 1987, S. 18)。

24　こうした見解から、ヴォルフ哲学では経験が決定的に重要な要素であることがわかる。Vgl. Engfer 1996, S. 274-283.

25　以上、船木 2004, 31 − 32頁も参照。学問の模範として数学を強調する理由の一つに、ヴォルフが妄想を避けようとしたことがあげられよう。数学は論証的真理が何であるかを提示でき、不確実性と確実性との混同を防ぐことができるからである。本書第一章、第4節 c参照。ヴォルフ主義者ライマールス（Hermann Samuel Reimarus）における模範としての数学の取り扱いに関しては、以下の文献を参照。Vgl. Hinske 1980 b, S. 19 f. 先入観を防止するための、モデルとしての数学的認識に関しては、以下の文献を参照。Vgl. Schneiders 1983, S. 165.

**26** バウムガルテンによる美感的蓋然性の肯定的評価には、感性的認識に関する見解が反映している。感性的認識に関して詳細に論じることは、本研究の枠を越えるだろう。ここでは、欄外の指摘、及び二次文献の指示にとどめる。感性的認識の段階づけは、ライプニッツとヴォルフにより示唆され、バウムガルテンにより修正された。Vgl. Heinz Paetzold, *Einleitung* zu: Baumgarten, *PB* S. XVIII u. XLV. 感性的認識を優位にする「外延的に明証（extensiv klar/ extensive clarus）」である概念に関しては、以下の文献を参照。Vgl. *PB* § XVI, S. 16 f.; Baumgarten, *Met.* § 531, S. 184 f.; *TGÄ* § 531, S. 14 f.; Franke 1972, S. 48; Schweizer 1973, S. 78. 外延的明証性から要求される「徴表の豊かさ（Fülle der Merkmalen）」に関しては、以下の文献を参照。Vgl. Baumgarten, *Met.* § 515, S. 177; *TGÄ* § 515, S. 6 f.; ders., *Aesth.* Sect. VIII-XIIII; Franke 1972, S. 39 ff., 44 ff. u. 48 ff.; Schweizer 1973, S. 46-49; ders., *Einführung* zu: TÄ, S. XII u. XIV; Paetzold, *Einleitung* zu: *PB*, S. XX f. 外延的に明晰な徴表の特性である生き生きさ（Lebhaftigkeit/ vividitas）に関しては、以下の文献を参照。Vgl. *PB* § CXII, S. 83; Baumgarten, *Met.* § 531, S. 185; *TGÄ* § 531, S. 14 f.; ders., *Aesth.* § 565, S. 366; *TÄ* § 565, S. 151; Franke 1972, S. 48 ff. 美学の基本的カテゴリーとしての豊かさ（Fülle/ ubertas）、並びに光（Licht/ Lux）、そして大きさ（Größe/ magnitudo）、真理（Wahrheit/ veritas）に関しては、以下の文献を参照。Vgl. Baumgarten, *Aesth.* Sect. XV-XXVI, XXVII-XXXVI, XXXVII-XXXXVIII; ders., *Acroasis logica, avcta, et in systema redacta, a Ioanne Gottlieb Toellnero,* Halle [2]1773 ([1]1765), § 12, S. 3; Schweizer 1973, S. 42-46 u. 58-81; ders., *Einführung* zu: *TGÄ*, S. XIII f.; ders., *Einführung* zu: *TÄ*, S. XII-XVI; Paetzold, *Einleitung* zu: *PB*, S. XXIX, XXX, XLVIII u. IL. ドイツ啓蒙時代の「感性（Sinnlichkeit）」の概念史的研究、及びカントの感性概念に関しては、以下の文献を参照。Nakazawa 2009.

**27** こうした認識の度合いに基づく区分には、ドイツ啓蒙思想の一つの共通目標が示されている。Hinske 1985, Sp. 393.「明晰な概念が増えることにより、真理が確保されること自体が、目標であり、価値あることである。同時に、啓蒙とは、この意味において何よりもまず自己啓蒙なのである。明晰な概念を手にしうる者だけが、他者を啓蒙することができる。」本書第一章、第6節 b, 注43も参照。

**28** 以上、船木 2004, 33－34頁も参照。

**29** 「徴表が生き生きしていること（*Lebhaftigkeit der Vorstellungen* / vividitas repraesentationis)」 は、「明晰さの広がりの拡張(*Ausdehnung oder Ausbreitung der Klarheit* / claritas extensive major)」、すなわち、表象の徴表が増大することにおいて成り立つ。Meier, *Anfangsgr.* Bd. 1, § 33, S. 56; vgl. ebd. § 124, S. 268; vgl. ders., *Auszug* § 135, S. 36 [XVI 333$_{23-24}$] ; ders., *Vernunftle.* § 166, S. 211. 生き生きさの概念に関しては、以下の文献を参照。Vgl. Franke 1972, S. 48 ff.

**30** Vgl. Wolf, *ADM* § 123, S. 197 f. 本書第一章、第4節 c参照。

**31** マイヤーは先入観に関する、否定的着想だけを抱いていたわけではない。先入観は必ずしも偽ではなく、真でもありうる。真理は探求しだいで決まるものではなく、真なる認識が偶然に手に入れられることもあるからである。したがって、必ずしもすべての先入観が、まったくの偽であるとして斥けられるべきではない。Vgl. Meier, *Beyträge* § 10, S. 21; s. a. ders., *Anfangsgr.* Bd. 1, § 174, S. 410 f.; ders., *Auszug* § 169, S. 46 [XVI 401$_{28-30}$-402$_{27}$]; ders., *Vernunftle.* § 201, S. 273). 先入観にも真なる要素があるがゆえに、必ずしもすべての先入観がまったくの偽であるとして斥けられるべきではない。Vgl. Meier, *Vernunftle.* § 201, S. 273; ders., *Beyträge* § 10, S. 20. こうしたマイヤーの洞察こそが、先入観を美感的信じ込みの原則として活用することを可能にしたのだろう。S. a. Schneiders 1983, S. 209 f., 216 u. 227; Hinske 1998, S. 124 f. 邦訳、38頁以下。本書第二章、第10節 a, 注37も参照。

**32** マイヤーは、「蓋然的(wahrscheinlich)」の概念を詩作の文脈において、次のように説明する。「たいていの人が真と見なすこと、そして普遍的命題に基づいて証明されることは、一般に蓋然的と見なされる」(Meier, *Anfangsgr.* Bd. 1, § 112, S. 236)。美感的蓋然性のためには、詩を詩人の生きた時代に従って評価することが重要である。「詩人が生きた時代が暗黒であればあるほど、われわれが生きる時代に従って評価すると、その詩はますますばかげたものになる」(ebd. Bd. 1, § 112, S. 235; vgl. ebd. Bd. 1, §§ 100 u. 107, S. 211 u. 227 f.)。同著作では、先入観が信じ込みのために有用であることが叙述されている。まず、マイヤーは先入観の概念を次のように定義する。「先入観とは、真理の根拠を適切に探求する前に、真と見なしてしまう症状のことである」(ebd. Bd. 1, § 174, S. 410; ders., *Beyträge* § 4, S. 7)。このマイヤーによる定義に関しては、以下の文献を参照。Vgl. Schneiders 1983, S. 209 u. 214. さらにマイヤーは解説を続ける。「先入観が真である場合には、人は信じ込みにおいてそれを用いることができ、用いてもいいことは明らかである」(Meier, *Anfangsgr.* Bd. 1, § 174, S. 411)。美感的信じ込みのためにマイヤーが「威信の先入観(Vorurteils des Ansehens)」を用いることに関しては、本書第三章、第14節参照

**33** 以上、船木 2004, 34－36頁も参照。

**34** 論理的可能性の概念は、ある命題が真と見なすことも斥けることもできない事態を示す。「論理的可能性とは、ある命題を真と見なす根拠も、不可能なものとし

て斥ける根拠もないことを意味する」(Crusius, *Weg* § 363, S. 644)。論理的可能性は、蓋然性のための素材を提供する。Vgl. ebd. § 363, S. 643.

**35** グリムの『ドイツ語辞典』の項目「憶測する(mutmaszen)」によれば、「憶測する」という用語は、「一般にしるしに基づいて推定すること、推測することを指し、16・17世紀に広がっていた」(Grimm, *Deutschem Wörterbuch*, Bd. 12, Sp. 2801)。18世紀には、「頻繁に用いられるようになった」(ebd.)。当項目において、「憶測する」の同義語として、「推測する」が挙げられる。「憶測するは、推定する(abnehmen)、見なす(erachten)、推測する(vermuten)、推測がある(vermutung haben)、邪推する(argwohnen)と同義である」(ebd.)。「推測する(vermuten)」の項目では、「推測する」は、そう思うこと(dafürhalten)、憶測する(mutmaszen)を意味するとされる(vgl. Bd. 25, Sp. 901)。ここから、「憶測する」と「推測する」の用語は、18世紀には同義語として用いられていたと言えよう。

**36** クルージウスは、証言の蓋然性を狭義の「歴史的蓋然性」と呼ぶ。「この種の歴史的蓋然性の主要な種は、広義で過去のものの蓋然性を指し、狭義では、とくに他者の証言を判定する蓋然性を指す」(*Weg* § 405, S. 721)。Vgl. ebd. § 605, S. 1042. 18世紀ドイツの講壇哲学において、証言に基づく信仰は、通常、歴史的蓋然性の文脈で論じられた。ツェードラー編『学術大百科事典』は、18世紀前半の当該用語の使用法の手がかりを提供する。「哲学者は論理学において証言を、大部分証言に基づくところの歴史的蓋然性の教説において論じる……」(Zedler (Hrsg.), *Grosses vollständiges Universal-Lexicon*, a.a.O. Artikel ‚Zeugniß', Bd. 62, Leipzig u. Halle 1749 [Neudruck: Graz 1964], Sp. 264; vgl. Artikel ‚Glaube', Bd. 10, Halle u. Leipzig 1735 [Neudruck: Graz 1961], Sp. 1606)。ヴォルフはラテン語の「歴史的蓋然性(historica probabilitas)」に対して、「語りの信用性(Glaubwürdigkeit einer Erzählung)」というドイツ語を当てている。『ドイツ語論理学』では、まず「語りの信用性」に対する根拠について、次のように論述される。「それ〔＝語り〕の信用性は、それを差し出す者の権威だけではなく、語りそのもの状況に拠ることが多い」(Wolff, *DL* Kap. 7, § 15, S. 203)。「信仰(fides)」と、「確実な(certus)」ないしは「蓋然的な(probabile)」との結びつきに関しては、vgl. Wolff, *Lateinische Logik* § 614, S. 451 f. S. a. Artikel ‚Glaube' in: *Historisches Wörterbuch der Philosophie*, hrsg. v. Joachim Ritter, Bd. 3, Basel u. Stuttgart 1974, Sp. 644. 本書第二章、第12節, 注104も参照。

**37** クルージウスは、歴史的蓋然性の領域における最高の度合いに対して、「信用できる(glaubwürdig)」という概念をたびたび用いる。すなわち、当該蓋然性の最高の度合いに対して、「信頼できる(zuverlässig/ probabile)」の他に、「信用できる(glaubwürdig)」を用いる。「多くの事柄について、われわれはそのような度合いにおいて真と見なされるに値する、すなわち、疑念なしに行為しうると判定する。そうした事態は、信頼できる(zuverlässig / probabile)、あるいは信用できる（glaubwürdig）と呼ばれる」(Crusius, *Weg* § 361, S. 641)。

**38**　クルージウスは、用語の意味に関する解釈の蓋然性を、解釈学的蓋然性と呼ぶ。「実在的連関を探求する場合、事柄と標識との連関を判定する……。標識が、言葉である場合、そこから解釈学的蓋然性（hermenevtische Wahrscheinlichkeit）が生じる……」(ebd. § 405, S. 721)。Vgl. ebd. § 628, S. 1079.

**39**　以上、船木 2004, 36 – 37頁も参照。

**40**　クルージウスによれば、主観的蓋然性には誤謬の危険がある（vgl. ebd. § 369, S. 652)。それは、その都度、個々の状況、すなわち、個々人のさまざまな認識の度合い、通俗的概念、ありふれた思考様式や注意力に基づく（vgl. ebd.)。クルージウスは、主観的蓋然性の誤謬の側面を次のように叙述する。「しかしながら、それ〔＝主観的蓋然性〕は、人々がたびたびそれに強情に執着するとしても、必然的に欺瞞的なものである。彼らが自己愛や、自身の洞察と能力に対する大げさな意見を抱けば抱くほど、ますますそうである」(ebd.)。主観的蓋然性の特徴は、さらに探求を続けると成立しなくなる点にある（vgl. ebd. § 371, S. 654)。この蓋然性に対して、クルージウスは二つのケースを挙げる。一つは、反対命題との比較以前の、ある命題の事態であり、もう一つは、反対命題（Propositiones contrariae）とは比較するが、矛盾命題（Propositiones contrariae）と比較しない事態である（vgl. ebd. § 372, S. 655)。カントのアンチノミー論における「反対対立」と「矛盾対立」の区別の歴史的源泉に関しては、以下の文献を参照。Vgl. Ishikawa 1990、及び石川1996. 主観的蓋然性においては、判断のための十分なデータがない（vgl. Crusius, *Weg* § 372, S. 656)。これに対し、客観的蓋然性は、「事柄の性質と、理性自身の普遍的本質」に基づく（ebd. § 369, S. 652)。それは「恒常的に蓋然的である」(ebd. § 371, S. 654)。

**41**　クルージウスは、論証におけるよりも蓋然性の判定において、より多くの抽象力と注意力の必要性を強調する。それは、諸概念の分離不可能性や結合不可能性が比較的安易に内的に感覚されるからである（vgl. Crusius, *Weg* § 373, S. 659)。

**42**　クルージウスにおける感覚概念の意義は、すでに諸研究において強調されてきた。最上の真理基準としての内的感覚の必要性に関しては、vgl. Heimsoeth 1956, S. 161. 因果性の概念に対する内的感覚の不可欠性に関しては、vgl. Tonelli 1966, S. 446. 論理的真理に対する感覚の必要性に関しては、vgl. Carboncini 1991, S. 212 f.

**43**　クルージウスにおける分析的手続きは、「基本的考えから、判明性・周到性・確実性に必要なものにまで遡及することを本質とする」(Crusius, *Weg* § 571, S. 996)。ヒンスケによれば、「啓蒙」の概念は、デカルト以来掲げられてきた明晰・判明性という概念にまで遡ることができる。「観念史的に考察するならば、〔啓蒙という〕概念の根源は、われわれの表象の明晰·判明性を真理の基準とするデカルトにまで遡ることができる……。明晰で判明な概念の達成は……、哲学の中心的課題の一つになる。そこでとりわけヴォルフ主義の講壇哲学においては、明晰・

判明な概念の獲得に対して……啓蒙ないしは悟性の啓蒙という言い回しが、ますます市民権を得るようになる（Hinske 1985, Sp. 392. S. a. ebd. Sp. 393）。エングファー（Hans-Jürgen Engfer）は、ヴォルフ哲学における分析的手続きの意義を強調する。それは、1762年のカントにおいても綜合的方法に先行すべきものであった。「それゆえ、ヴォルフにとり、事柄上、この論述の綜合的方法に分析的部分の歩みが先立つ。1762年のカントは、実に中心的哲学的テーゼにおいて、大幅にヴォルフ哲学の地盤の上にある……」（Engfer 1983, S. 59）。本書第一章、第5節 b, 注27も参照。

**44** 注目すべきことに、クルージウスは、「月に住民がいる」という命題を蓋然性の事態にではなく、論理的可能性に割り当てている（Crusius, *Weg* § 363, S. 644）。本書第一章、第6節 a, 注34も参照。ヴォルフも、月に生物がいる可能性を例を挙げるが、真理根拠の一部しか認識されないことから、その命題を蓋然的と見なす。本書第一章、第4節 a参照。

**45** クルージウスによれば、悟性の完全性に対しては、「想像力（Imagination）」が重要である。当該能力の課題は、まず「十分な数の概念」を調達することにある（Crusius, *Weg* § 104, S. 185）。次に、「それらの概念の中で正しいものを選別するために、注意力が入念に働き、内的感覚がかなり鋭敏にならなくてはならない」（ebd.）。

**46** Vgl. Tonelli 1976, S. 209.

**47** 綜合的熟考は、「新しい真理の発見」へと進む。「そのことは、真理が先に……知られてはいけないということを意味するのではなく、真理が基本的考えに含まれていない、あるいはそこに証明根拠として真理が前提されていないということだけを意味する」（Crusius, *Weg* § 571, S. 997）。S. a. Carboncini 1991, S. 207.

**48** 「現象（phaenomenon）」の概念は、次のように定義される。「現象とは、他のどこからかすでに論証的に、あるいは蓋然的に知られているもの、また、ある命題において可能的であると想定されるものと因果的連関にありうるもののことである」（Crusius, *Weg* § 390, S. 691）。それには、たとえば、「可能的原因、結果、可能的目的、可能的手段、あるいは……可能的標識」がある（ebd.）。

**49** 「観念的可能性……、あるいは単なる可能性」とは、「ただ考えうるということ、すなわち、概念において想定するものが、相互に矛盾なしに連結できるということだけで、ある事物を可能であると見なす」ことを意味する（Crusius, *Entwurf* § 56, S. 96）。単なる可能性としての安易な可能性をクルージウスがverisimileの事態に組み入れていること（本書第一章、第6節 b）から、仮説と単なる現象との一致は、verisimileの事態であると推測できる。

**50** 区別立ての道は、「経験を示しうる……いくつかの命題を基礎に置いて、そこから適合的選言命題を抽象することにおいて成立する。たとえば、可能的原因、結果、目的、手段、あるいは実在的規定に取り組む。そして、選言のすべての構成要素を一つのものに至るまで選別する。求められる結論が出てくるまでそれを続ける（Crusius, *Weg*, § 530, S. 943 f.）。S. a. ebd. § §79 u. 537, S. 144 u. 948 f.

51 S. a. Tonelli 1976, S. 209; Carboncini 1991, S. 207. 矛盾律とは異なる別の原則とは、「不可分離律（Satz des nicht zu verbindenden/ principium inseparabilium）」と、「不可結合律（Satz des nicht zu verbindenden/ principium inconiungibilium）」を指す（Crusius, *Von dem rechten Gebrauche* § 27, S. 81 f.）。前者は、「二つのものを肯定的に定立するならば、思考において分離しえない事物が、実際にも分離しえない……」ことを意味する。後者は、「思考において結合しえない事物が、実際にも結合できない」ことを意味する（ebd）。Vgl. *Entwurf* § 15, S. 26 f.; *Weg* § 262, S. 475 f. ヴント（Max Wundt）によれば、原則は、対象間の関係を表象間の関係に還元することができる。Vgl. Wundt 1924, S. 72. 一方、ハイムゼート（Heinz Heimsoeth）は、原則に対する感覚の意義を強調する。Vgl. Heimsoeth 1956, S. 161.

52 一方、『認識の腐敗に関する哲学論考』において、veri-similitudoの概念が、「大きすぎる信頼の先入観」に基づくとして、否定的意味で用いられていることに関しては、本書第一章、第6節 aを参照。このことから、クルージウスは、すでに初期のラテン語の著作において、当該概念に先入観といった否定的要素を認めていたことがわかる。

53 シュナイダーズ（Werner Schneiders）は、クルージウスにおける先入観の概念に、二つの要素を認める。一つ目は、その「執着性（Hartnä[c]kigkeit）」、二つ目にその無意識の作用である（Schneiders 1983, S. 188）。

54 以上、船木 2004, 37 − 38頁も参照。

55 ヴァルヒの『哲学事典』では、道徳的確実性の概念は次のように定義されている。「そうした確実な認識に、蓋然的認識が対置する。後者では、反対も可能であることに関して、あれやこれやの疑いが残るが、前者の蓋然性の最高の度合いは、状況が心情を動揺させるとしても、道徳的確実性（certitudo moralis/ moralische Gewißheit）と呼ばれるのが常である」（Walchs *Philosophischem Lexicon*, a.a.O. Artikel ‚Gewißheit', Bd. 2, Sp. 1760）。Vgl. Zedler (Hrsg.), *Grosses vollständiges Universal-Lexicon*, a.a.O. Artikel ‚Gewißheit', Bd. 10, Halle u. Leipzig 1735 [Neudruck: Graz 1961], Sp. 1393. カタルディ・マドンナは、道徳的確実性概念のそうした使用法の例として、マイヤーの定義を指摘する（Cataldi Madonna 1993, S. 31）。しかし、当論文では、道徳的確実性概念に関して、クルージウスの言及がない。ライプニッツ、及びベルヌーイにおける道徳的確実性の概念に関しては、vgl. Hacking 1975, S. 146.

56 クルージウスは、『自然現象に関して秩序立って、慎重に熟考するための入門』において、道徳的確実性を幾何学的確実性と等価値であると見なす。Vgl. Crusius, *Anleitung* § 29, S. 54 [CHW IV.1, S. 552]. さらに、当該概念は道徳的根拠に関連させて論じられる。「蓋然性の性質を鋭敏に注視し、そこでの実例の中で強い賛同の根拠を探求することに慣れている人は、……蓋然性が、ある目的や義務と関連することで、道徳的確実性になることがよくあることに気づくだろう……」(ebd. § 34, S. 61 [CHW IV.1, S. 559]; vgl. ebd. § 55, S. 99 [CHW IV.1, S. 597])。当該概念のさらなる使用に関しては、vgl. *Anleitung* § 14, S. 28 [CHW IV.1, S. 526]; § 25, S. 48 [CHW IV.1, S. 546]; § 30, S. 55 [CHW IV.1, S. 553]; § 38, S. 67 [CHW IV.1, S. 565]; § 39, S. 69 [CHW IV.1, S. 567]; § 55, S. 100 [CHW IV.1, S. 598].

57 クルージウスに関するベンデン（Magdalene Benden）の著作で、道徳的確実性の概念について言及されている。しかし、ベンデンは、当該概念を道徳的根拠に関連させてのみ論じており、クルージウスにおける当該概念の二義性を考慮していない。「道徳的確実性は、実践的意欲、すなわち、理性的な自由な意欲によって遂行される」(Benden 1972, S. 145 f., Anm. 115)。同様のことは、次のヴントの叙述についても当てはまる。「すなわち、すべての確実性は、幾何学的な、非依存的な……確実性であるか、あるいは、依存的なものとして、神の誠実さ、及び神に対するわれわれの義務に従って判定されなくてはならないかのどちらかである。後者を、クルージウスは道徳的確実性と呼ぶ」(Wundt 1924, S. 67)。

58 たとえば、自由の蓋然的証明に関して、クルージウスは次のように述べている。「……われわれの意志の自由は、たとえ多くの把握不可能なものを含んでいるとしても、やはり認容されなくてはならない。人が神的法則の現存と、その違反に際しての道徳的罪責の現存を、良心衝動から……ア・ポステリオリに証示しうるとするならば」(Crusius, *Weg* § 547, S. 966)。

59 クルージウスは「理性的信仰」について次のように述べている。「理性的信仰とは神への直接的拘束性であり、……かかる真理においては、それを否定したり疑い続けたりすると、われわれは神に対する義務に反して行為しなくてはならないことになる。……たとえその真理は、証明とか把握可能性や十全性といった様相を帯びなくとも……」(Crusius, *Anweisung* § 354, S. 434)。

60 以上、船木 2004, 38－39頁も参照。

## 第二章

1 Vgl. Martin 1967, Bd. 17: *Wortindex*, Bd. 2, S. 721 f.

2 以下の論理学講義、及び当該講義録のレフレクシオーンに対す統計学的言語分析に関しては、本書巻末の見出し語別引用箇所索引、及び見出し語別原文一部抜粋索引を参照。

3 『ブロンベルク論理学』の年代設定に関しては、vgl. Hinske 1989, S. XXVI-XXX; Hinske 1991, S. XIX f.

4 『フィリッピー論理学』の年代設定に関しては、vgl. Hinske 1989, S. XXVIII ff.; Hinske 1991, S. XIX f.

5 『ペーリッツ論理学』の年代設定に関しては、vgl. Hinske 1995 a, S. XLII-LV.

6 『ウィーン論理学』の年代設定に関しては、vgl. Hinske 1999, S. XX-XXIV; Hinske 1991, S. XX ff.

7 『ブーゾルト論理学』の年代設定に関しては、vgl. Hinske 1991, S. XII, Anm. 9.

8 Vgl. Martin 1967, Bd. 17: *Wortindex*, Bd. 2, S. 972.

9 本書第一章、第5節b. aa参照。

10 本書第一章、第4節b参照。ヴォルフの数学的方法に対して対抗する著作としての、懸賞論文の考察に関しては、vgl. Hinske 1998, S. 102-117: VII. 諸学とその目的——カントが体系理念に与えた新たな定式. 邦訳、119－146頁。

11 本書第一章、第5節b. aa参照。

12 『フィリッピー論理学』に類似箇所がある。「哲学的蓋然性は、適用されるというよりは、むしろ感じられる」(XXIV 433$_{22-23}$)。以上から、『レフレクシオーン』2591番は、遅くとも1770年代初頭までのものと推察できる。「感じる（empfinden）」が「考量する（ponderiren）」という用語へ置き換えられることに関しては、vgl. Cataldi Madonna 1993, S. 34, Anm. 45. S. a. *Wiener Logik* XXIV 880$_{24-26}$; *Logik Dohna-Wundlacken* 742$_{28-30}$; *Jäsche-Logik* A 127 f.; *Refl. 2598* (XVI 435$_{4-7}$; 1776-1789).

13 Vgl. Heimsoeth 1956, S. 166; Tonelli 1959, S. 66; Carboncini 1991, S. 215 f. u. 241 f.

14 本書第一章、第6節a参照。

15 本書第一章、第6節b参照。

16 理性の三つの最高原則に関しては、本書第一章、第6節b参照。

17 S. a. Oberhausen 1997, S. 86 f.

18 本書第二章、冒頭を参照。

19 verisimilitudoをprobabilitasに修正するという提案に関しては、vgl. Hinske 1989, S. LXXXIII.

20 Vgl. *Logik Blomberg* XXIV144$_{20-23}$, 194$_{12-15}$ u. 197$_{7-9}$.

21 Vgl. ebd. XXIV 145$_{10-14; 29-32}$ u. 195$_{1-3}$.

22 本書第一章、第4節a参照。カタルディ・マドンナは、wahrscheinlichという概念のカントによる規定の源泉の一つとして、カントの教師であったクヌッツェン（Martin Knutzen）を挙げる。Vgl. Cataldi Madonna 1993, S. 26.

23 Vgl. *Logik Blomberg* XXIV194$_{10-12}$, u. 196$_{27-30}$.

24 S. a. *Logik Philippi* XXIV 433$_{24-25}$.

25 本書第一章、第4節a u. b参照。

26 本書第一章、第5節a. aa u. b. aa参照。

27 Vgl. *Logik Blomberg* XXIV 145$_{33}$ u. 195$_{9-12}$.

28 Vgl. ebd. XXIV 196$_{20-26}$.

29 本書第二章、第9節参照。

30　wahrscheilichという概念と可能性概念との結合に関しては、以下を参照。「それでも可能性は、少なくとも、蓋然性（Wahrscheinlichkeit）の根拠である。何かが可能的であって、われわれが考えうる場合、われわれはそれを確実性によって主張することはできないとしても、それは真でありうると少なくとも信じたり、希望したりする」（*Logik Blomberg* XXIV 89$_{12\text{-}16}$）。Vgl. *Refl. 2121* (XVI 243$_{2\text{-}3}$; 1752-1755/56); *Refl. 2593* (XVI 433$_{11\text{-}12}$; 1764-1771,1773-1775); *Refl. 2596* (XVI 434$_{13\text{-}14}$; 1770-1778). ß$^{1}$レフレクシオーンの年代設定が一年遅いことに関しては、vgl. Conrad 1994, S. 65-74; Hinske 1995 b, 109 f.; Oberhausen 1997, S. 41 f., Anm. 80; Väzquez Lobeiras 1998, S. 70, Anm. 195. 17・18世紀の何人かの著作家に見出される、蓋然性を数学的に考察する際の等可能性の原理、及びその問題点に関しては、Cataldi Madonna 1987, S. 25-29; Cataldi Madonna 1993, S.28 f. u. 35; Hacking 1975, S.121-133.

31　本書第一章、第4節、及び第5節b. aa参照。

32　月に住民がいることを想定する、ヴォルフに対する批判に関しては、以下を参照。「ヴォルフは月に住民がいるという、まったくの理性的臆見をもつ。なぜなら、当時は、月には大気がないという、現在われわれが有する洞察に匹敵するほどの発見が、多く起こらなかったからである」（*Logik Blomberg* XXIV 219$_{4\text{-}7}$）。月に住民がいる認識状態が不確実であることに関しては、vgl. ebd. XXIV 243$_{19\text{-}23}$; *Logik Philippi* XXIV 420$_{23\text{-}25}$.

33　不確実な認識をさらに探求することの必要性に関しては、vgl. *Logik Blomberg* XXIV195$_{20\text{-}23}$.

34　本書第一章、第6節b参照。クルージウスが、verisimileの概念を安易な可能性、及び単なる憶測として規定することに関しては、本書第一章、第6節a u. b参照。

35　本書第一章、第3節、第4節c、第5節a. bb、第5節b. bb、第6節 b u. c参照。

36　ヴァルヒの『哲学事典』では、せがんで得られる認識に、蓋然的認識が対置される（vgl. Walchs *Philosophisches Lexicon*, a.a.O. Artikel ‚Gewißheit'‚ Bd. 1, Sp. 1762）。 前者では、不十分な根拠が十分であると見なされるが、後者では、「人は何かを確実に想定にするには十分ではないことをわかっている」（ebd.）。このように、当該百科事典は、根拠の不十分性の意識が、蓋然的認識の重要な要素であると見なす。

37　この考察には、マイヤーの思想が反映している。すなわち、信じ込みの誤謬は対象にではなく、形式にあるという、先入観に関する論述に現れる思想である。Vgl. Schneiders 1983, S. 216; Hinske 1998, S. 124 f. 邦訳、38頁以下。マイヤーの見解はこうである。「真理は……われわれの探求の仕方にかかっているのではない。悟性が行き当たりばったりで、盲目的に判断するとしても、偶然に、正しく判断することもある」（Meier, *Beyträgen* § 10, S. 21）。それゆえ、判断の内容は、信じ込みにおいても真でありうる。本書第一章、第5節 b, 注31も参照。信じ込みに関する、同様の見解は、『ブロンベルク論理学』においても認められる。「信じ込みは、実質的な虚偽において成立するのではなく、臆見を完全に確実であると見なすという、誤った形式のうちにある。実質そのものは、常に、真でありうるが、その方式は、真理に到達するやり方ではない。人は信じ込みにおいて、客観に関しては偽であるとは限らないが、形式に関しては誤る。そこでは、臆見のための、不十分な根拠に基づく信憑の根拠を、十分な根拠に基づく確実性と見なす」(*Logik Blomberg* XXIV $226_{33}$-$227_{2}$)。Vgl. ebd. XXIV $219_{26-33}$. すでにクルージウスにおいても、同様の思想が認められる。「すなわち、先入観は通常、誤った命題であるが、しかしそれは、偶然、真でありうる」(Crusius, *Anweisung* § 259, S. 313)。S. a. Schneiders 1983, S.188. さらに、クルージウスによれば、主観的蓋然性は、「偶然、的中しうる」(Crusius, *Weg* § 372, S. 655)。

38 本書第二章、第11節参照。

39 カントにおける、誤った態度である、主観的意味における先入観と、誤った仮象としての、客観的意味における先入観との区別に関しては、vgl. Schneiders 1983, S. 292 ff.「独断的(dogmatisch)」という概念との関連における、「客観的」という概念に関しては、vgl. Lee 1989, S. 127-130.

40 Vgl. *Logik Blomberg* XXIV $143_{14-16}$, $194_{16-20}$, $195_{9-12}$ u. $197_{3}$; *Refl. 2199* (XVI $269_{10-11}$; 1772-1775).

41 Vgl. Georg Samuel Albert Mellin, *Encyclopädisches Wörterbuch der kritischen Philosophie*, Artikel ‚objectiv', Bd. 4, Jena u. Leipzig 1801 [Neudruck: Aalen 1971], S. 449 f.:「空の星を見るとき、この星は、私が見る客観である。私自身は、星を見る主観である。すなわち、認識において、対象、あるいは客観のうちにあるものは、客観的である。主観、あるいは認識する者のうちにあるものは、主観的と言われる。私が見る空に星があるということは、客観的である。そのことは私にかかっているのではない。しかし、私は星を見るがぼんやりと星を見るのに対して、他の者ははっきりと見る、視覚障害者は全然見えない、といったことは主観的であって、それは、私や見る者や障害者に拠る。」

42 Vgl. *Logik Blomberg* XXIV $196_{10}$.

43 本書第二章、当第10節a参照。

44 マイヤーも、確実性の概念を、意識、あるいは認識の概念を用いて定義する。「確実性(certitudo subiective spectata)は、真理の意識であるか、あるいは、真理の明晰な認識である」(Meier, *Auszug* § 155, S. 42 [XVI $359_{19-20}$]; vgl. ders.,*Vernunftle.* §188, S. 251)。

45 蓋然性の認識論的側面の強調は、ヴォルフにおいても見られる。カタルディ・マドンナは、ヴォルフの立場を明らかにするために、「客観的確実性……そのものと、主観的確実性」という、ベルヌーイによる区別を引き合いに出す。Cataldi Madonna 1987, S. 20. ベルヌーイによる確実性概念の規定に対して、ヴォルフにおいては、当該概念の認識論的側面が前面に出て論じられる。「当該概念〔ベルヌーイにおける客観的確実性の概念〕の規定においては、ヴォルフが考えたように、真理の表象という、確実性概念のもっとも重要な認識論的機能がなおざりにされている。物自体が真であっても、それが主観（われわれ、あるいは神）によって表象されないならば、確実ではありえない」(ebd. S. 21)。ヴォルフにおいて、客観的確実性は、むしろ、個別的知の度合いからの非依存性を示す。Vgl. ebd. S. 19. f. ベルヌーイによる、客観的確実性と主観的確実性の区別に関しては、s. a. Hacking 1975, S. 145 f.

46　以上、船木 2004, 40－41頁も参照。

47　Vgl. *Logik Philippi* XXIV $433_{7\text{-}9}$ u. $439_{4\text{-}5}$.

48　蓋然性のための客観的根拠と、仮象性のための主観的根拠との対置に関しては、以下を参照。「信憑の客観的根拠が、単に充足理由の一部であるならば、それは蓋然的と呼ばれる。信憑が単に主観的に考察され、一般的に妥当的でないならば、それは仮象性と呼ばれる」(*Refl. 2452* (XVI $375_{9\text{-}12}$; 1764-1770秋))。S. a. *Logik Philippi* XXIV$436_{34\text{-}36}$; *Logik Pölitz* XXIV $555_{11\text{-}13}$; *Wiener Logik* XXIV $825_{21\text{-}22}$; *Logik Busolt* XXIV $644_{34}$.

49　本書第一章、第5節 a. aa、第5節 b. aa参照。マイヤーは、美感的信じ込みの文脈で、ホラティウスの例を挙げて、老いと死を避けがたく、容赦ないものとして描写する。「年月は、その性質上、迅速なものであるがゆえに、年月がはやく過ぎ去ること以上に確かなものはあろうか。また、信心深くあっても、それが老いと死を阻止することはできないということ以上に確かなものはあろうか。すなわち、それらは、起こらずにはすまないものとして現前する事柄であり、冷酷で、抑えられないものであるからである。こうしたホラティウスの思想は、副概念が巧みに選ばれることで、著しく人を信じ込ませるものである」(Meier, *Anfangsgr.* Bd. 1, 163, S. 382 f.)。

50　本書第一章、第1節a、第3節参照。

51　普遍妥当性との関連での、「客観的」という概念の使用に関しては、以下を参照。「主観の区別なしに、すべての人に妥当する信憑は、客観的である」(*Refl. 2449* (XVI $373_{5\text{-}6}$; 1764-1775))。Vgl. *Logik Blomberg* XXIV $150_{11\text{-}13}$; *Logik Dohna-Wundlacken* XXIV $721_{22\text{-}25}$; *Refl. 2466* (XVI $382_{19\text{-}20}$; 1771-1778).

52　Vgl. Hinske 1998, S. 74-90: V. 真理の強力な基準. カントの思考における多元論と出版の自由.

53　Vgl. *Logik Philippi* XXIV $428_{1\text{-}9}$.

54　Vgl. *Logik Blomberg* XXIV $150_{36}$-$151_{5}$ u. $188_{2\text{-}7}$; *Logik Philippi* XXIV $428_{9\text{-}11}$.

55　Vgl. *Logik Blomberg* XXIV $150_{36}$-$151_{5}$. ヒンスケが述べるように、カントによる伝達の自由の強調は、探求の普遍化の要求と結びつく。「証明の核心部分は、……吟味が厳密に総体的でなくてはならないことであることは明白である。そのことは、少なくとも原理的には、思想が制限なしに出版されることで保証される」(Hinske 1998, S. 90)。

56　Vgl. Hinske 1998, S. 83. S. a. Hinske 1985, Sp. 394 u. 398.

57　Vgl. Hinske 1980 a, S. 36 ff. ノルベルト・ヒンスケ『現代に挑むカント』石川文康·小松恵一·平田俊博訳、晃洋書房、1985年、39頁以下; Hinske 1985, Sp. 394 u. 398; Hinske 1986 b, S. 6; Hinske 1990 a, S. 419; Hinske 1998, S. 84.

58　以上、船木 2004, 41頁も参照。

59　Vgl. *Logik Blomberg* XXIV 226$_{33-35}$. 本書第一章、第5節b. bb参照。

60　信じ込みの態度は、敵対者の立場に身を置くという格律に反する。本書第二章、当第11節参照。

61　S. a. *Refl. 2678* (XVI 465$_{12-13}$; 1764-1769, 1771, 1773-1775).

62　本書第一章、第4節c、第5節b. bb参照。

63　本書第一章、第4節c、第5節b. bb参照。

64　本書第一章、第5節 b. bb参照。S. a. *Logik Blomberg* XXIV 218$_{23-25}$ u. 224$_{17-21}$.

65　カタルディ・マドンナは、ヴォルフにおける「事象の蓋然性」と、「供述の蓋然性」との区別に言及し、後者では認識論的側面が重要であり、「それは、仮説とそれを確証する証明手続きとの関係に関わる」とする（Cataldi Madonna 1987, S. 18）。

66　当時「18世紀のドイツの大学」における論理学講義が、「思考の形式的操作の単なる訓練」だけでなく、「哲学一般への導入」の意味を果たしていたことに関しては、以下の文献を参照。Hinske 1998, S. 21 f. 邦訳、54頁以下。そのため、「哲学概論」が「論理学の自明の構成要素」であったのであり、そこではさまざまな分野が錯綜することがあったのである（ebd. S. 21 u. 79. 邦訳、55頁）。

67　本書第一章、第4節 c、第5節b. bb参照。

68　快・不快の感情と結びつく、「ästhetisch（美感的）」の概念に関しては、vgl. Rudolf Eisler, *Kant-Lexikon. Nachschlagewerk zu Kants sämtlichen Schriften, Briefen und handschriftlichem Nachlaß*, Berlin $^{1}$1930 [Neudruck: Hildesheim, Zürich u. New York $^{10}$1989], Artikel ‚ästhetisch', S. 46-48. 快の感情に基づく、下位種の美と、趣味に属するところ第二種の美との区別に関しては、vgl. Tonelli 1963, S. 374 f. S. a. *Logik Blomberg* XXIV 44-49 u. 91-92; *Logik Philippi* 344-358; *Refl. 1786* (XVI 114$_{4-5}$; 1764-1769); *Refl.1829* (XVI 130$_{13-17}$; 1772-1775).

69　Vgl. *Logik Blomberg* XXIV 158$_{30}$-159$_{8}$.

70　本書第一章、第6節 c参照。

71　本書第一章、第6節 c参照。

72　マイヤーにおける信じ込みの概念、及び周到な確実性に関しては、本書第一章、第5節 b. aa u. bbを参照。

73　以下を参照。「信じ込みと区別しうるところの確信のための、誤りのない、確かで普遍妥当的な徴表を挙げることは、一般に不可能である」(*Logik Blomberg* XXIV 146$_{5-7}$)。

74　本書第一章、第5節 b. bb参照。以下も参照。「数学の効用は、真の確実性はどのようなものであるかをわれわれに確定させ、感じさせる点にあるというだけでも、それは計り知れないほど貴重である」(*Logik Philippi* 439 19-21)。

75 他者の判断という真理の外的基準は、多元論及び普遍的人間理性の理念から導き出される。本書第二章、第10節b、及び注55参照。

76 ヒンスケによれば、この行為規則はとくに、「完全誤謬はありえない」というカントのテーゼから導き出される。このテーゼは、「普遍的人間理性」の理念の第一の側面を先鋭化したものである。そして他者の判断の内にある真理の要素を見出すためには、そもそも他者の立場に身を置かなくてはならない。本書第二章、第10節b参照。Vgl. Hinske 1980 a, bes. S. 62 f. 邦訳、とくに65頁以下; Hinske 1998, S. 88 f.

77 以下を参照。「われわれが想定するものが、そもそも単に仮象的で、妥当的でない信じ込みであるのか、確かな本当の確信であるのかを探求するためには、まずもって、とりわけ反対の根拠を考量しなくてはならない」(*Logik Blomberg* XXIV 146 14-17)。S. a. ebd. XXIV147 21-33.

78 以下も参照。「多くの理性の問いにおいては、仮象性が見出される。また、その賛同から逃れることができないということも判明する。しかし、他者に伝えるならば、彼らはたびたびその反対の臆見をもつ。そのときはじめて、他者の頭脳と洞察によれば、私の認識は疑いえないほど確実ではまったくないことに気づく」(ebd. XXIV 205 14-19)。

79 本書第一章、第5節 b. bb参照。

80 本書第二章、第12節参照。

81 Vgl. *Logik Philippi* XXIV 421 23-25.

82 当該箇所の原型は、以下のレフレクシオーンが提供する。「認識が仮象的に確実である場合、それは信じ込みと呼ばれる」(*Refl. 2452* (XVI 375 13; 1764-1770秋))。

83 Vgl. *Wiener Logik* XXIV 888 2-4 u. 18-19; *Jäsche Logik* A 131 f. カタルディ・マドンナによれば、マイヤーの『論理学綱領』における次の箇所が、仮説の確実性への接近としての解釈の主な源泉である。「……人はそれ〔=学識ある臆見〕を軽視してはならない。なぜなら、それは歴史的認識から完全に確実な学識ある認識への移行であるからである……」(*Auszug* § 182, S. 51 [XVI 462 27-28])。Cataldi Madonna 1993, S. 39.

84 以下を参照。「ある認識の多くの帰結が真である場合、それは、蓋然的である。しかし、すべての帰結を洞察することは、きわめて困難である」(*Logik Philippi* XXIV 392 30-31)。S.a. ebd. XXIV 3936-8; *Logik Pölitz* XXIV 528 27-30 u. 558 22-29; *Wiener Logik* XXIV 827 22-33 u. 887 19-26; *Logik Busolt* XXIV 647 9-10 u. 26-30; *Logik Dohna-Wundlacken* XXIV 746 33-35; *Jäsche-Logik* A 132; *Refl. 2681* (XVI 469 10-11; 1776-1789); *Refl. 2687* (XVI 471 6-8; 1776-1789).

85 本書第一章、第4節 c参照。

86 以上、船木 2004, 43 − 45頁も参照。

87 Vgl. s-Zusatz [s-付記] der *Refl. 2454* (XVI $376_{7-8}$; 1773-1789).

88 以下を参照。「道徳的確実性の度合いは、実践的確実性よりはるかに少ないと信じる者がいる。たとえば、月に住民がいるなどといったことを道徳的に確実であると言う。しかしこれは、私の行為といささかの関連もない」(*Logik Blomberg* XXIV $199_{8-12}$)。S. a. ebd. XXIV $199_{15-18}$ u. $201_{4-8}$.

89 Vgl. ebd. XXIV $58_{2-4}$ u. $250_{16-17}$; *Logik Philippi* XXIV $451_{3-4}$. 論理学講義における、マイヤーに倣った、「実践的(praktisch)」という概念の規定に関しては、vgl. Schwaiger 1999, S. 123, Anm. 396.

90 主観的実践哲学と客観的実践哲学との区別に関しては、vgl. Schwaiger 1999, S. 45 u. 79.

91 Vgl. *Logik Philippi* XXIV $451_{4-6}$.

92 Vgl. Meier, *Vernunftle.* § 248, S. 365.

93 怜悧の教説に関して、両論理学講義には相違が見られる。『ブロンベルク論理学』においては、怜悧の教説は目的に関する実践的認識に属する(vgl. *Logik Blomberg* XXIV $250_{25-26}$)。これに対し、『フィリッピー論理学』では、手段に関する実践的認識に属する(vgl. *Logik Philippi* XXIV $451_{6-7}$)。ただし、この相違が、筆記した学生の書き間違いによるものであることは排除できない。カントは、思弁的認識に実用的認識を対置する(*Reflexion 2795* (XVI $516_{8}$; 1769-1776))。そこでは、意志を動かすものが、「実用的(pragmatisch)」と言われる(XVI $516_{10}$)。客観的実践的な思弁的認識と、主観的実践的認識との区別も見られる(vgl. s-Zusatz der *Reflexion 2795* (XVI $516_{12-13}$; 1769-1779))。また、手段に関する実践的認識と、動機に関わる目的に関する実践的認識との区別も認められる(s-Zusatz der *Reflexion 2796* (XVI $517_{14-16}$; 1769-1779))。S. a. *Logik Busolt* XXIV $652_{26-30}$; *Refl. 2801* (XVI $519_{7\ u.\ 9}$; 1776-1789). レフレクシオーンと論理学講義を併せて考察するならば、次のように言えよう。実践的認識が思弁的認識に対置される場合、実用的認識と思弁的認識の相違が強調されており、前者は目的、すなわち動機に関わる、と。

94 Vgl. *Logik Blomberg* XXIV $199_{6-8}$; *Logik Philippi* XXIV $434_{6-8\ u,\ 18-19}$; *Logik Dohna-Wundlacken* XXIV $734_{6-8}$ u. $751_{3-5}$. 実践哲学の対象としての、実用的なものと道徳的なものの領域に関しては、vgl. Hinske 1980 a, S. 108. 邦訳、134頁以下。論理学講義における実用的なものと怜悧との結びつき、及び実践的と実用的の関係に関しては、vgl. Schwaiger 1999, S. 122 f., Anm. 388 u. 396.

95 熟練、怜悧、知恵というカントの三区分の形成と発展に関しては、以下の文献を参照。Hinske 1980 a, S. 86-120: IV. 実践の基本形式――カントの実践哲学の基礎に関する予備的考察。邦訳、111 − 160頁。とくに、知恵を人倫性によって置き換えることに関しては、vgl. ebd. S. 106 f. u. Anm. 21. 邦訳、132頁以下、及び注(21)。S. a. Schwaiger 1999, S. 133, 138, 174 f., Anm. 437 u. 465.

96　本書第一章、第6節 d参照。

97　以下も参照。「道徳的確実性は、道徳法則に関するものである」(*Logik Philippi* XXIV $434_{19-20}$)。

98　Vgl. *Logik Blomberg* XXIV $150_{6-9}$.

99　Vgl. ebd. XXIV $149_{35-37}$.

100　本書第二章、第11節参照。

101　以下を参照。「反対を問うことをせず、探求するに値しないと見なしてしまうほどに、決定的な信仰が存在する」(*Logik Philippi* XXIV $421_{19-20}$)。S. a. *Logik Pölitz* XXIV $543_{6-7}$; *Jäsche-Logik* A 110.

102　カントは、証言に基づく知と、信仰とを対置し、後者に、「ある美感的なもの」を認める(*Reflexion 2467* (XVI $383_{2-3}$; 1771-1778))。Vgl. *Refl. 1867* (XVI $143_{5-8}$; 1776-1778).

103　以下を参照。「ソクラテスは未来の生があることを信じ、それを期して死んだ。彼自身、未来の生を信じているが、それを知ってはいないと述べている」(*Logik Philippi* XXIV $421_{17-18}$)。以下も参照。「たとえば、将軍は、敵を前にする場合、ある判断をし決心しなくてはならない。そこでは、ある説明に使われる仮説は、任意のものではなく、実践的意図において必然的である。……実践的意図はすべて……、1. 実用的であるか、2. 道徳的である。すなわち、怜悧の規則であるか、人倫性の法則であるかである。すると、将軍の意図は実用的である。仮説と見なされる信仰の方は、道徳的意図においては、必然的であり、理性的信仰と呼ばれる」(*Logik Dohna-Wundlacken* XXIV $750_{38-39}$-$751_{8}$)。

104　信仰がとりわけ歴史に関して頻繁に用いられ、もっぱら起きたことに関連する場合、マイヤーは、この証言に基づく信仰を「歴史的」と呼ぶ。「他者が、証言に基づいて、あることを真と見なす場合、彼は事柄と証言と証人を信じる。したがって、信仰は、……証言に基づいて賛同を与える点に成り立つ。こうした信仰は歴史的信仰と呼ばれる。というのも、それは現実の事柄にのみ及ぶものであって、歴史はそうしたものに従事するからである」(Meier, *Vernunftle.* § 236, S. 345)。Vgl. ders., *Auszug* § 206, S. 58 [XVI 49718-20]). マイヤーによる信仰概念の定義は、ヴォルフによる次の定義と一致する。「信仰ということで私が理解するのは、ある命題に他者の証言を基に与える賛同のことである」(Wolff, *DL* Kap. 7, § 3, S. 200)。Vgl. Wolff, *Lateinische Logik* § 611, S. 450; Baumeister, *Philosophia definitiva*, a.a.O. S. 53; Baumgarten, *Acroasis logica* § 357, 5. 105 f.; ders., *Acroasis logica, avcta, et in systema redacta*, a.a.O. § 537, S. 154.

105　以下を参照。「歴史的なものにおける信仰と理性認識の対置よりも、信仰と知との対置の方が本来的である。というのも、たとえば、マドリッドは存在するといった歴史的認識については、他者の語りから入手するにしても、われわれはそのことを知っていると言えるからである」(*Refl. 2451* (XVI $374_{23-26}$; 1764- 1770秋, 1772-1775))。Vgl. *Logik Pölitz* XXIV $562_{19-24}$; *Wiener Logik* XXIV $852_{7-11}$,

895$_{21-25}$ u. 896$_{1-4}$; *Jäsche-Logik* A 102 f.; s-Zusatz der *Refl. 2454* (XVI 376$_{5-6}$; 1773-1789).

106　本書第一章、第6節 d参照。

## 第三章

1　本書第二章、第11節参照。

2　Vgl. Meier, *Auszug* § 100, S. 25 [XVI 263$_{37-38}$]. S. a. ders., *Vernunftle.* § 128, S. 140.

3　Meier, *Auszug* § 100, S. 25 [XVI 264$_{3}$]; vgl. ders., *Vernunftle.* § 128, S. 140. マイヤーにおける、体系としての「学説（Lehrgebäude）」の語義に関しては、vgl. *Auszug* § 104, S. 26 [XVI 276$_{37}$]. S. a. Schneiders 1983, S. 219; Hinske 1998, S. 112. 邦訳、134頁。

4　Vgl. Meier, *Vernunftle.* § 128, S. 140.

5　Vgl. ebd. § 128, S. 140 f. S. a. ders., *Auszug* § 100, S. 25 [XVI 263$_{38}$-264$_{26-27}$].

6　S. a. Hinske 1980 a, S. 52. 邦訳、53頁。

7　本書第二章、第10節も参照。

8　Vgl. Hinske 1980 a, S. 36 ff. 邦訳、39頁以下; Hinske 1985, Sp. 394 u. 398; Hinske 1986, S. 6; Hinske 1990 a, S. 417 ff.; Hinske 1998, S. 83 f. S. a. Albrecht 1994 a, S. 307-455. 本書第二章、第10節b参照。

9　論理学講義録、及び論理学についての自筆メモは、部分的真理の考察における、次の区別を提供する。すなわち、一部は真であるが、偽なるものを含む認識と、それ自体真であるが、客観全体の真理という度合いには達していない認識との区別である。以下を参照。「全体的真理と部分的真理とを区別しようとするならば、認識としての認識と、客観に関する認識とを区別しなくてはならない。前者の認識が部分的に真である場合、たしかにある偽なるものがそこに含まれる。後者の場合、認識それ自体は真でありうるとしても、われわれはそれによって、客観全体を認識しているわけではない」(*Logik Pölitz* XXIV 529$_{11-16}$)。Vgl. *Logik Philippi* XXIV 395$_{27-36}$; *Wiener Logik* XXIV 828$_{29-33}$; s-Zusatz der *Refl.* 2208 (XVI 271$_{17-18}$; 1776-1778); *Refl. 2210* (XVI 272$_{10-11}$; 1776-1778). 後者の部分的真理は、真理への接近を特徴とする。以下を参照。「〔認識としての〕部分的真理は、真理の度合い〔としての部分的真理〕から区別される。後者は、……接近である」(s-Zusatz der *Refl. 2208* (XVI 271$_{17-18}$; 1776-1778))。Vgl. *Logik Philippi* XXIV 395$_{30-31}$. ここから推察できることは、カントは、ほぼ『純粋理性批判』出版の時期には、部分的真理の分析において、「蓋然性（probabilitas）」に対して、確実性への接近という特性を割り当てていた、ということである。

10　以上、船木 2004, 45－46頁も参照。

11　本書第二章、第10節a参照。

12 Vgl. *Logik Philippi* XXIV $425_{20\text{-}22}$; *Logik Pölitz* XXIV $547_{6\text{-}7}$; *Logik Dohna-Wundlacken* XXIV $737_{6\text{-}8}$. S. a. Schneiders 1983, S. 284 f.

13 以下を参照。「客観的であるか、単に主観的であるか、すなわち、われわれが知っている根拠の優勢を、根拠そのものの優勢と見なしていないかを区別することなく」(s-Zusatz der *Refl. 2698* (XVI $475_{8\text{-}10}$; 1776-1789))。Vgl. *Logik Busolt* XXIV $647_{34\text{-}36}$; *Logik Dohna-Wundlacken* XXIV $732_{37\text{-}38}$ u. $747_{6\text{-}9}$.

14 *Logik Dohna-Wundlacken* XXIV $737_{19}$. Vgl. Schneiders 1983, S. 285.

15 当該箇所の原型は、以下のレフレクシオーンが提供する。「……哲学者は、単に仮象性（verisimilitudo）だけを有する。すなわち、主観的、実践的に十分である」(*Refl. 2598* (XVI $435_{10\text{-}11}$; 1780-1789))。

16 本書第二章、第10節a、及び第11節参照。

17 以下を参照。「……それに対して、(充足理由の）確実性の半分以上、真と見なされるものが、蓋然的と言われる。したがって、根拠そのものは、総じて、部分的知、すなわち、判断される客観に関する認識の部分を含んでいなくてはならない」(*Vornehmer Ton* A 404, Anm.)。

18 Vgl. *Wiener Logik* XXIV $880_{11\text{-}14}$; *Logik Busolt* XXIV $644_{36\text{-}38}$; *Logik Dohna-Wundlacken* XXIV $742_{10\text{-}12}$.

19 本書第二章、第11節参照。

20 本書第二章、第13節c参照。

21 以下を参照。「私の信憑の不十分性を意識さえするならば、臆見には害となる点はない。臆見は、客観的にも主観的にも十分ではない認識根拠に基づく信憑である」(*Wiener Logik* XXIV $850_{7\text{-}10}$)。Vgl. *Logik Pölitz* XXIV $541_{19\text{-}20}$; *Logik Busolt* XXIV $637_{28\text{-}29}$ u. $637_{36}$-$638_{2}$; *Logik Dohna-Wundlacken* XXIV $732_{6\text{-}7;\ 19\text{-}21}$ u.$733_{4\text{-}5;\ 9\text{-}11}$; s-Zusatz der *Refl. 2450* (XVI $374_{8}$; 1769-1799); *Refl. 2459* (XVI $378_{4\text{ u. }13\text{-}14}$; 1764-1771, 1773-1778, s-Zusatz 1773-1778).

22 Vgl. *Jäsche-Logik* A 100; *Refl. 2459* (XVI $378_{4\text{-}5}$; 1764-1771, 1773-1778).

23 「問題的（problematisch)」 判断としての臆見に関しては、vgl. *Wiener Logik* XXIV $850_{4\text{-}5}$; *Logik Busolt* XXIV $637_{30\text{-}34}$ u. $638_{25}$; *Logik Dohna-Wundlacken* XXIV $732_{26\text{-}29}$; *Refl. 2474* (XVI $385_{10\text{-}11}$; 1776-1789); *Refl. 2475* (XVI $386_{7}$; 1776-1789).「暫定的判断（vorläufiges Urteil)」の概念の、「問題的（problematisch)」判断の概念による置き換えに関しては、vgl. Schneiders 1983, S. 289, Anm. 14. 次のレフレクシオーンの注記を参照。「われわれは探求に先立って、臆見をもつ」(*Reflexion 2463 a* (XVI $381_{18}$; 1769-1771, 1773-1778))。ここから推察できることは、臆見は、探求に先立って下される判断としての、仮象性の事態を言い表す、ということである。

24 先入観の原因としての「傾向性の性癖」の概念に関しては、vgl. Schneiders 1983, S. 292 f. u. 296 f.『ウィーン論理学』は、蓋然性と、臆見への単なる信奉との混同を警告している。「たとえば、ある臆見の信奉者は、臆見を蓋然的なものと見なす。蓋然性は、客観的根拠である。ところが、主観的信奉は、客観的と見なされるような効果をもたらす」(*Wiener Logik* XXIV 825$_{20\text{-}23}$)。

25　本書第二章、第13節参照。

26　『ペーリッツ論理学』では、「囚われ（praeoccupatio）」の概念が、単に主観的根拠に基づき、客観的根拠の探求を欠くものとしての定義される。「客観的根拠が探求される前に賛同を規定するような、判断の主観的根拠を有することが、囚われると言われる」(*Logik Pölitz* XXIV542$_{33\text{-}36}$)。

27　「根源的獲得（acquisitio originaria）」概念の自然法での源泉の研究における、法学上の意味での「占有（occupatio）」概念の使用に関しては、vgl. Oberhausen 1997, S. 122-127. S. a. Walchs *Philosophisches Lexicon*, Artikel ‚Einnehmung', Bd. 1, Sp. 955-962. 当該概念の批判的形而上学生成史に関しては、山根 2005を参照。

28　Vgl. *Logik Pölitz* XXIV 542$_{36\text{-}38}$.

29　Vgl. ebd. XXIV 542$_{39}$-543$_{2}$.

30　Vgl. Meier, *Vernunftle.* § 216, S. 311.

31　マイヤーにおける、美感的信じ込みのための原則としての先入観に関しては、本書第一章、第5節 b. bbを参照。

32　Vgl. *Jäsche-Logik* A 106. 以下も参照。「信仰：信憑の主観的必然性。主観の性質に依存しない（伝達可能な）根拠に基づいて、真理を規定するような信憑は、（論理的に）客観的であり、（十分に）必然的である」(s-Zusatz der *Refl. 2450* (XVI 373$_{21}$-374$_{2}$; 1769-1799))。「信仰は、主観的に十分であるが、客観的な論理的根拠に基づかず、普遍的伝達ができないような確信……である。（たとえば、敬虔な人の信仰）」(*Refl. 2459* (XVI 378$_{15\text{-}18}$; 1764-1771, 1773-1778))。「たしかに主観的ではあるが、客観的に十分ではないような認識根拠に基づく信憑は、信仰である（伝達や証明ができない）」(*Refl. 2477* (XVI 387$_{8\text{-}10}$; 1776-1789, s-Zusatz 1791-1799))。

33　格律と心術の関係に関しては、vgl. Albrecht 1994 b, bes. S. 144 u. Anm. 70.

34　以下を参照。「まったき良心性をもって主張しうることは、道徳的に確実である」(*Refl. 2470* (XVI 383$_{13\text{-}14}$; 1775-1778))。

35　以下を参照。「道徳的に確実。信仰のある人は、道徳的関心に寄与するものを、喜んで信じる。たとえば、徳への信仰」(*Refl. 2782* (XVI 508$_{15\text{-}16}$; 1776-1789))。S. a. *Refl. 2483* (XVI 389$_{2}$; 1776-1789); *Refl. 2487* (XVI 390$_{6\text{-}8}$; 1776-1789).

36　本書第一章、第5節 b、及び第二章、第11節参照。S. a. *Wiener Logik* XXIV 854$_{34\text{-}36}$.

37　Vgl. *Logik Busolt* XXIV 638$_{21\text{-}24}$.

38　「命法（Imperativ）」概念の比較的遅い登場に関しては、vgl. Schwaiger 1999, S. 148, 151, 165 f. u. 172 f.

39　こうした論述の原型は、次のレフレクシオーンである可能性がある。「実践的命題は……、1）命法、すなわち、理論的命題に対置されるか、2）可能的命法の根拠を含む、すなわち、思弁的命法に対置されるかである」(*Refl. 2798* (XVI $518_{6-9}$; 1776-1789))。

40 『レフレクシオーン』2798番は、実践的なものを有用性との関係ではなく、究極的意図との関係で論じる（vgl. XVI $518_{10-11}$; 1776-1789)。

41 Vgl. *Wiener Logik* XXIV $851_{29-31}$, $853_{4-7}$ u. $895_{33-34}$.

42 Vgl. ebd. XXIV $851_{37-39}$.

43 Vgl. *Logik Busolt* XXIV $639_{19-20}$.

44 Vgl. *Wiener Logik* XXIV $900_{36-38}$.

45 『レフレクシオーン』2450番は、信仰を「賭けること（Wetten)」に、知を「誓うこと（Schwören)」に割り当てている（vgl. XVI $373_{14-15}$; 1764-1770秋, 1772-1775)。以下も参照。「信憑における区別は……、実際、単に実践的であるように見える。すなわち、人がどれだけそれに賭けることができるかということである」(*Refl. 2451* (XVI $375_{3-4}$; 1764-1770秋, 1772-1775))。すでに『ブロンベルク論理学』において、信仰の強度を示すための、賭けの活用について述べられている。「信仰においては、真なるものがあることに賭けてもよくなるほどの信憑の強さがある」(*Logik Blomberg* XXIV $242_{2-3}$)。しかしまだ、信じ込みと確信を区別するための手立てとしての賭けの叙述は見られない。

46 『レフレクシオーン』2487番では、理論的信仰と実践的信仰とが区別され、前者における認識根拠は、これまでの知識が反対の知識より優勢である点に成り立つとされる。「理論的……信仰は……、それへの拘束の不変性の意識をともなうような（確信）では、けっしてありえない。なぜなら、それは、現在の私の知に関する限り、十分か、もしくは優勢に根拠づけられているにすぎないからである」(XVI $390_{10-15}$; 1776-1789)。『レフレクシオーン』2489番は、s付記の形で、月における生物の例を挙げて、理論的信仰を説明する。「だれも私に反駁しないということをわかっているがゆえに、主観的に十分と見なされる信憑。たとえば、月に住民がいること。理論的理性信仰」(XVI $392_{1-3}$; 1776-1799)。

47 本書第二章、第10節b、第11節参照。以下も参照。「真理の外的な（論理的ではない）基準は、他者の判断との比較である。なぜなら、主観的なものは、必ずしもすべての他者に備わるとは限らないからである。比較を通じて、仮象が発見できるであろう」(*Refl. 2272* (XVI $294_{10-12}$; 1790-1799))。S. a. *Refl. 2161* (XVI $255_{19-21}$; 1776-1778, 1790-1799). 仮象を防ぐための、外的基準の有用性に関しては、以下も参照。「客観的に妥当する基準。及び、主観的基準、すなわち、（仮象を防ぐための）他者の賛意」(*Refl. 2175* (XVI $259_{2-3}$; 1776-1789, s-Zusatz 1790-1799))。「（人が自ら前もって判断したあとの、）真理の外的基準は、仮象による欺瞞を防ぐための、他者の一致した判断である」(*Refl. 2176* (XVI $259_{9-12}$; 1776-1789))。

48 Vgl. *Wiener Logik* XXIV 852-855. ここで『ウィーン論理学』と『純粋理性批

判』との近似性が確認できる。本書第二章第15節参照。Vgl. Hinske 1999 b, S. XVI-XIX.

49　Vgl. Eisler 1930, Artikel ,Glaube', S. 206.

50　『レフレクシオーン』2756番では、月における生物の存在への信仰に対する賭けに関する叙述がある。「信憑に対する理論的根拠は、それに賭けることができるがゆえに信仰と呼ばれる。たとえば、月に住民がいるということ」（XVI 499₁₆₋₁₈; 1760-1770秋）。

51　Vgl. *Jäsche-Logik* A 102, Anm. 以下も参照。「実践的な（道徳的に実践的な）意味における、超感性的なものへの信仰は、単に可能的であるだけではなく、実践的な意味と分かちがたく結びついている。なぜなら、私の内なる道徳性は総じて、……経験的ではないにせよ、誤認できないような真理と権威をもって（定言命法を通じて）、差し出されるからである。このような真理と権威とは、理論的に見れば世界統治者の……威力なしには、私の力だけでは、遂行不可能な目的（最高善）を命じる」（*Vornehmer Ton* A 405 f., Anm.）。以下も参照。「実践的確実性は、怜悧の規則に従って実用的であるか（そこでの規則は……、賭け事におけるように、仮言的に必然的である）、人倫性の原理に従って道徳的であるかである（……後者を具体的に遵守するという仮説は、実践的に確実である。すなわち、理性信仰の要件である）」（s-Zusatz der *Refl. 2714* (XVI 481₁₃₋₁₈; 1776-1789)）。

52　とくに、『実践理性批判』（1788年）の方法論において、道徳的実践的法則がいかにして「人間の心性へ採り入れられるか、すなわち、格律への影響力を」及ぼしうるかが論じられている（*Kp*V A 269）。こうした考究は、「真正な道徳的心術の基礎づけと開花の方法」にかかわる（ebd. A 272）。そこでカントは、人間に「一切の感性的愛着から……引き離す」ような特別な力を授けるところの、「尊厳」の感情を教示することが有する効果を論じる（A 271）。「純粋な道徳的関心への感受性」は、「善に対する、もっとも強力で……、唯一の動機」である（A 272）。

53　以下を参照。「人間の道徳的心術が増大すればするほど、実践的に必然的な意図に基づいて道徳的関心から想定したり前提しなくてはならないと感じられる、一切のものへの信仰も、ますます堅固で生き生きしたものになる」（*Jäsche-Logik* A 106 f.）。

54　以上、船木 2004, 46－48頁も参照。

55　一方、「蓋然的（wahrscheinlich）」の概念は、「（信憑の）伝達」として、「臆見と知の間の」地位を占める（*Vornehmer Ton* A 404, Anm.）。

56　Vgl. *Jäsche-Logik* A 126 f.; *Fortschritte* A 118.

57　こうした論述の原型は、次のレフレクシオーンである可能性がある。「超感性的なものに関しては、いかなる蓋然性も成立しない。すなわち、われわれは知の途上にはまったくない。種々の多くの不十分な根拠（多くの証拠）が、一つの証明を成立させるか？」（*Refl. 2623* (XVI 441₁₃₋₁₆; 1790-1799)）。以下も参照。「可能的経験のいかなる客観ともかかわらないような認識種においては、臆見や蓋然性を申し立てることはできない。知か信仰でなくてはならない」(*Refl. 2487* (XVI 390$_{19\text{-}21}$; 1776-1789))。「……形而上学、すなわち、純粋理性に基づく哲学において、その判断を蓋然性や憶測に依拠させようとすること以上に、おそらく不合理なものはないであろう」(*Prol.* A 196)。「対象が、われわれに可能な認識のいかなる客観ではないような場合(たとえば、身体との結合を離れた生きた実体といったような、魂の性質、すなわち、霊)、その可能性について、蓋然的にも非蓋然的にも、いやそれどころかまったく判断することはできない」(*Vornehmer Ton* A 404, Anm.)。「信仰の教えの真理に関する理論的証明については、それに基づくことで以下のことが蓋然的であると主張することができるであろうか。すなわち、神が存在する、そして、神の意志に従った人倫的関係、及び最高善の理念に適合した関係がこの世界に見出されうるという、また、あらゆる人間には未来の生があるということが。回答はこうである。蓋然性という表現は、この文脈ではまったく不合理である。(中略)ところで、超感性的なものは、感性的に認識しうるものと、種に従っても(toto genere)異なる。なぜなら、それはわれわれに可能な一切の経験を超えているからである。感性的なものの領域で確実性に到達することを望みうるのと同じような前進をともなって、超感性的なものに達する道はない。したがって、確実性へのいかなる接近も、論理的価値が蓋然性と呼びうるようないかなる信憑もない」(*Fortschritte* A 117 f.)。S. a. *Jäsche-Logik* A 101; *Tugendlehre* A 43.

58 本書第二章、第11節参照。

## 結語

1 本書第一章第4節 a 参照。
2 本書第一章、第4節 c、第5節b. bb参照。
3 本書第一章、第4節 c、第5節b. bb参照。
4 本書第一章、第4節 c、第5節b. bb参照。
5 本書第二章、第10節 a、第11節参照。
6 本書第一章、第3節参照。
7 本書第二章、第10節 b参照。
8 本書第一章、第5節 a. aa、第5節 b. aa参照。
9 本書第二章、第10節 b参照。
10 本書第二章、第10節 a参照。
11 本書第一章、第6節 a u. b参照。
12 本書第二章、第11節参照。
13 本書第一章、第6節 c参照。
14 本書第二章、第10節 b、第11節参照。
15 本書第三章、第13節 b参照。
16 本書序言a参照。
17 本書第二章、第11節参照。

18　本書第一章、第5節b. bb参照。
19　本書第二章、第12節参照。
20　本書第三章、第15節参照。
21　本書第二章、第12節参照。
22　本書第三章、第15節参照。

# アカデミー版カント全集第XVI巻、及び第XXIV巻における、見出し語別引用箇所索引

すべての引用箇所は、原典の略記と五つの数字で示す。第XXIV巻の論理学講義録には、以下の略記を用いる。

Bl = *Logik Blomberg*, Ph = *Logik Philippi*, Pö = *Logik Pölitz*, Bu = *Logik Busolt*, Do = *Logik Dohna-Wundlacken*, Wi = *Wiener Logik*.

第XVI巻のレフレクシオーンは、略記Reで記した。最初の三つの数字が頁数を、終わりの二つの数字が、行数を示す。

**2 probabel** **A（形容詞）**
2 probabel Pö55630 Wi88220

**7 probabile** **1 A**
2 probabile Do74214 Re76708
4 probabilium Bl03804 Bl03805 Pö55522 Re07202
1 Probabilium Bl03811

**3 Probabilismus** **S（名詞）**
1 probabilism Re44323
1 probabilismus Re07017
1 Probabilismus Do73405

**6 Probabilität** **S**
1 Probabiliität Ph43318
3 probabilitaet Wi88337 Re07103 Re43311
2 Probabilität Do74212 Do74216

**11 probabilitas** **1 S**
6 probabilitas Pö55628 Re28504 Re43403 Re43613 Re43704 Re43712
4 Probabilitas Bl19602 Wi88217 Bu64432 Re27204
1 probabilitatis Bu64433

**1 probabiliter** **1 PA（副詞）**
1 probabiliter Re07103

**4 verisimile** **1 A**
2 verisimile Wi88220 Do74214
2 verosimile Re38811 Re76709

**1 verisimilitas** **1 S**
1 verisimilitas Re47512

# アカデミー版カント全集第XVI巻、及び第XXIV巻における、見出し語別原文一部抜粋索引

**2 probabel** A

XXIV 55630 Das Object ist entweder *probabel* oder improbabel.

XXIV 88220 Eine Erkenntniß als Erkenntniß kann Scheinbarkeit heißen, die Sache aber, die ich vor wahr, oder wahrscheinlich halte, ist darum nicht verisimile, sondern *probabel*, oder improbabel.

**7 probabile** 1 A

XVI 07202 Die Logica *probabilium* ist ein noch nöthigerer theil der practischen Vernunftlehre.

XVI 76708 4. Acervus (Sorites). Somnium hoc est *probabile*, cur non etiam (valde) verosimile?

XXIV 03804 Die Logic handelet entweder von denen Reguln der gewissen, oder der wahrscheinlichen Gelahrten Erkenntniß, leztere heißet Logica *probabilium*.

XXIV 03805 im gemeinen Leben handelen wir mehr nach Wahrscheinlichkeit, als nach gewißheit, weswegen die Logica *probabilium* sehr nützlich seyn würde.

XXIV 03811 Die Logica *Probabilium* hat blos Beyspiele, und hat bey Sterbe-Cassen ihren Nutzen.

XXIV 55522 Man hat viel von einer logica *probabilium* geredt, die ist aber aus eben angeführten Grund nicht möglich.

XXIV 74214 Das verisimile ist das scheinbare — *probabile* annehmbar.

**3 Probabilismus** S

XVI 07017 Von dem *probabilismus* der reinen Vernunft. e. g. in Wesen von ganz anderer Art als denen der [...] Sinenwelt.

XVI 44323 Was nach dem Grundsatz (plinii): qvod dubitas, ne feceris gewis ist, ist moralisch Gewis (*probabilism* der Jesuiten).

XXIV 73405 Es gibt ein Glauben, welches in praktischer (nicht in spekulativer) Beziehung dem Wissen gleichgeschätzt wird, z. B. manche Sätze der alten Philosophen — *Probabilismus*.

**6 Probabilität** S

XVI 07103 Diese falsche *probabilitaet* durch retorsion einzuschranken.

XVI 43311 Die obiective Warscheinlichkeit (*probabilitaet.*) ist blos die moglichkeit des Gegenstandes, und der Grund derselben ist gewiß.

XXIV 43318 Die subjektive *Probabiliität* das ist das Verhältniß der Gründe des Vorwahrhaltens, welches gewisser ist als fürs Gegentheil.

XXIV 74212 Das Verhältnis aber der Gründe für die zureichende Wahrheit ist die *Probabilität.*

XXIV 74216 Bei der *Probabilität* machen die Gründe des Fürwahrhaltens mehr aus als die Hälfte — sie überwiegen.

XXIV 88337 Die *probabilitaet* geht auf Sachen.

**11 probabilitas** 1 S

XVI 27204 *Probabilitas* ist vom Schein, verisimilitudo, unterschieden.

haben wir entweder eine Scheinbahrkeit, (und dieses ist nur der geringste Grad), die Probabilitas, oder die Wahrscheinlichkeit, die *Verisimilitudinem*, als einen größeren Grad.

XXIV 55628 Im lateinischen sind die Wörter *verisimilitudo* und probabilitas, das erste wäre beßer durch scheinbar zu übersezen im Gegensaze des Wahren und es betrift nur das Erkenntniß.

XXIV 64434 Sie gehet auf obiectiuve Gründe. *Verisimilitudo* aber auf subiectiue.

XXIV 74210 Das Verhältnis der Gründe für die Wahrheit zu den Gründen des Gegenteils (*verisimilitudo*).

XXIV 74213 Wenn ich nur einen Grund des Fürwahrhaltens und keinen zum Beweis des Gegenteils habe, so ist dies schon *verisimilitudo*.

XXIV 74215 Das Urteil über die *verisimilitudo* beruht auf der Vergleichung der Urteile für die Wahrheit zu den Gründen des Gegenteils.

XXIV 88218 Probabilitas ist Wahrscheinlichkeit, *verisimilitudo*, Scheinbarkeit.

# 文献一覧

**【第一次文献】**

Baumeister, Friedrich Christian: *Philosophia definitiva hoc est definitiones philosophicae ex systemate Lib. Bar. a Wolf in vnum collectae* [...], Wien [15]1775 (Wittenberg [1]1735) [Neudruck: Hildesheim u. New York 1978, in: WW III.7].

Baumgarten, Alexander Gottlieb: *Metaphysica* (= *Met.*), Halle [7]1779 ([1]1739) [Neudruck: Hildesheim 1963].

— *Aesthetica* (= *Aesth.*), 2 Tle., Frankfurt an der Oder, 1750-1758 [Neudruck in einem Band: Hildesheim u. New York [2]1970 ([1]1961)].

— *Initia philosophiae practicae primae*, Halle 1760 [wiederabgedruckt in: *Kant's gesammelte Schriften*, hrsg. v. der Königlich Preußischen Akademie der Wissenschaften, Bd. XIX, S. 7-91].

— *Acroasis logica. In Christianvm L. B. de Wolff* (= *Acroasis logica*), Halle 1761 [Neudruck: Hildesheim u. New York 1973, in: WW III.5].

— *Acroasis logica, aucta, et in systema redacta, a Ioanne Gottlieb Toellnero*, Halle [2]1773 ([1]1765).

— *Texte zur Grundlegung der Ästhetik* (= *TGÄ*), übers. u. hrsg. v. Hans Rudolf Schweizer (= Philosophische Bibliothek, Bd. 351), Hamburg 1983.

— *Meditationes philosophicae de nonnullis ad poema pertinentibus / Philosophische Betrachtungen über einige Bedingungen des Gedichtes* (= *PB*), übers. u. mit einer Einleitung hrsg. v. Heinz Paetzold (= Philosophische Bibliothek, Bd. 352), Hamburg 1983.

— *Theoretische Ästhetik. Die grundlegenden Abschnitte aus de[n] „Aesthetica" (1750/58)* (= *TÄ*), übers. u. hrsg. v. Hans Rudolf Schweizer (= Philosophische Bibliothek, Bd. 355), Hamburg 1983.

Cicero, Marcus Tullius: *Vom rechten Handeln.* Lateinisch und deutsch, hrsg. u. übers. v. Karl Büchner (= Sammlung Tusculum), München u. Zürich [4]1994 (Zürich [1]1965).

Crusius, Christian August: *Die philosophischen Hauptwerke*, hrsg. v. Giorgio Tonelli, Sonia Carboncini u. Reinhard Finster, 4 Bde., Hildesheim 1964 ff. [= CHW].

— *Dissertatio philosophica de corruptelis intellectus a voluntate pendentibus* (= *De corruptelis*), Leipzig 1740 [Neudruck: Hildesheim, Zürich u. New York 1987, in: CHW IV.1].

— *Dissertatio philosophica de appetitibus insitis voluntatis humanae*, Leipzig 1742 [Neudruck: Hildesheim, Zürich u. New York 1987, in: CHW IV.1].

— *Dissertatio philosophica de usu et limitibus principii rationis determinantis, vulgo sufficientis* (= *De usu*), Leipzig 1743 [Neudruck: Hildesheim, Zürich u. New York 1987, in: CHW IV.1].

— *Ausführliche Abhandlung von dem rechten Gebrauche und der Einschränkung des sogenannten Satzes vom zureichenden oder besser determinirenden Grunde* (= *Von dem rechten Gebrauche*). Aus dem Lateinischen übersetzt und mit Anmerkungen nebst einem Anhange begleitet von M. Christian Friedrich Krausen; bey dieser zwoten Ausgabe mit anderweitigen Anmerkungen des Herrn Verfassers und einer andern hieher gehörigen Schrifft des Uebersetzers auch einem Vorberichte vermehrt von Christian Friedrich Pezold, Leipzig [2]1766 ([1]1744).

— *Anweisung vernünftig zu leben, darinnen nach Erklärung der Natur des menschlichen*

*Willens die natürlichen Pflichten und allgemeinen Klugheitslehren im richtigen Zusammenhange vorgetragen werden* (= *Anweisung*), Leipzig 1744 [Neudruck: Hildesheim 1969, in: CHW I].

— *Entwurf der nothwendigen Vernunft-Wahrheiten, wiefern sie den zufälligen entgegen gesetzet werden* (= *Entwurf*), Leipzig 1745 [Neudruck: Hildesheim 1964, in: CHW II].

— *Weg zur Gewißheit und Zuverläßigkeit der menschlichen Erkenntnis* (= *Weg*), Leipzig 1747 [Neudruck: Hildesheim 1965, in: CHW III].

— *Anleitung, über natürliche Begebenheiten ordentlich und vorsichtig nachzudenken* (= *Anleitung*), Leipzig 1749 [Neudruck: Hildesheim, Zürich u. New York 1987, in: CHW IV.1].

— *Dissertatio I et II de dissimilitudine inter religionem et superstitionem* [...], Leipzig 1751.

Eberhard, Johann August (Hrsg.): *Theorie der schönen Wissenschaften. Zum Gebrauche seiner Vorlesungen*, Halle [2]1786 ([1]1783).

Froben (Frobesius), Johann Nicolaus: *Christiani Wolfii viri illustris Philosophia rationalis sive Logica in compendium et luculentas tabulas redacta* [...], Helmstedt 1746 [Neudruck: Hildesheim u. New York 1980, in: WW III.6].

Gottsched, Johann Christoph: *Versuch einer critischen Dichtkunst, durchgehends mit den Exempeln unserer besten Dichter erläutert* [...], Leipzig [4]1751 ([1]1730) [Neudruck: Darmstadt 1977].

— *Erste Gründe der gesamten Weltweisheit, darinn alle philosophische Wissenschaften, in ihrer natürlichen Verknüpfung, in zween Theilen abgehandelt werden* [...], 2 Bde., Leipzig [7]1762 ([1]1733-1734) [Neudruck: Hildesheim, Zürich u. New York 1983, in: WW III.20.1-2].

Hoffmann, Adolf Friedrich: *Vernunft-Lehre, darinnen die Kennzeichen des Wahren und Falschen aus den Gesetzen des menschlichen Verstandes hergeleitet werden*, Leipzig 1737.

Kant, Immanuel: *Kant's gesammelte Schriften*, hrsg. v. der Königlich Preußischen Akademie der Wissenschaften (und Nachfolgern), bisher 29 Bde., Berlin (u. Leipzig) [2]1910 ff. ([1]1900 ff.)（岩波書店『カント全集』全22巻・別巻、理想社版『カント全集』全18巻）.

— *Eine Vorlesung Kants über Ethik.* Im Auftrage der Kantgesellschaft hrsg. v. Paul Menzer, Berlin 1924.

— *Werke in zehn Bänden*, hrsg. v. Wilhelm Weischedel, Darmstadt [4/5]1983 ([1]1956-1964).

—『純粋理性批判』天野貞祐訳、講談社学術文庫、全4巻。

Meier, Georg Friedrich: *Anfangsgründe aller schönen Wissenschaften* (= *Anfangsgr.*), 3 Bde., Halle [2]1754-1759 ([1]1748-1750) [Neudruck: Hildesheim u. New York 1976 (= Documenta Linguistica. Quellen zur Geschichte der deutschen Sprache des 15. bis 20. Jahrhunderts, Reihe 5: Deutsche Grammatiken des 16. bis 18. Jahrhunderts)].

— *Beweis daß die menschliche Seele ewig lebt*, Halle 1751.

— *Auszug aus der Vernunftlehre* (= *Auszug*), Halle 1752 [wiederabgedruckt in: *Kant's gesammelte Schriften*, hrsg. v. der Königlich Preußischen Akademie der Wissenschaften, Bd. XVI, S. 3-872].

— *Vernunftlehre* (= *Vernunftle.*), Halle 1752.

— *Beyträge zu der Lehre von den Vorurtheilen des menschlichen Geschlechts* (= *Beyträge*), Halle 1766.

Meißner, Heinrich Adam: *Philosophisches Lexicon, darinnen die Erklärungen und Beschreibungen aus des salu. tit. tot. hochberühmten Welt-Weisen, Herrn Christian Wolffens, sämmtlichen teutschen Schrifften seines philosophischen Systematis sorgfältig zusammen getragen* [...], Bayreuth u. Hof 1737 [Neudruck: Düsseldorf 1970].

Mendelssohn, Moses: *Gedanken von der Wahrscheinlichkeit*, Berlin 1756, in: ders., *Gesammelte Schriften.* Jubiläumsausgabe. Begonnen von Ismar Elbogen, Julius Guttmann u. Eugen Mittwoch, fortgesetzt von Alexander Altmann u. Eva J. Engel, Bd. 1, Neudruck der

Ausgabe Berlin 1929, Stuttgart-Cannstatt 1971, S. 147-164.
Thomasius, Christian: *Ausgewählte Werke*, hrsg. v. Werner Schneiders, Hildesheim, Zürich u. New York 1993 ff.
— *Introductio ad philosophiam aulicam, seu lineae primae libri de prudentia cogitandi et ratiocinandi, ubi ostenditur media inter praejudicia Cartesianorum, & ineptias Peripateticorum, veritatem inveniendi via* (= *IPA*), Leipzig 1688 [Neudruck: ebd., Bd. 1, Hildesheim, Zürich u. New York 1993].
— *Einleitung zu der Vernunfft-Lehre/ worinnen durch eine leichte/ und allen vernünfftigen Menschen/ waserley Standes oder Geschlechts sie seyn/ verständliche Manier der Weg gezeiget wird/ ohne die Syllogisticâ das wahre/ wahrscheinliche und falsche von einander zu entscheiden/ und neue Warheiten zu erfinden* [...] (= *EV*), Halle 1691 [Neudruck: ebd., Bd. 8, Hildesheim, Zürich u. New York 1998].
— *Einleitung zur Hoff-Philosophie, oder kurzer Entwurff und die ersten Linien von der Klugheit zu Bedencken und vernünfftig zu schliessen* [...] (= *EH*), aus dem Lateinischen ins Deutsche übersetzt von P.D., Berlin u. Leipzig ²1712 (Frankfurt u. Leipzig ¹1710) [Neudruck: ebd., Bd. 2, Hildesheim, Zürich u. New York 1994].
Wolff, Christian: *Gesammelte Werke*, hrsg. v. Jean École, Hans Werner Arndt, Charles A. Corr, Joseph Ehrenfried Hofmann u. Marcel Thomann, Hildesheim 1962 ff. [= WW].
— *Vernünftige Gedanken von den Kräften des menschlichen Verstandes und ihrem richtigen Gebrauche in Erkenntnis der Wahrheit* (= *DL*), Halle ¹⁴1754 (¹1713) [Neudruck: Hildesheim u. New York 1965, in: WW I.1].
— *Vernünfftige Gedancken von Gott, der Welt und der Seele des Menschen, auch allen Dingen überhaupt* (= *DM*), Halle ¹¹1751 (¹1720) [Neudruck: Hildesheim, Zürich u. New York 1983, in: WW I.2].
— *Der vernünfftigen Gedancken von Gott, der Welt und der Seele des Menschen, auch allen Dingen überhaupt, anderer Theil, bestehend in ausführlichen Anmerckungen* (=*ADM*), Frankfurt a.M. ⁴1740 (¹1724) [Neudruck: Hildesheim, Zürich u. New York 1983, in: WW I.3].
— *Ausführliche Nachricht von seinen eigenen Schrifften, die er in deutscher Sprache von den verschiedenen Theilen der Welt-Weißheit heraus gegeben*, Frankfurt a.M. ²1733 (¹1726) Neudruck: Hildesheim u. New York 1973, in: WW I.9].
— *Philosophia rationalis sive logica, methodo scientifica pertractata et ad usum scientiarum atque vitae aptata. Praemittitur discursus praeliminaris de philosophia in genere* (= *Lateinische Logik* bzw. *Discursus praeliminaris*), 3 Bde., Frankfurt a.M. u. Leipzig ³1740 (¹1728) [Neudruck: Hildesheim, Zürich u. New York 1983, in: WW II.1.1-3].
— *Cogitationes rationales de viribus intellectus humani*, Frankfurt u. Leipzig ³1740 (Frankfurt a.M ¹1730) [Neudruck: Hildesheim, Zürich u. New York 1983, in: WW II.2].
— *Natürliche Gottesgelahrheit nach beweisender Lehrart abgefasset* [...], ins Deutsche übersetzt von Gottlieb Friedrich Hagen, 5 Bde., Halle 1742-1745 [Neudruck: Hildesheim, Zürich u. New York 1995, in: WW I.23.1-5].
— *Grundsätze des Natur- und Völckerrechts*, Halle 1754 [Neudruck: Hildesheim u. New York 1980, in: WW I.19].

**【Lexicon, Index, Bibliography, Biography, Commentary, Dictionary】**

*Allgemeine Deutsche Biographie* (1875-1912). Auf Veranlassung und mit Unterstützung seiner Majestaet des Königs von Bayern Maximilian II. hrsg. durch die historische Commission bei der Königl. Akademie der Wissenschaften, 56 Bde., Leipzig 1875-1912.
Aso, Ken/Kurosaki, Masao/Otabe, Tanehisa/Yamauchi, Shiro (Hrsg.) (1989): *Onomasticon philosophicum latinoteutonicum et teutonicolatinum*, Tokyo 1989.

*Brockhaus. Die Enzyklopädie* (1796-1811), 24 Bde., Leipzig u. Mannheim [20]1996 ([1]1796-1811).

Du Fresne Du Cange, Charles (1678): *Glossarium mediae et infimae Latinitatis* [...], 10 Bde., Niort 1883-1887 (Paris [1]1678) [Neudruck: Graz 1954].

Delfosse, Heinrich P./Krämer, Berthold/Reinardt, Elfriede (1987): *Stellenindex und Konkordanz zu Christian Wolffs „Deutscher Logik"* (= FMDA, Abt. 3, Bd. 19), Stuttgart-Bad Cannstatt 1987.

Eisler, Rudolf (1899): *Wörterbuch der philosophischen Begriffe, historisch-quellenmässig bearbeitet*, 3 Bde., Berlin [4]1927-1930 ([1]1899).

Eisler, Rudolf (1930): *Kant-Lexikon. Nachschlagewerk zu Kants sämtlichen Schriften, Briefen und handschriftlichem Nachlaß*, Berlin 1930 [Neudruck: Hildesheim, Zürich u. New York [10]1989].

Frisch, Johann Leonhard (1741): *Teutsch-Lateinisches Wörter-Buch, darinnen nicht nur die ursprünglichen, nebst denen davon hergeleiteten und zusammengesetzten allgemein gebräuchlichen Wörter; sondern auch die bey den meisten Künsten und Handwerken, bey Berg- und Salzwerken, Fischereyen, Jagd- Forst- und Hauß-Werken, u.a.m. gewöhnliche Teutsche Benennungen befindlich* [...], 2 Bde., Berlin 1741 [Neudruck in einem Band: Hildesheim u. New York 1977 (= Documenta Linguistica. Quellen zur Geschichte der deutschen Sprache des 15. bis 20. Jahrhunderts. Reihe 2: Wörterbücher des 17. und 18. Jahrhunderts)].

Georges, Karl Ernst (1865): *Kleines deutsch-lateinisches Handwörterbuch*, Darmstadt [9]1969 (Leipzig [1]1865).

Georges, Karl Ernst (1972): *Ausführliches lateinisch-deutsches Handwörterbuch aus den Quellen zusammengetragen und mit besonderer Bezugnahme auf Synonymik und Antiquitäten unter Berücksichtigung der besten Hilfsmittel*, 2 Bde., Hannover [13]1972.

Göckel, Rudolph (1613): *Lexicon Philosophicum, quo tanquam clave philosophiae fores aperiuntur*, Frankfurt 1613 [Neudruck: Hildesheim 1964].

Gottsched, Johann Christoph (Hrsg.) (1760): *Handlexicon oder kurzgefaßtes Wörterbuch der schönen Wissenschaften und freyen Künste*, Leipzig 1760 [Neudruck: Hildesheim u. New York 1970].

Grimm, Jacob/Grimm, Wilhelm (1854-1960): *Deutsches Wörterbuch*, hrsg. v. der Deutschen Akademie der Wissenschaften zu Berlin, 16 Bde., Leipzig 1854-1960 u. Quellenverzeichnis, Leipzig 1971 [Neudruck: 33 Bde., München 1984].

Hinske, Norbert (1977): Artikel ‚Kant', in: *Neue Deutsche Biographie*, Bd. 11, Berlin 1977, S. 110-125.

Hinske, Norbert (1986 a): *Kant-Index*, Bd. 1: *Stellenindex und Konkordanz zu George Friedrich Meier „Auszug aus der Vernunftlehre"*. Erstellt in Zusammenarbeit mit Heinrich P. Delfosse u. Heinz Schay (= FMDA, Abt. 3, Bd. 5), Stuttgart-Bad Cannstatt 1986.

Hinske, Norbert (1989): *Kant-Index*, Bd. 3: *Stellenindex und Konkordanz zur „Logik Blomberg"*. Erstellt in Zusammenarbeit mit Heinrich P. Delfosse u. Elfriede Reinardt (= FMDA, Abt. 3, Bd. 7), 3 Teilbde., Stuttgart-Bad Cannstatt 1989.

Hinske, Norbert (1991): *Kant-Index*, Bd. 14: *Personenindex zum Logikcorpus*. Erstellt in Zusammenarbeit mit Heinrich P. Delfosse u. Elfriede Reinardt (= FMDA, Abt. 3, Bd. 18), Stuttgart-Bad Cannstatt 1991.

Hinske, Norbert (1995 a): *Kant-Index*, Bd. 6: *Stellenindex und Konkordanz zur „Logik Pölitz"*. Erstellt in Zusammenarbeit mit Terry Boswell, Heinrich P. Delfosse u. Riccardo Pozzo (= FMDA, Abt. 3, Bd. 10), 2 Teilbde., Stuttgart-Bad Cannstatt 1995.

Hinske, Norbert (1999 a): *Kant-Index, Bd. 5: Stellenindex und Konkordanz zur „Wiener Logik"*. Erstellt in Zusammenarbeit mit Heinrich P. Delfosse u. Michael Oberhausen (= FMDA, Abt.

3, Bd. 9), 2 Teilbde., Stuttgart-Bad Cannstatt 1999.

Jeitteles, Ignaz (1835-1837): *Aesthetisches Lexikon*, 2 Bde., Wien ²1839 (¹1835-1837) [Neudruck in einem Band: Hildesheim u. New York 1978].

Kirsch, Adam Friedrich (1714): *Abundantissimum cornu copiae linguae Latinae et Germanicae selectum, quo continentur Vocabula Latina omnis aevi, antiqui, medii ac novi, pariter ac Graeca, Latinitate donata, nec non formulae dicendi elegantiores et Constructiones Verborum* [...], Augsburg 1796 (Nürnberg ¹1714) [Neudruck: 3 Bde., Graz 1970].

Krug, Wilhelm Traugott (1827-1829): *Allgemeines Handwörterbuch der philosophischen Wissenschaften, nebst ihrer Literatur und Geschichte*, 4 Bde., Leipzig ²1832-1834 u. Suppl., Leipzig 1838 (¹1827-1829) [Neudruck: Stuttgart-Bad Cannstatt 1969].

Martin, Gottfried (Hrsg.) (1967): *Allgemeiner Kantindex zu Kants gesammelten Schriften*, Bd. 16-17: *Wortindex zu Kants gesammelten Schriften*, bearbeitet v. Dieter Krallmann u. Hans Adolf Martin, 2 Bde., Berlin 1967.

Mauthner, Fritz (1910): *Wörterbuch der Philosophie, neue Beiträge zu einer Kritik der Sprache*, 3 Bde., Leipzig ²1923-1924 (München u. Leipzig ¹1910).

Mellin, Georg Samuel Albert (1797-1804): *Encyclopädisches Wörterbuch der kritischen Philosophie, oder Versuch einer fasslichen und vollständigen Erklärung der in Kants kritischen und dogmatischen Schriften enthaltenen Begriffe und Sätze. Mit Nachrichten, Erläuterungen und Vergleichungen aus der Geschichte der Philosophie begleitet und alphabetisch geordnet*, 6 Bde., Züllichau u. Leipzig bzw. Jena 1797-1804 [Neudruck: Aalen 1970-1971].

Mellin (1798): *Kunstsprache der kritischen Philosophie, oder Sammlung aller Kunstwörter derselben, mit Kants eigenen Erklärungen, Beyspielen und Erläuterungen; aus allen seinen Schriften gesammlet und alphabetisch geordnet*, Jena u. Leipzig 1798 [Neudruck: Brüssel 1970].

Meusel, Johann Georg (Hrsg.) (1802-1816): *Lexikon der vom Jahre 1750 bis 1800 verstorbenen teutschen Schriftsteller*, 15 Bde., Leipzig 1802-1816 [Neudruck: Hildesheim 1967-1968].

Micraëlius, Johannes (1653): *Lexicon philosophicum terminorum philosophis usitatorum ordine alphabetico sic digestorum, ut inde facile liceat cognosse* [...], Stettin ²1662 (Jena ¹1653) [Neudruck: Düsseldorf 1966 (= Instrumenta philosophica, Series Lexica I)].

*Neue Deutsche Biographie* (1953-1964), hrsg. v. der historischen Kommission bei der Bayerischen Akademie der Wissenschaften, 6 Bde., Berlin 1953-1964 [Neudruck: Berlin 1971] u. Bd. 7 ff., Berlin 1966 ff.

Pimpinella, Pietro/Lamarra, Antonio (1993): *Meditationes philosophicae de nonnullis ad poema pertinentibus di A. G. Baumgarten* (= Lessico Intellettuale Europeo, Bd. 60), Florenz 1993.

Ritter, Joachim/Gründer, Karlfried (Hrsg.) (1971): *Historisches Wörterbuch der Philosophie*, bisher 10 Bde., Basel u. Stuttgart 1971 ff.

Schmid, Carl Christian Erhard (1786): *Wörterbuch zum leichtern Gebrauch der Kantischen Schriften*, Jena ⁴1798 (¹1786) [Neudruck: hrsg., eingeleitet u. mit einem Personenregister versehen v. Norbert Hinske, Darmstadt ³1996 (¹1976)].

Sherwin-White, Adrian Nicholas (1966): *The Letters of Pliny. A Historical and Social Commentary*, Oxford 1966 [Neudruck: Oxford 1968].

*Staatslexikon. Recht · Wirtschaft · Gesellschaft* (1889-1897), 5 Bde. (in 7), hrsg. v. der Görres-Gesellschaft, Freiburg, Basel u. Wien ⁷1985-1993 (Freiburg ¹1889-1897).

Tonelli, Giorgio (1971): *A Short-Title List of Subject Dictionaries of the Sixteenth, Seventeenth and Eighteenth Centuries as Aids to the History of Ideas* (= Warburg Institute Surveys, 4), London 1971.

Walch, Johann Georg (1726): *Philosophisches Lexicon, worinnen die in allen Theilen der*

*Philosophie, vorkommende Materien und Kunstwörter erkläret, aus der Historie erläutert, die Streitigkeiten der ältern und neuern Philosophen erzehlet, beurtheilet, und die dahin gehörigen Schriften angeführet werden* [...], mit einer kurzen kritischen Geschichte der Philosophie [...] von Justus Christian Hennings, 2 Bde., Leipzig [4]1775 ([1]1726) [Neudruck: Hildesheim 1968].

Zedler, Johann Heinrich (Hrsg.) (1732-1750): *Grosses vollständiges Universal-Lexicon aller Wissenschaften und Künste* [...], 64 Bde., Halle u. Leipzig 1732-1750 u. 4 Bde., Suppl., Leipzig 1751-1754 [Neudruck: Graz 1961-1964].

**【第二次文献】**

**（1）蓋然性**

Altmann, Alexander (1969): *Moses Mendelssohns Frühschriften zur Metaphysik,* Tübingen 1969.

Butcher, Samuel Henry (1895): *Aristotle's Theory of Poetry and Fine Art with a Critical Text and Translation of the Poetics,* London [2]1898 ([1]1895).

Cataldi Madonna, Luigi (1987): *Wahrscheinlichkeit und wahrscheinliches Wissen in der Philosophie von Christian Wolff,* in: Studia Leibnitiana, 19.1 (1987), S. 2-40.

Cataldi Madonna, Luigi (1989): *Wissenschafts- und Wahrscheinlichkeitsauffassung bei Thomasius,* in: *Christian Thomasius 1655-1728. Interpretationen zu Werk und Wirkung. Mit einer Bibliographie der neueren Thomasius-Literatur,* hrsg. v. Werner Schneiders (= Studien zum 18. Jahrhundert, Bd. 11), Hamburg 1989, S. 115-136.

Cataldi Madonna, Luigi (1990): *Gewißheit, Wahrscheinlichkeit und Wissenschaft in der Philosophie von Leibniz,* in: Aufklärung, 5.1 (1990), S. 103-116.

Cataldi Madonna, Luigi (1993): *Kant und der Probabilismus der Aufklärung,* in: Aufklärung, 7.1 (1993), S. 25-41.

Hacking, Ian (1975): *The Emergence of Probability. A Philosophical Study of Early Ideas about Probability, Induction and Statistical Inference,* Cambridge 1975.

Peursen, Cornelis-Anthonie van (1983): *Ars inveniendi im Rahmen der Metaphysik Christian Wolffs. Die Rolle der ars inveniendi,* in: *Christian Wolff 1679-1754. Interpretationen zu seiner Philosophie und deren Wirkung. Mit einer Bibliographie der Wolff-Literatur* hrsg. v. Werner Schneiders (= Studien zum 18. Jahrhundert, Bd. 4), Hamburg [2]1986 ([1]1983), S. 66-88.

手代木陽 (2013)：『ドイツ啓蒙主義哲学研究――「蓋然性」概念を中心として』ナカニシヤ出版、2013年。

**（2）ドイツ啓蒙思想**

Albrecht, Michael (1994 a): *Eklektik. Eine Begriffsgeschichte mit Hinweisen auf die Philosophie- und Wissenschaftsgeschichte* (= Quaestiones. Themen und Gestalten der Philosophie, 5), Stuttgart-Bad Cannstatt 1994.

Arndt, Hans Werner (1971): *Methodo scientifica pertractatum. Mos geometricus und Kalkülbegriff in der philosophischen Theorienbildung des 17. und 18. Jahrhunderts* (= Quellen und Studien zur Philosophie, Bd. 4), Berlin u. New York 1971.

Benden, Magdalene (1972): *Christian August Crusius. Wille und Verstand als Prinzipien des Handelns* (= Abhandlungen zur Philosophie, Psychologie und Pädagogik, Bd. 73), Bonn 1972.

Carboncini, Sonia (1991): *Transzendentale Wahrheit und Traum. Christian Wolffs Antwort auf die Herausforderung durch den Cartesianischen Zweifel* (= FMDA, Abt. 2, Bd. 5), Stuttgart-Bad Cannstatt 1991.

Engfer, Hans-Jürgen (1982): *Philosophie als Analysis. Studien zur Entwicklung philosophischer*

*Analysiskonzeptionen unter dem Einfluß mathematischer Methodenmodelle* (= FMDA, Abt. 2, Bd. 1), Stuttgart-Bad Cannstatt 1982.

Engfer, Hans-Jürgen (1989): Artikel ‚Principium rationis sufficientis', in: *Historisches Wörterbuch der Philosophie*, Bd. 7, Basel 1989, Sp. 1325-1336.

Engfer, Hans-Jürgen (1996): *Empirismus versus Rationalismus? Kritik eines philosophiegeschichtlichen Schemas*, Paderborn, München, Wien u. Zürich 1996.

Franke, Ursula (1972): *Kunst als Erkenntnis. Die Rolle der Sinnlichkeit in der Ästhetik des Alexander Gottlieb Baumgarten* (= Studia Leibnitiana Supplementa, Bd. 9), Wiesbaden 1972.

Gabriel, Gottfried (1976): Artikel ‚klar und deutlich', in: *Historisches Wörterbuch der Philosophie*, Bd. 4, Basel u. Stuttgart 1976, Sp. 846-848.

Artikel ‚Glaube', in: *Historisches Wörterbuch der Philosophie*, Bd. 3, Basel u. Stuttgart 1974, Sp. 643-645.

Heimsoeth, Heinz (1956): *Metaphysik und Kritik bei Chr[istian] A[ugust] Crusius. Ein Beitrag zur ontologischen Vorgeschichte der Kritik der reinen Vernunft im 18. Jahrhundert*, in: Schriften der Königsberger Gelehrten Gesellschaft, Geisteswissenschaftliche Klasse, 3 (1926) [Wiederabgedruckt in: ders., *Studien zur Philosophie Immanuel Kants. Metaphysische Ursprünge und ontologische Grundlagen* (= Kantstudien Ergänzungshefte, Bd. 71)], Köln 1956.

Herrmann, Hans Peter (1970): *Naturnachahmung und Einbildungskraft. Zur Entwicklung der deutschen Poetik von 1670 bis 1740* (= Ars poetica. Texte und Beiträge zur Dichtungslehre und Dichtkunst, Studien, Bd. 8), Berlin u. Zürich 1970.

Hinske, Norbert (1985): Artikel ‚Aufklärung', in: *Staatslexikon*, hrsg. v. der Görres-Gesellschaft, Bd. 1, Freiburg, Basel u. Wien [7]1985, Sp. 390-400.

Hinske, Norbert (1986): *Eklektile, Selbstdenken, Mündigeit — drei verschiedene Formulierungen einer und derselben Programmidee*, in: Aufklärung, 1.1 (1986), S. 5-7.

Hinske, Norbert (1990 a): *Die tragenden Grundideen der deutschen Aufklärung. Versuch einer Typologie*, in: Raffaele Ciafardone, *Die Philosophie der deutschen Aufklärung. Texte und Darstellung*, Stuttgart 1990, S. 407-458.

石川文康 (1996)：『カント第三の思考——法廷モデルと無限判断——』名古屋大学出版、1996年。

Nakazawa, Takeshi (2009): *Kants Begriff der Sinnlichkeit. Seine Unterscheidung zwischen apriorischen und aposteriorischen Elementen der sinnlichen Erkenntnis und deren lateinische Vorlagen* (= FMDA, Abt. 2, Bd. 21), Stuttgart-Bad Cannstatt 2009.

Oeing-Hanhoff, Ludger (1971): Artikel ‚Analyse/Synthese', in: *Historisches Wörterbuch der Philosophie*, Bd. 1, Basel u. Stuttgart 1971, Sp. 232-248.

Paetzold, Heinz (1983): *Einleitung* zu: *Alexander Gottlieb Baumgarten, Meditationes philosophicae de nonnullis ad poema pertinentibus/Philosophische Betrachtungen über einige Bedingungen des Gedichtes* (= Philosophische Bibliothek, Bd. 352), Hamburg 1983, S. VII-LII.

Ritter, Joachim (1971): Artikel ‚Ästhetik, ästhetisch', in: *Historisches Wörterbuch der Philosophie*, Bd. 1, Basel u. Stuttgart 1971, Sp. 555-580.

Schneiders, Werner (1983): *Aufklärung und Vorurteilskritik. Studien zur Geschichte der Vorurteilstheorie* (= FMDA, Abt. 2, Bd. 2), Stuttgart-Bad Cannstatt 1983.

Schweizer, Hans Rudolf (1973): *Ästhetik als Philosophie der sinnlichen Erkenntnis. Eine Interpretation der ⟨Aesthetica⟩ A[lexander] G[ottlieb] Baumgartens mit teilweiser Wiedergabe des lateinischen Textes und deutscher Übersetzung*, Basel 1973.

Schweizer, Hans Rudolf (1983 a): *Einführung* zu: *Texte zur Grundlegung der Ästhetik* (= Philosophische Bibliothek, Bd. 351), Hamburg 1983, S. VII-XXII.

Schweizer, Hans Rudolf (1983 b): *Einführung* zu: *Theoretische Ästhetik. Die grundlegenden Abschnitte aus de[n] „Aesthetica" (1750/58)* (= Philosophische Bibliothek, Bd. 355), Hamburg 1983, S. VII-XVI.

Tonelli, Giorgio (1959): *Der Streit über die mathematische Methode in der Philosophie in der ersten Hälfte des 18. Jahrhunderts und die Entstehung von Kants Schrift über die „Deutlichkeit"*, in: Archiv für Philosophie, 9 (1959), S. 37-66.

Tonelli, Giorgio (1966): *Die Anfänge von Kants Kritik der Kausalbeziehung und ihre Voraussetzung im 18. Jahrhundert*, in: Kantstudien, 57 (1966), S. 417-456.

Tonelli,Giorgio (1976): *Analysis and Synthesis in the XVIII*[th] *Century Philosophy Prior to Kant*, in: Archiv für Begriffsgeschichte, 20 (1976), S. 178-213.

Verweyen, Theodor (1989): *»Halle, die Hochburg des Pietismus, die Wiege der Anakreontik«. Über das Konfliktpotential der anakreontischen Poesie als Kunst der »sinnlichen Erkenntnis«*, in: *Zentren der Aufklärung I, Halle. Aufklärung und Pietismus*, hrsg. v. Norbert Hinske (= Wolfenbütteler Studien zur Aufklärung, Bd. 15), Heidelberg 1989, S. 209-238.

Wundt, Max (1924): *Kant als Metaphysiker. Ein Beitrag zur Geschichte der deutschen Philosophie im 18. Jahrhundert*, Stuttgart 1924 [Neudruck: Hildesheim, Zürich u. New York 1984].

山本道雄 (2008)：『カントとその時代――ドイツ啓蒙思想の一潮流――』晃洋書房、2008年。

**（3）カント哲学の発展史的研究、及び源泉史的研究**

Albrecht, Michael (1994 b): *Kants Maximenethik und ihre Begründung*, in: Kant-Studien, 85 (1994), S. 129-146.

Arnoldt, Emil (1909): *Charakteristik von Kants Vorlesungen über Metaphysik und möglichst vollständiges Verzeichnis aller von Kant gehaltenen oder auch nur angekündigten Vorlesungen*, in: ders., *Gesammelte Schriften*, hrsg. v. Otto Schöndörffer, Bd. 5, Berlin 1909, S. 3-344.

Conrad, Elfriede (1994): *Kants Logikvorlesungen als neuer Schlüssel zur Architektonik der Kritik der reinen Vernunft. Die Ausarbeitung der Gliederungsentwürfe in den Logikvorlesungen als Auseinandersetzung mit der Tradition* (= FMDA, Abt. 2, Bd. 9), Stuttgart-Bad Cannstatt 1994.

Engfer, Hans-Jürgen (1983): *Zur Bedeutung Wolffs für die Methodendiskussion der deutschen Aufklärungsphilosophie. Analytische und synthetische Methode bei Wolff und beim vorkritischen Kant*, in: *Christian Wolff 1679-1754. Interpretationen zu seiner Philosophie und deren Wirkung. Mit einer Bibliographie der Wolff-Literatur*, hrsg. v. Werner Schneiders (= Studien zum 18. Jahrhunderts, Bd. 4), Hamburg [2]1986 ([1]1983), S. 48-65.

船木祝 (2004)：「認識の批判と拡張――カントにおける「仮象性」と「蓋然性」の区別」、木阪貴行・菅沢龍文・河村克俊編『現代カント研究9 近代からの問いかけ――啓蒙と理性批判』晃洋書房所収、2004年、28-55頁。

Henrich, Dieter (1963): *Über Kants früheste Ethik. Versuch einer Rekonstruktion*, in: Kant-Studien, 54 (1963), S. 404-431.

Hinske, Norbert (1970): *Kants Weg zur Transzendentalphilosophie. Der dreißigjährige Kant*, Stuttgart, Berlin, Köln u. Mainz 1970.

Hinske, Norbert (1974): *Kants neue Terminologie und ihre alten Quellen. Möglichkeiten und Grenzen der elektronischen Datenverarbeitung im Felde der Begriffsgeschichte*, in: *Akten des 4. Internationalen Kant-Kongresses Mainz, 6.-10. April 1974*, Teil I, hrsg. v. Gerhard Funke, Berlin u. New York 1974, S. 68-85.

Hinske, Norbert (1977): *Die Datierung der Reflexion 3716 und die generellen Datierungsprobleme des Kantischen Nachlasses. Erwiderung auf Josef Schmukker*, in: Kant-

Studien, 68 (1977), S. 321-340.

Hinske, Norbert (1980 a): *Kant als Herausforderung an die Gegenwart*, Freiburg u. München 1980. ノルベルト・ヒンスケ『現代に挑むカント』石川文康·小松恵一·平田俊博訳、晃洋書房、1985年。

Hinske, Norbert (1980 b): *Reimarus zwischen Wolff und Kant. Zur Quellen- und Wirkungsgeschichte der ‚Vernunftlehre' von Hermann Samuel Reimarus,* in: *Logik im Zeitalter der Aufklärung. Studien zur ‚Vernunftlehre' von Hermann Samuel Reimarus*, hrsg. v. Wolfgang Walter u. Ludwig Borinski (= Veröffentlichung der Joachim Jungius-Gesellschaft der Wissenschaften, Nr. 38), Göttingen 1980, S. 9-32.

Hinske, Norbert u. Heinz Schay (1986): *Einleitung* zu: *Kant-Index*, Bd. 1: *Stellenindex und Konkordanz zu George Friedrich Meier „Auszug aus der Vernunftlehre"* (= FMDA, Abt. 3, Bd. 5), Stuttgart-Bad Cannstatt 1986, S. IX-XXXIX.

Hinske, Norbert (1988 a): *Die Rolle der Einbildungskraft in Kants Logikvorlesungen. Wortstatistische Beobachtungen und Analysen zu der Dreiergruppe ‚Phantasie, Imagination, Einbildungskraft'*, in: *Phantasia-Imaginatio. V° Colloquio Internazionale del Lessico Intellettuale Europeo. Roma, 9-11 gennaio 1986*, hrsg. v. Marta Fattori u. Massimo Luigi Bianchi (= Lessico Intellettuale Europeo, Bd. 46), Rom 1988, S. 415-446.

Hinske, Norbert (1988 b): *Zur Verwendung der Wörter ‚schwärmen', ‚Schwärmer', ‚Schwärmerei', ‚schwärmerisch' im Kontext von Kants Anthropologiekolleg. Eine Konkordanz,* in: Aufklärung, 3.1 (1988), S. 73-81.

Hinske, Norbert (1990 b): *Kant by Computer. Applications of Electronic Data Processing in the Humanities,* in: *Estudios de Historia de la Lógica. Actas del II Simposio de Historia de la Lögica. Pamplona, 25-27 de Mayo de 1987,* hrsg. v. Ignacio Angelelli u. Angel d'Ors, Pamplona 1990, S. 193-211.

Hinske, Norbert (1990 c): *Die Kantausgabe der Preußischen Akademie der Wissenschaften und ihre Probleme*, in: Il Cannocchiale, (1990), H. 3, S. 229-254.

Hinske, Norbert (1990 d): *Kants Anverwandlung des ursprünglichen Sinnes von ‚Idee'*, in: *Idea. VI Colloquio Internazionale del Lessico Intellettuale Europeo. Roma, 5-7 gennaio 1989*, hrsg. v. Marta Fattori u. Massimo Luigi Bianchi (= Lessico Intellettuale Europeo, Bd. 51), Rom 1990, S. 317-327.

Hinske, Norbert (1995 b): *Prolegomena zu einer Entwicklungsgeschichte des Kantschen Denkens. Erwiderung auf Lothar Kreimendahl,* in: *Von Christian Wolff bis Louis Lavelle. Geschichte der Philosophie und Metaphysik. Festschrift für Jean École zum 75. Geburtstag*, hrsg. v. Robert Theis u. Claude Weber, Hildesheim, Zürich u. New York 1995, S. 102-121.

Hinske, Norbert (1995 c): *Ursprüngliche Einsicht und Versteinerung. Zur Vorgeschichte von Kants Unterscheidung zwischen ‚Philosophie lernen' und ‚Philosophieren lernen'*, in: *Das kritische Geschäft der Vernunft. Symposium zu Ehren von Gerhard Funke*, hrsg. v. Gisela Müller, Bonn 1995, S. 7-28.

Hinske, Norbert (1996): *Kants neue Theorie der Sinnlichkeit und ihre Sprachregelungen,* in: *Sensus-Sensatio. VIII Colloquio Internazionale del Lessico Intellettuale Europeo. Roma, 6-8 gennaio 1995*, hrsg. v. Massimo Luigi Bianchi (= Lessico Intellettuale Europeo, Bd. 66), Florenz 1996, S. 527-540.

Hinske, Norbert (1998): *Zwischen Aufklärung und Vernunftkritik. Studien zum Kantschen Logikcorpus* (= FMDA, Abt. 2, Bd. 13), Stuttgart-Bad Cannstatt 1998. ノルベルト・ヒンスケ：『批判哲学への途上で――カントの思考の諸道程――』有福孝岳・石川文康・平田俊博編訳、晃洋書房、1996年。

Hinske, Norbert (1999 b): *Einleitung* zu: *Kant-Index,* Bd. 5: *Stellenindex und Konkordanz zur „Wiener Logik"*. Erstellt in Zusammenarbeit mit Heinrich P. Delfosse u. Michael Oberhausen

(= FMDA, Abt. 3, Bd. 9), 2 Teilbde., Stuttgart-Bad Cannstatt 1999, XI-LIII.

Ishikawa, Fumiyasu (1990): *Kants Denken von einem Dritten. Das Gerichtshof-Modell und das unendliche Urteil in der Antinomienlehre* (= Studien zur Philosophie des 18. Jahrhunderts, Bd. 2), Frankfurt a.M., Bern, New York u. Paris 1990.

Lee, Yeop (1989): *‚Dogmatisch — Skeptisch'. Eine Voruntersuchung zu Kants Dreiergruppe ‚Dogmatisch, Skeptisch, Kritisch', dargestellt am Leitfaden der begriffs- und entwicklungsgeschichtlichen Methode*, Phil. Diss. Trier 1989 [当該博士論文は、トリーア大学の大学図書館の所蔵である (Signatur: u38961 oder u38961:a)].

Lee, Yeop (1991): *Vom Typologie- zum Kampfbegriff. Zur Untersuchung des Begriffs ‚Dogmatisch' bei Kant*, in: *Akten des Siebenten Internationalen Kant-Kongresses. Kurfürstliches Schloß zu Mainz 1990*, Bd. II. 2, hrsg. v. Gerhard Funke, Bonn u. Berlin 1991, S. 481-487.

Menzer, Paul (1952): *Kants Ästhetik in ihrer Entwicklung* (= Abhandlungen der Deutschen Akademie der Wissenschaften zu Berlin, Klasse für Gesellschaftswissenschaften, Jg. 1950, Nr. 2), Berlin 1952.

Oberhausen, Michael (1997): *Das neue Apriori. Kants Lehre von einer ‚ursprünglichen Erwerbung' apriorischer Vorstellungen* (= FMDA, Abt. 2, Bd. 12), Stuttgart-Bad Cannstatt 1997.

Schwaiger, Clemens (1999): *Kategorische und andere Imperative. Zur Entwicklung von Kants praktischer Philosophie bis 1785* (= FMDA, Abt. 2, Bd. 14), Stuttgart-Bad Cannstatt 1999.

Tonelli, Giorgio (1962): *Der historische Ursprung der kantischen Termini „Analytik" und „Dialektik"*, in: Archiv für Begriffsgeschichte, 7 (1962), S. 120-139.

Tonelli, Giorgio (1963): *Die Umwälzung von 1769 bei Kant*, in: Kant-Studien, 54 (1963), S. 369-375.

Vázquez Lobeiras, María Jesús (1998): *Die Logik und ihr Spiegelbild. Das Verhältnis von formaler und transzendentaler Logik in Kants philosophischer Entwicklung* (= Studien zur Philosophie des 18. Jahrhunderts, Bd. 6), Frankfurt a.M., Bern, New York, Paris u. Wien 1998.

山根雄一郎（2005）:『<根源的獲得>の哲学——カント批判哲学への新視覚』東京大学出版会、2005年。

# 人名索引

## ア行



## カ行



## サ行



## タ行



## ハ行

## マ行



## ラ行

# 事項索引

## ア行



## カ行

## サ行

## タ行



## ナ行

## ハ行



## マ行



## ヤ行



## ラ行

# あとがき

私は学習院大学博士後期課程において、故門脇卓爾学習院大学名誉教授によりカント哲学研究の指導を受けた後、ほぼ8年余りにわたってドイツ連邦共和国トリーア大学に留学しました。本書は、博士論文„Kants Unterscheidung zwischen Scheinbarkeit und Wahrscheinlichkeit. Ihre historischen Vorlagen und ihre allmähliche Entwicklung", hrsg. von Norbert Hinske, Peter Lang 2002の翻訳です。留学中のトリーア大学では、カント哲学及び１８世紀概念史の世界的権威であるノルベルト・ヒンスケ先生の指導を受けました。また、カント研究と並行して、応用倫理学の分野で活躍しているアンセルム・ミュラー先生に、「生命倫理、医療倫理」に関しても指導を受けました。

帰国後、長い年月が経ち、日本語に翻訳できることをほぼ諦めかけていたところ、昨年、文化学園大学名誉教授高橋和夫先生より、出版してはどうかとお言葉をかけていただきました。この場をかりて深く謝意を申し上げます。刊行は、高峯一愚先生が、カントの三批判書等につき、精緻なご著書を出版されている論創社での運びとなりました。とても嬉しく思うとともに、身に余るお話に大変恐縮しました。ドイツでの留学生活を思い浮かべながら、改めてのドイツ語拙論の日本語への翻訳は難航を極めました。

翻訳作業を進めていく中で、新型コロナウイルス感染症拡大という苦難が世界に降りかかりました。多大な影響を受けた方々には心よりお見舞いを申し上げるとともに、先行きが不確実な中、人間はどのような姿勢で臨めばいいのか、という問いに、カントは「仮象性」と「蓋然性」の区別をめぐって生涯にわたって取り組みましたことをここで述べさせていただきます。不確実性において私たちはどのような立ち位置に身を置けばいいのか、というカントの思索の遍歴が、現代の私たちの態度決定の際のひとつの手がかりになれるなら幸いです。

最後に、直接ご指導いただきました前述の恩師の他に、学会内外で励ましのお言葉をくださった先生方や支えてくださったすべての方々に心から感謝申し上げます。

本書の作成にあたり、文章のチェックをしていただいた夏井坂明日香様に深く感謝します。

論創社の東京都立大学名誉教授の南雲智顧問と、森下紀夫社長並びに編集者の皆様には、本書出版にあたり大変お世話になりました。心からお礼を申し上げます。

令和２年10月

船木　祝

**船木　祝**（ふなき・しゅく）
1963年生まれ。学習院大学人文科学研究科哲学専攻博士後期課程単位取得退学。トリーア大学 Ph. D.（哲学）。現在、札幌医科大学医療人育成センター准教授。哲学、倫理学専攻。『教養としての生命倫理』（共著、2016年、丸善出版）、『サイエンスとアートとして考える生と死のケア――第21回日本臨床死生学会大会の記録』（共著、エム・シー・ミューズ、2017年）、『響き合う哲学と医療』（中西出版、2020年）、翻訳担当に『尊厳と社会（上）』（法政大学出版、2020年）ほか。

カントの思考の漸次的発展
――その「仮象性」と「蓋然性」

2020年10月15日　初版第1刷印刷
2020年10月30日　初版第1刷発行

著　者　船木　祝
発行者　森下紀夫
発行所　論　創　社
〒101-0051　東京都千代田区神田神保町 2-23　北井ビル
tel. 03（3264）5254　fax. 03（3264）5232
振替口座 00160-1-155266　http://www.ronso.co.jp

装幀／宗利淳一
印刷・製本／中央精版印刷　組版／ダーツフィールド
ISBN978-4-8460-1965-5